MÜNCHEN

Salzburg

1

Bad Ischl

2

Salzach

Enns

4

Radstädter Tauern

Kufstein 10

11

Kitzbühel

5

12

3

Mur

Füssen 17

18

Garmisch-
Partenkirchen

19

Innsbruck

Inn

Isar

Lech

Iller

28

26

20

27 Landeck

6 Badgastein

7

Matrei

13

Sölden

)(Brenner

21

8 Lienz

Drau

Villach

22

Meran

24

Brixen

14

9

Inn

Etsch

23

Bozen

15

16

Cortina d'Ampezzo

25

Trient

Etsch

Piave

Tagliamento

Brenta

Venedig

Gipfel- und Höhenwege
der Alpen

Dieter Maier

Gipfel- und Höhenwege der Alpen

Die schönsten Bergziele mit 50 Routenkarten und 170 Farbfotos

NebeL
SACHBUCH

Umschlaggestaltung: Silvia Günther-Kränzle

2   3   4   5   5   4   3

Fotonachweis:
FVV Flims 103; FVV Innsbruck-Igels 56; FVV Ticino 110, 111; FVV Verbier 135u; S. Garnweidner 14, 15, 30u, 39, 40, 91u, 127,
129; L. Gensetter 90; J. Langhans 85; Löbl-Schreyer 7, 21, 28, 46, 47, 72, 98, 113; M. Maier 60; ÖFVW 6u, 17o, 18, 19u, 20, 34o,
37, 38; K. Puntschuh 50, 112, 114, 128; Ch. Schmidt 12u, 13; S. Schnürer 74; F. Zengerle 16, 75, 76u, 78, 91o; Alle übrigen
Aufnahmen: Dieter Maier, Weßling

INHALT

Mit der Schnauferlbahn auf den Schafberg

1

Das kleine Dorf St. Wolfgang am Nordufer des gleichnamigen Sees war schon früh weit über die Landesgrenzen hinaus berühmt. Seine vom schwäbischen Kleriker Lupambulus im Jahre 976 gegründete Kirche gehörte im Mittelalter zu den wichtigsten Wallfahrtsstätten nach Rom, Aachen und Einsiedeln. Der Kirchenpatron St. Wolfgang war damals so beliebt, daß die Pilger das wohl schönste gotische Bild- und Schnitzwerk der ganzen Welt ermöglichten. Von 1471 an konnte Michael Pacher mit seiner ge-

samten Werkstatt gut 10 Jahre lang an diesem Gesamtkunstwerk arbeiten.
Pachers Meisterwerk ist ein Wandelaltar, der den Erfordernissen des Kirchenjahres angepaßt werden kann. In der Werktagsansicht bleiben die Flügel geschlossen. Die Bildtafeln zeigen vier Szenen aus dem Leben des Kirchenpatrons. In dieser Ansicht kommt der architektonische Aufbau mit seinen 11 m Höhe besonders zur Geltung. In der Sonntagsansicht dominiert die Malerei. Insgesamt acht Bilder zeigen Szenen aus dem Le-

ben Christi. Nur zu den „heiligen Zeiten" wurde die eigentliche Herrlichkeit gezeigt: der Schrein mit der Darstellung der Krönung Mariens. Das goldschimmernde Schnitzwerk zeigt bis ins winzigste Detail eine nie überbotene Meisterschaft.
Nicht minder anziehend wirkte in neuerer Zeit die Operettenseligkeit. 1878 wurde der Gasthof erbaut, der 20 Jahre später in das Lustspiel „Im Weißen Rößl" von Oskar Blumenthal und Gustav Kadelburg einging. Und als im November 1930 aus Berlin der Ruf Benatzkys erklang „Im Salzkammergut, da kann ma gut lustig sein", setzte der bis heute eher anschwellende Strom der Sommergäste ein, denen es nicht einmal etwas auszumachen scheint, daß vom historischen Weißen Rößl gerade noch das Emblem erhalten ist.
Der Dauerhaftigkeit der Anziehungskraft von schöner Landschaft, einmaligem Kunstwerk und Operettenseligkeit mißtrauten geschäftstüchtige „Manager" dennoch schon früh. So beschlossen sie, etwas ganz Attraktives zu bauen, um auch unternehmungslustigen Pensionsgästen „Möglichkeiten des Entertainments" zu geben. Was daraufhin als letzter Schrei der Technik entstand, ist heute schon wieder gefragte Attraktion eigentlich längst vergangener Zeiten: die Zahnradbahn auf den Schafberg.
Ab dem Frühjahr 1892 errichteten 350 italienische Arbeiter die knapp 6 km lange Trasse mit ihren zahlreichen Viadukten, gewölbten Steinbrücken und Tunnels, mit denen der Höhenunterschied von immerhin 1188 m bewältigt wird. Die eigens für diese Strecke konstruierten sechs Dampflokomotiven versehen bis heute schnaufend und stampfend und unter Abgabe gewaltiger Rauchwolken brav ihren Dienst. Pro Fahrt schiebt eine Lok in 59 Minuten immerhin bis zu 60 Personen zum 1732 m hohen Bahnhof knapp unter dem Gipfel des Schafberges. Wie richtig die Entscheidung zum Bau der Bahn vor knapp 100 Jahren war,

Das Detail des Pacher Altars illustriert die »Predigt des hl. Wolfgang« (oben).

Blick vom Schafberg auf den Wolfgangsee.

Die Nordostwände des Schafberges sorgen für sein markantes Profil (rechts).

zeigt sich so recht vom Gipfel des Schafberges. Von keinem mit Bahn oder Wanderschuhen erreichbaren Punkt des gesamten Salzkammergutes gibt es eine vergleichbare Sicht. Von keinem Punkt sind mehr Seen auf einmal zu sehen. St. Wolfgang-, Fuschl-, Mond- und Attersee, um nur die größten zu nennen, sind rund um den nach Norden senkrecht abbrechenden Schafberggipfel herum verteilt.

Zahlreiche kleine Seen und Seelein wollen zudem noch entdeckt werden. Nach Norden hinaus verliert sich die Welt in der Unendlichkeit, nach Süden beherrschen Tennengebirge, Dachsteingruppe und Totes Gebirge den Horizont.

Die Himmelspforte, eine knapp 1 m breite und 2 m hohe Lücke im Nordabbruch des Westgrates, ist der Startpunkt zur Umrundung des Schafberges. Steigspuren in den Wiesen der Südseite führen zu diesem Felsdurchlaß, bei dem ein in ein steiles Kar eingebetteter Steig beginnt. Er führt hinunter zum winzigen Suissensee, zum kaum größeren Mittersee und zum schon stattlicheren Mönichsee. Auf dem gesamten Weg (etwa 1½ Stunden, rote Markierung) schauen die 300 bis 400 m hohen Nordwände des Schafberges mit ihrer ganzen Bedrohlichkeit auf den Wanderer herunter.

Ab dem Mönichsee, in 1300 m Höhe, gibt es zwei Möglichkeiten für den weiteren Abstieg. Zum einen kann man durch das Wetterloch und über den Purtscheller Weg zur Schafbergalpe hinüberwandern. Den eigentlichen Abstieg übernimmt von dort dann die pustende und schnaufende Schnauferlbahn. Zum anderen und nicht weniger schön kann man auch direkt nach St. Wolfgang hinunterspazieren. Zur Schafbergalpe hinüber sind es knapp 1½ Stunden, direkt ins Tal hinunter knapp 2 Stunden.

Ins Herz des Salzkammergutes

2

ten Markt erhalten: der Kammerhof aus dem 14. Jh., das Hoferhaus mit Fresken aus dem 16. Jh., das Sgraffitohaus ebenfalls aus dem 16. Jh. und das Geburtshaus von Anna Plochl, der späteren Gemahlin von Erzherzog Johann. Die Pfarrkirche stammt aus dem 13. Jh., hat ein romanisches Schiff und birgt als schönstes Stück des Ausseer Landes eine um 1420 geschaffene, steinerne Madonna eines unbekannten Meisters.
Für uns heute erhält die bezaubernde Lage des Kammergutes zwischen der Gletscherregion des Hohen Dachsteins und dem hügeligen Voralpenland seinen

Für Plinius war das Salz eine Göttergabe und der „Anhauch zum Leben". Entsprechend hoch war die kultische Bedeutung des Salzes in der Antike. Es wurde als Zeichen des Friedens und der Freundschaft angeboten und galt als Symbol von Reinheit und Makellosigkeit. Aber: wer die Hand auf dem Salz hatte, hatte auch das Leben in der Hand, besaß Wohlstand, Einfluß und Macht. Bereits in der frühen Eisenzeit hatten deshalb die Illyrer um den Hallstätter Salzberg eine ganze „Kultur des Salzes" aufgebaut. Die Römer benutzten es in ihrem gesamten Imperium als Machtinstrument. Noch im Mittelalter konkurrierte die Macht des Salzes mit der der Habsburger. Sie beanspruchten deshalb das ganze Gebiet zwischen Gmunden im Norden und Hallstatt im Süden als „Kammergut", das der Hofkammer unmittelbar unterstand und das Gebietsfremde nur mit Sondergenehmigung betreten durften. Der heutige Name „Salzkammergut" stammt ebenso aus dieser Zeit wie der Spruch „Wie beim Salzamt" für eine besonders aussichtslose Behördenangelegenheit.

Inzwischen ist die mittelalterliche Abgeschiedenheit des Salzreservates natürlich längst vergessen, und schuld daran war wieder das Salz. Als der Sekundarphysikus Götz entdeckte, daß in der Sole auch Heilkräfte stecken, und die Erzherzogin Sophie „nur deswegen" drei Söhne, die „Salzprinzen", zur Welt brachte, war der Grundstein für den modernen Kur- und Fremdenverkehr gelegt. Oder auch andersherum: Dem Salz verdankt Österreich seinen langlebigsten Kaiser: Franz Joseph. Der wiederum verdankt dem Salz seine Sissi…

In Altaussee, unmittelbar am Fuß des Losers, lag ursprünglich das landesfürstliche Salzwerk, das erst 1290 nach Bad Aussee verlegt wurde. Das Salzbergwerk selbst kann in Altaussee von Mai bis Oktober besichtigt werden. In Bad Aussee gab es noch um 1500 nicht weniger als 15 Salzwerke. Noch heute sind die wichtigsten Bauten der „Hallinger" (der Salzfamilien) und der Salzverwaltung am Al-

Vom Loser präsentiert sich der Hohe Dachstein im Firnglanz (vorige Doppelseite).

besonderen Reiz durch die zahlreichen Seen, die dafür sorgen, daß hier eigentlich nur drei Farben wirken: das satte Grün der Wiesen und Wälder, das Blau des Wassers und des Himmels und das Weiß der Kalkwände und Wattewolken. Genau im Zentrum dieses herrlichen Landes liegt der „Stockzahn des Ausseer Landes", der Loser. Dieser an Dolomitenberge erinnernde Eckpfeiler des Toten Gebirges ist zwar nur 1838 m hoch, doch was bietet er für Ausblicke, was für Tiefblicke, was für eine Fernsicht! 1100 Höhenmeter ragt er wie der Bergfried einer Raubritterburg über dem dunklen Wasser des Altausseer Sees auf.

So abweisend die Loserburg aussieht, so leicht ist sie über eine 9 km lange, bis auf 1600 m Höhe hinaufführende Straße zu erobern. 250 Höhenmeter fehlen dann allerdings noch zum Gipfel und damit mehr als die Hälfte der Aussicht. Die ist zwar durch direkten Anstieg vom Parkplatz aus auch zu erhalten, sehr viel schöner aber wird das Ganze, wenn man

eine Rundtour daraus macht. Dazu fährt man nicht mit dem eigenen Auto sondern mit dem Bus über die Panoramastraße hinauf und steigt schon beim Parkplatz Loserhütte aus. Von der Alpenvereinshütte aus führt eine blaue Markierung erst in Kehren durch Latschen, dann über eine Schutthalde und schließlich quer durch die Südflanke auf den Gipfel. Der erinnert zwar hier oben nicht mehr an die Dolomiten, bietet dafür aber das ganze Salzkammergut auf silbernem Tablett an.

Aus dem grünen Ausseer Land leuchten nicht weniger als sechs Seen herauf, und eingerahmt ist das Ganze von einem Kranz grüner, kalkgrauer und firnweißer Kuppen, Zacken und Bergriesen. Nach Norden und Osten zeigen das Höllengebirge und das Tote Gebirge ihre vielen, vom 2514 m hohen Großen Priel überragten Gipfelfelsen. Nach Süden präsentiert sich die große Welt hoher und höchster Berge: über Dachstein und Gosaukamm locken als ferne Spitzen Glockner, Venediger, Kitzsteinhorn und Wiesbachhorn. Nach Westen begrenzen die Berchtesgadener Alpen mit dem Watzmann, das Tennengebirge und der Hochkönig den Horizont.

Beim Abstieg vom Gipfel zweigt in der Senke zwischen Loser und Hochanger ein Weglein nach links ab, steigt zum Hochanger auf und schlängelt sich über den steil abfallenden Nordwänden nach Osten hinunter. Vom Loserfenster überrascht der felsgerahmte Tiefblick auf die Gschwandtalm, danach geht es geradewegs hinunter zum tiefblauen Augstsee. An der Weggabelung am Südende des Sees hält man sich wieder links und quert in die Weißen Wände hinein. Der Karl-Stöger-Steig vermittelt nur für die nächste Stunde immer neue Blicke hinunter übers Ausseer Tal und zum See, hinüber in die senkrechten Abstürze der Trisselwand und hinein in das Tote Gebirge. Nach knapp 2 Stunden wird der Hochklopfsattel erreicht, von dem aus es nach rechts hinunter zur Oberwasser- und Stummern-Alm und schließlich zum Altausseer See geht. Insgesamt benötigt man für diese Rundtour etwa 5½ bis 6 Stunden, der Anstieg vom Parkplatz Augstsee dauert 1 Stunde.

Vom Altausseer See aus erinnert der Loser an eine befestigte Burg (links).

Der Blick vom Loser gegen das Steinerne Meer erklärt dessen Namen bestens (oben).

Zackenkämme überm Radstätter Tauernpaß

3

Zwischen dem Brenner im Westen und den Niederen Tauern im Osten gab es bis in die Neuzeit hinein nur eine einzige Nord–Süd–Verbindung: den Tauernpaß. Neben dem Brenner war er daher schon in vorgeschichtlicher Zeit eine der wichtigsten „Straßen" Mitteleuropas. Schon unter dem römischen Kaiser Septimus Severus wurde um 200 n. Chr. aus dem Saumweg eine Militärstraße. Bereits im Jahre 1002 schenkte Kaiser Heinrich II. den schon zu Römerzeiten bedeutsamen Ort Mauterndorf am Südfuß der Tauernstraße dem Salzburger Erzbischof

mit der Auflage, ihn nach seinem Tod dem Domkapitel zu vermachen. Die Auflage sollte dazu führen, daß Mauterndorf bis zur Säkularisation 1803 das Eigentum des Salzburger Hochstiftes blieb.

Zu Wohlstand kam die Siedlung durch das 1143 erteilte Mautrecht für die Paßstraße. Als Papst Innozenz IV. am 4. August 1253 dann noch den Bau von Burgen zum Schutz eigenen Territoriums genehmigte, machte sich das Salzburger Domkapitel umgehend daran, seine Mautstraße mit einer Wehranlage aus

Die bischöfliche Mautburg in Mauterndorf sicherte den Tauernpaß (oben).

In der Felswelt um das Zehnerkar (unten).

Die Steinfeldspitze lädt geradezu zum Wandern ein (rechts).

Bergfried, Palas, Kapelle und kräftiger Wehrmauer zu sichern. Von diesem ersten Burgbau ist heute noch der mächtige, 44 m hohe quadratische Bergfried mit seinem hofseitigen, rund 7 m über dem Burghof gelegenen Zugang und der die gesamte Südseite einnehmende Palas erhalten. Die heutige Burgkapelle über der ehemaligen Straße wurde im Sommer 1339 fertiggestellt und enthält Fresken aus der Mitte des 14. Jh. Ihr Flügelaltar ist eine Stiftung des Dompropstes Burkart von Weißpriach, dessen Wappen den Altar auch ziert. Gefertigt wurde der Altar zwischen 1452 und 1461 vom Salzburger Maler und Schnitzer Gabriel Häring.

Für den Bergwanderer ist der Tauernpaß angenehmer Ausgangspunkt für zwei Tagestouren unterschiedlicher Dauer und Schwierigkeit. Zum einen versteckt sich nach Norden hin hinter dem 1975 m hohen Grünwandkopf eine nach Süden geöffnete Karterrasse, in der neben drei größeren Seen unzählige kleine und kleinste Laken darauf warten, entdeckt zu werden. Wem der Sinn dagegen mehr nach Fels, nach Graten und Luftigkeit steht, der kann sich zum anderen für den Zackenkamm auf der Südseite der Straße entscheiden und den Steig entlang der luftigen Gipfellinie in Angriff nehmen.

Ausgangspunkt für die bequeme Wanderung ums Seekar ist der 1,5 km westlich der Paßhöhe direkt von der Straße abgehende Sessellift zum Grünwandkopf. Von hier ist der Aufstiegsweg auf die formschöne 2350 m hohe Seekar-Spitze bereits gut zu übersehen. Ihr Gipfel ist in nur 1-stündigem Aufstieg bequem zu erreichen. Um so erstaunlicher ist die damit gewonnene Aussicht auf die hellen Kalkmauern des Dachsteins und des Tennengebirges sowie auf die dunklen Schieferberge der Radstätter oder Schladminger Tauern. Für den Abstieg empfiehlt sich der Ostrücken, über den man zum Seekarhaus des Alpenvereins und von dort bequem zur Paßhöhe zurückkommt.

Ein „ernsteres" Unternehmen bieten die Kare und Grate um den Wildsee auf der Südseite des Passes. Die ersten 535 Höhenmeter Aufstieg erspart die Kabinenbahn ins Zehnerkar, die bereits mitten in eine hochalpine Felswelt in einen weiten Karboden hinaufführt, über dem rostbraune Urgesteinswände drohen.

Nach der Querung des Zehnerkares erreicht man am Zehnersattel den von der Gamsleiten-Spitze herunterkommenden Kammsteig. Der quert über Schuttreisen unter dem Gamsspitzerl durch und erreicht wenig später den ersten Höhepunkt, die 2381 m hohe Zehnerkar-Spitze. Von ihr sieht man nicht nur gut hinunter auf den gesamten Paßbereich sondern auch hinüber auf das Seekar mit seinen zahllosen blauen Augen und natürlich auch hinein in das wilde Teufelskar mit den rauhen Zacken der Teufelshörner darüber.

Nach einem kurzen Abstieg über den westlichen Schrofenhang weicht der Steig in die Südhänge des Predigtstuhles aus und kehrt erst wieder unterhalb der Ostschulter der Glöcknerin auf den Grat zurück. Nur wenig später ist ihr Gipfel erreicht, von dem aus der Grat zur gerade 4 m höheren Hinteren Großwand-Spitze gut eingesehen werden kann. Genau dem Grat entlang führt nun der luftige Gang mit entsprechenden Ausblicken nach beiden Seiten. Kurz nach der Glöcknerin gibt es übrigens eine Abstiegsmöglichkeit ins Wildkar hinunter, falls das Wetter nicht hält, was es versprochen hat. Auch nach der Hinteren Großwand-Spitze folgt der Steig weiter dem Gratverlauf bis unter den Nordgrat des 2501 m hohen Großen Pleißlingkeiles. Er ist der vierte und höchste Zweitausender dieser Gipfeltour und gleichzeitig der Punkt mit der besten Aussicht. Die leuchtenden Firnfelder der Hohen Tauern begeistern hier ebenso wie die Fernblicke hinüber zur übergossenen Alm am Hochkönig oder zu den kalkigen Südwänden des Dachsteinmassivs. Nach Osten zu verliert sich der Blick in der Endlosigkeit.

Über Schrofen, Schutt und später Wiesen geht es hinunter in Richtung Süd-Wiener Hütte, aber nur bis zum 2074 m hohen Hengst. Von ihm aus quert man unter dem gesamten gerade überschrittenen Felskamm zurück nach Osten. 2½ Stunden sind es von hier zurück bis zur Talstation, etwa 6½ bis 7 Stunden sind für die gesamte, hochalpine Tour anzusetzen.

Luftiges über Berchtesgaden

Der Einstieg zum Mandlsteig am Weg zum Hohen Göll zeigt, daß hier Trittsicherheit notwendig ist (links).

Das Kehlsteinhaus war Hitlers »Adlerhorst« und diente damals als Teehaus. Heute ist es wieder beliebtes Ausflugsziel und bester Ausgangspunkt für die Besteigung des Hohen Göll (unten).

4

Auch schon vor 900 Jahren gab es Leute mit Weitblick. Zu ihnen gehörte zweifellos Eberwein, der erste Mönch des späteren Augustiner Chorherrenstiftes. Den Platz für sein von Gräfin Irmengard von Sulzbach gestiftetes Kloster nämlich suchte er von dem Fleck aus, der nicht umsonst „Berchtesgadener Hochthron" heißt. Von diesem Aussichtsbalkon zwischen Saalach und Salzach erkannte er die Einmaligkeit des Fleckens am Zu-sammenfluß dreier Achen, wo vier Täler aufeinandertreffen und gleich neun Gebirgsstöcke den malerischen Rahmen bilden und die Voraussetzung schaffen für eine Anziehungskraft, die für eine mehr als abwechslungsreiche Geschichte sorgte und bis heute sorgt.

Kaum gegründet, stritten sich auch schon die hohen Herren um das Stift zu Füßen des Watzmanns. Gar zu gern hätten es die Fürstbischöfe von Salzburg besessen. Doch selbst der Blutbann half nichts – Berchtesgaden wurde gefürstet und reichsunmittelbar. Sein Propst erhielt Sitz und Stimme im Deutschen Reichstag. 1805 kam die Perle sogar für vier Jahre zu Österreich, bevor man endgültig bayerisch wurde. Bayerische Könige schlugen jetzt ihre Sommerresidenz auf, König Ludwig III. flüchtete vor der Räteregierung hierher, und Hitler errichtete sogar einen Befehlsstand für sein „tausendjähriges Reich".

Zu Berchtesgadens größten Attraktionen zählt natürlich Deutschlands einziger „Fjord", der offiziell Königssee heißt.

Zwischen steilste Wände eingebettet – die Watzmann–Ostwand ist immerhin 1700 m hoch – geht von ihm eine romantische Verlockung aus, die seit Generationen die Menschen in ihren Bann zieht. „Erobern" kann man den See nur mit dem Schiff. Die steilen, teilweise senkrechten Felswände machten jede Weganlage unmöglich. Nur bis zum Malerwinkel, eine Viertelstunde vom nördlichen Seende entfernt, gibt es einen guten Fußweg. Der riesige Fjord entstand einst, als Watzmann und Hoher Göll bei der Hebung der Deckschichten auseinanderbrachen. Die Feinarbeit lie-

ferten schließlich die Gletscher, die dem See ein 8 km langes und 240 m tiefes Becken schufen.

Mit dem Elektroboot kommt man hinüber nach St. Bartholomä, am Fuß der übermächtigen Watzmann–Ostwand. Schon 1134 gab es hier eine Waldkapelle, die sich nach und nach zur Wallfahrtsstätte mauserte. Die heutige Kirche stammt wie das einstige Jagdschloß (heute Gasthaus) aus dem 17. Jh. In gut einer Stunde kann man von hier aus bis unmittelbar unter die Riesenwand und zum wohl niedrigsten „Gletscher" der Alpen wandern. Im hintersten Boden des Es-

bachtales, in einem wildromantischen Winkel, finden wir die „Eiskapelle", die die Reste winterlicher Lawinen bilden, obwohl es hier unten dafür eigentlich viel zu warm ist.

Berchtesgaden ist aber auch Ausgangspunkt von Deutschlands höchster und kühnster Alpenstraße. Sie überwindet auf einer Länge von 6,5 km einen Höhenunterschied von gut 700 m und führt zu einer Plattform unterhalb der Kehlsteinspitze (1835 m). Dort thront Hitlers ehemaliger „Adlerhorst", das heutige Kehlsteinhaus. Weil die ausgesetzte Lage von Haus und Straße einen allgemeinen Verkehr nicht erlaubt, hilft der Postbus aus. Während er über die Westhänge der Mannlköpfe hinaufschnauft, werden Watzmann, Hochkalter mit seinem Blaueisgletscher und der Große Hundstod immer großartiger. Schließlich wird auch der Blick frei auf den so tief eingebetteten Königssee.

Selbst die vom Kehlsteinhaus aus gebotene Aussicht aber wird bei weitem noch übertroffen von den überwältigenden Schönheiten, die sich hinter dem Teehaus des „Führers" auftun. Dort nämlich beginnt der Mannlsteig, der über den langen Grat der Mannlköpfe zum 2522 m Hohen Göll hinaufführt. Zwar verlangt die Begehung dieses Steiges gute Trittsicherheit, Schwindelfreiheit und Bergerfahrung, doch dafür bietet der Grenzgipfel zwischen Bayern und Österreich ein ganz besonderes Gipfelerlebnis mit einem unendlichen Gipfelpanorama, in dem natürlich Watzmann, Hochkönig und Dachstein die dominierenden Eckpfeiler bilden.

Die „heiklen" Stellen des Steiges präsentieren sich nach einigem Auf und Ab, wenn die Mannlköpfe den Steig zum Ausweichen in die Südflanke zwingen. Schrofen, Platten und Felsabbrüche wechseln rasch, doch sind an allen kriti-

schen Stellen Eisenstifte und Stahlseile zur Sicherung vorhanden.

Die Tour der Superlative erhält ihren krönenden Abschluß durch den Abstieg über die „Kaminroute" hinunter zum Purtschellerhaus. Dieser Abstieg zweigt im unteren Teil der Gölleiten rechts ab und quert die Nordwand über ausgeprägte Schichtbänder. Vor allem im oberen Teil finden sich ebenfalls wieder Eisentritte und Stahlseile zur Sicherung, so daß auch „luftige" Stellen gut zu bewältigen sind. Das letzte Wegstück vom Purtschellerhaus hinunter zur Roßfeldstraße (Bus) ist dann nur noch ein erholsamer Spaziergang.

Blick vom Schneibstein zum Großen Hundstod und zum Steinernen Meer.

Pinzgauer Spaziergang

5

Im gesamten oberen Salzachtal gibt es nur eine einzige gleichzeitig nach Nord und nach Süd geöffnete Abzweigung. Nur hier gelang es dem eiszeitlichen Salzachgletscher, einen Durchbruch nach Norden zu hobeln, ein Abfluß allerdings, dem die Salzach nicht folgte. Moränenablagerungen sorgten vielmehr dafür, daß der Zeller See weder nach Südosten in die Salzach noch nach Norden in die Saalach abfließen kann. Der See bekommt deshalb kein Schmelzwasser und erwärmt sich im Sommer für einen Alpensee überraschend schnell.

Am Westufer des reizvollen Sees liegt auf einem kleinen Schwemmkegel Zell am See, der Hauptort des Pinzgaues. Seine malerische Lage entdeckten Salzburger Mönche schon früh und gründeten bereits 743 die „Cella in Bisontio" (Pinzgau), aus der ein Augustiner Chorherrenstift wurde. Seine Stiftskirche St. Hippolyt wurde 1217 zur Pfarrkirche, die

noch heute schon von weitem mit ihrem trutzigen Wehrturm aus der Mitte des 15. Jh. beeindruckt. In ihrem Inneren sind noch Fresken aus dem 13., 14. und 16. Jh. erhalten. Am eindrucksvollsten sind eine thronende Madonna in der Apsis des nördlichen Seitenschiffes (13. Jh.) und die Marter der hl. Katharina in der Vorhalle (14. Jh.). Die zarten Maßwerkbrüstungen an der Westempore stammen von 1514 und die vorzüglichen Figuren des hl. Georg und des hl. Florian an der Westemporenwand von 1520.

Im Winter regieren in Zell am See vor allem die Skifahrer. Im Sommer sind es neben den Wanderern und Bergsteigern die Segelflieger, die hier idealste Bedingungen vorfinden. Dank der West-Ost-Richtung des Pinzgaus gibt es an der südlichsten Kette der Kitzbüheler Alpen auf einer Länge von gut 50 km weite Südhänge, über denen es sich herrlich Segeln läßt. Deshalb der Tip für alle, die

den Pinzgau aus der Vogelperspektive erleben möchten: die Piloten der Segelflugschule nehmen gerne Gäste mit in die luftigen Höhen

Wer dagegen den Segelfliegern auf festem Boden möglichst nahe kommen möchte, der kann dies mit einer Kammwanderung verbinden, die man eigentlich nur einen Spaziergang nennen kann. Zur Ausgangshöhe, der 1965 m hohen Schmittenhöhe, hilft die Seilbahn von Zell am See aus. Nach Westen breitet sich dann bei einer durchschnittlichen Höhe von 2000 m ein rund 20 km langer Spazierweg aus, den man so weit gehen kann, wie es eben Spaß macht: Abstiegsmöglichkeiten in den Pinzgau hinunter gibt es genügend.

Die Segelflieger nehmen gerne Gäste mit in ihre luftigen Höhen (oben).

Blick vom Hundstein gegen Zell am See und Kitzsteinhorn (unten).

Schon auf der Schmittenhöhe präsentiert sich das 360°–Panorama, das den gesamten Spaziergang variationsreich begleitet. Überm 1200 m tieferen Salzachtal dehnt sich bis zum Horizont das Gipfelmeer der Hohen Tauern. Direkt gegenüber reckt sich die elegante Gipfelpyramide des Kitzsteinhornes aus dem leuchtenden Firn. Wiesbachhorn, Glockner und Venediger geben sich die Ehre und lassen ihre Ferner blinken. Ganz anders dagegen der Charakter der Berge gegen Norden. Fast unscheinbar, gleich erstarrten Wellen einer sanften Dünung, reihen sich Kette an Kette, Gipfelkranz an Gipfelkranz bis weit hinaus in die Unendlichkeit.

Hinter der Bergstation und dem Hotel verliert sich der „Gipfeljahrmarkt" rasch. Spätestens hinter der Kesselscharte ist der ganze Trubel überstanden. Zunächst führt der Weg (Markierung Rot, Nr. 719) etwas unterhalb des Kammes hinüber zum Rohrertörl. Nach dem Törl bietet sich auf der Südnase des Gernkogels nach 2 Stunden die erste Abstiegsmöglichkeit. Der mit der Nr. 748 rot markierte Steig führt in weiteren 2 Stunden nach Niedernsill in den Pinzgau hin-

unter. Der Höhenweg führt dagegen unterm 2214 m hohen Zirnkogel vorbei und auf den 2249 m hohen Hochkogel zu.

Bei einigermaßen schönem Wetter ist inzwischen längst klar geworden, daß der Pinzgauer Spaziergang tatsächlich eine Rennstrecke für die Segelflieger ist. Dank bester geographischer und thermischer Bedingungen fliegt der Segelflieger hier nicht selten schneller als der Motorpilot, der sein 6-Zylinder-Triebwerk arbeiten lassen kann. Und weil das hier alles so gut geht, hat sich der Flugplatz von Zell am See zum Mekka der Segelflieger entwickelt. Dazu kommen all die, die von Innsbruck herunter oder von Mariazell, Thurnau oder Niederöblarn heraufkommen. Sie alle preschen durch den schmalen Korridor zwischen Gipfel und Wolkenkette und lassen sich dabei herrlich beobachten, wie sie den Dohlen gleich den Aufwind suchen und wie Habichte auf die nächste weiße Wattewolke zustoßen.

Im Klingertörl bietet sich die nächste Wahlmöglichkeit: geradeaus setzt sich der Pinzgauer Spaziergang fort, nach rechts zweigt der mit der Nr. 764

bezeichnete Weg zum Schattberg oberhalb von Saalbach ab. Folgt man ihm nach Norden, erreicht man in weiteren 2 Stunden den bei den Skifahrern so heißgeliebten Berg und kann mit der Seilbahn ins Tal „absteigen" (Gesamtgehzeit ab Schmittenhöhe 4½ bis 5 Stunden, Bus nach Zell am See). Die nächste Abstiegsmöglichkeit auf der Fortsetzung des Pinzgauer Spaziergangs gibt es unterm Medal Kogel (2 Stunden nach Uttendorf). Beim Sommertor erreicht der Weg wieder den Kamm, hinter dem Maulitz Kogel bietet nach 6 bis 7 Stunden die Bürgl Hütte die wohlverdiente Einkehr. Nach der Nacht auf der Hütte geht es am nächsten Morgen in 2 Stunden auf den 2363 m hohen Gaißstein. Dort gibt es alles vom Vortag noch einmal, nur noch um einiges intensiver, eindrucksvoller und auch einprägsamer, weil man jetzt das ganze imposante Panorama in Ruhe auf sich wirken lassen kann. In 3½ bis 4 Stunden erreicht man schließlich Mittersill (Bus oder Schmalspurbahn nach Zell).

Zell am See und der Zeller See aus der Sicht des Segelfliegers.

Über den Großen Gasteiner Höhenweg

6

Das Gasteinertal ist das größte und zugleich reichste Seitental der Salzach. Hier hatte man zu jeder Zeit die „richtige" Grundlage für den Reichtum. Erst war es das Gold und Silber aus dem Bergbau, das den Landesfürsten Reichtum und Ansehen brachte. Wenig später verhalf die Heilkraft heißer Quellen dem Tal selber zu Berühmtheit. Seit Kaiser Friedrich III. 1434 die Liste der Großen seiner Zeit eröffnete, riß sie bis heute nicht ab. Und seit sich in unserer Zeit sogar noch der Schnee nutzen läßt, ist

für die Gasteiner vollends gesorgt, so daß der nicht mehr lukrative Bergbau leicht verschmerzt werden kann.

Der „Hof in Gastein", wie Bad Hofgastein ursprünglich hieß, gehörte zunächst den bayerischen Herzögen, dann den Grafen von Pongau und schließlich dem Salzburger Hochstift. Noch im 16. Jh. konnten die Bischöfe ihr Gold und Silber hier fördern lassen. 1828 wurde auch in Hofgastein der Badebetrieb aufgenommen, nachdem eine Thermalwasserleitung von Badgastein herüber

Berganemonen sind die Frühlingsboten der Berge (oben).

Zwar ist sie seltener geworden, aber hie und da gibt es sie noch: die Käserei auf der Alm (unten).

gelegt worden war. Vor allem den Skifahrern ist es zu verdanken, daß die Höhen rund um Badgastein durch zahlreiche Seilbahnen erschlossen sind. Sie ermöglichen eine ganze Fülle von Tages touren, die alle schon eine Ausgangshöhe von gut 2000 m haben und damit die ganze Grandiosität der Hohen Tauern ins Blickfeld rücken.

Auf der Ostseite bringt der Höllbrunnlift den 2492 m hohen Grau Kogel in Reichweite (500 Höhenmeter fehlen zum Gipfel). Drei wunderschöne, tiefblaue Seenaugen verstecken sich rund um den Kogel und sind auf bequemem Weg mit nur 200 m Aufstieg zu erreichen. Besonders der in 1826 m Höhe zwischen stämmigen Zirben und Lärchen versteckte Reed See ist ein Juwel für sich: Hölltor Kogel, Tischlerkar Kees und Steinbach spiegeln sich in seinem dunklen Wasser. Etwa 4 Stunden sind für diese Runde und den Abstieg anzusetzen. Bester Ausgangspunkt für Touren auf der Westseite ist der Stubner Kogel, direkt oberhalb von Badgastein. Von ihm aus führt in durchschnittlich 2200 m Höhe ein Traum-Höhenweg hinüber ins benachbarte Rauriser Tal, der zwar rund 6 Stunden reine Gehzeit verlangt, dafür aber kaum zu übertreffende Schönheiten bietet. Schon die Auffahrt auf den 2246 m hohen Stubner Kogel läßt einiges von dem ahnen, was uns den Tag über erwartet. Hinter dem als riesige Pyramide im Talschluß stehenden Kreuz Kogel tauchen mit jedem Meter Auffahrt die Gipfel des Alpenhauptkammes mehr auf. Tischlerkar Kopf und Hölltor Kogel lugen hinterm Grau Kogel und Hohen Stuhl hervor. Der 3246 m hohe Ankogel beherrscht nach Osten die „Skyline". Mit dem Verlassen der Bergstation öffnet sich auch nach Westen die ungehinderte Sicht. Türchlwand und Kalkbretter Kogel liegen direkt gegenüber. Von Südwesten leuchten die Ferner des 3122 m hohen Scharecks.

Vom Gipfel des Stubner Kogels führt der Steig zunächst dem Grat entlang südwärts bis zum Glocknerblick, steigt dann wenige Meter zur Bergstation des Jungerliftes ab und erreicht kurz darauf die Zitterauer Scharte (2198 m). Immer dem Grat folgend geht es dann in einer guten Stunde zum 2461 m hohen Zitterauer Tisch hinauf, dem höchsten Punkt unserer Tour. Entsprechend atemberaubend ist die Aussicht: die Ankogel-, Hochalm-, Geisel-, Schareck-, Sonnblick- und Hocharngruppe liegen dem Wanderer zu Füßen.

Genau nach Süden erhebt sich als höchster Gipfel in diesem Abschnitt des Alpenhauptkammes der 2686 m hohe Kreuz Kogel. Schareck rechts und Ankogel sind zwar optisch dominierender, historisch interessanter jedoch ist der Radhaus Berg, ein Vorgipfel des Kreuz Kogels. Ein 1910 in 2410 m Höhe gefundenes Steinbeil bewies, daß schon die Steinzeitmenschen bis in diesen Winkel und in diese Höhe gekommen sind. Im Mittelalter spielte das Massiv wegen seines Goldreichtums eine wichtige Rolle im Wirtschaftsleben Salbzburgs. Auf Schritt und Tritt sind an den Hängen noch heute Spuren des Goldbergbaus zu finden.

Vom Zitterauer Tisch folgt der Weg dem Gratverlauf nach Südwesten, steigt dabei rund 400 Höhenmeter ab und erreicht bei der Miesbühel Scharte in 2238 m Höhe den nächsten Aussichtspunkt, der 3 Sterne verdient hätte: über den etwa 1 km langen und 300 Höhenmeter tiefer liegenden Unteren Bockhart See sieht man hinunter ins Naßfeld und hinüber auf die Ferner von Schareck und Geisel Kogel. Steht die Sonne im richtigen Winkel, ist nicht zu unterscheiden, ob die Ferner oder der See mehr glitzern und leuchten.

Der Zimburg Weg quert nun den gesamten Südhang des Silberpfennig. Da der Weg leicht abwärts geht, ist die Aussicht während der ganzen Querung ein einziger Genuß, bis man in 2070 m auf den kleinen Oberen Bockhart See und die Reste eines verfallenen Bergwerkes trifft. Ganze 150 Höhenmeter Aufstieg müssen nun noch bewältigt werden, bis die 2226 m hohe Bockhart Scharte und damit der eigentliche Übergang ins Rauris Tal erreicht ist. Der Abstieg führt hinunter in das Filzenkar, über die Filzen Alm und die Durchgangalm, hinunter zum uralten Kolm–Saigurn (1628 m, Rückkehr nach Gastein mit Bus und Bahn).

Das Gefühl für die Weite ist ständiger Begleiter auf dem Gasteiner Höhenweg (links).

Blick vom Zitterauer Tisch gegen den Kreuzkogel (rechts).

Gletscher über Matrei

an der Südwand malte Meister Sebastian Gerumer aus Lienz 1468.

Das Innere ist vollständig geprägt von den Fresken des Pustertaler Meisters Simon Marenkl von Taisten. Er schuf eine biblia pauperum mit 24 Einzelszenen der Passion Christi. Die Spannweite reicht von der Erweckung des Lazarus bis zur hl. Magdalena, der Christus erscheint. Die Chorwand enthält Szenen aus dem Marienleben, die Schutzmantelmadonna

Der Talschluß von Innergschlöß gehört zu den schönsten der Alpen.

Der Übergang über den Felbertauern hat nicht erst in unseren Tagen durch den 5,2 km langen Tunnel an Bedeutung gewonnen. Bereits im Mittelalter gab es dort einen stark frequentierten Handelsweg. Er querte den Alpenhauptkamm in 2481 m Höhe genau dort, wo heute die St. Pöltener Hütte steht. Hauptstützpunkt des Verkehrs war damals wie heute das quirlige Matrei an der Mündung des Virgen Tales. Schon vor mindestens 2500 Jahren gab es dort eine Siedlung, im Mittelalter schon früh einen wichtigen Markt.

Bester Beweis für die frühe Bedeutung Matreis ist das kleine Kirchlein St. Nikolaus im Weiler Ganz. Es wurde zwischen 1265 und 1270 noch ganz in romanischem Stil errichtet und mit stark byzantinischen Anklängen ausgemalt. In den beiden übereinander liegenden Chören waren verschiedene Maler am Werk. Im oberen Chor arbeitete ein wandernder Künstler, vermutlich aus Padua. Den unteren Chor bemalte ein „einheimischer" Künstler. Dennoch folgten beide einem einheitlichen Gesamtkonzept: im oberen Chor ist das himmlische, im unteren das irdische Paradies dargestellt. Entsprechend erscheint oben Christus als Weltenrichter im Zentrum einer sonnenartigen Scheibe. Die Evangelisten und Apostel reihen sich um dieses Zentrum. Ein mit Edelsteinen geschmückter Mauerring symbolisiert das himmlische Jerusalem, das von den vier Elementen in den Zwickeln getragen wird. Unten sind die Schöpfung, der Sündenfall, die Vertreibung aus dem Paradies und Adam und Eva bei der Arbeit dargestellt.

Daß mittelalterliche Kunst bis in die höchsten Alpentäler vordringen konnte, beweist eine Fahrt der Isel entlang (interessante Wasserfälle am Talende) ins Virgen Tal. Dort birgt in Obermauern die Wallfahrtskirche Zu Unserer Lieben Frau unterhalb der Gletscher des Großvenedigers einen der schönsten Freskenzyklen Tirols. Wie so oft in den Bergen verdankt die Filialkirche der Pfarre Virgen ihre Bedeutung und Ausstattung einer Wallfahrt, die wahrscheinlich schon in frühchristlicher Zeit existierte. Schon das Äußere der 1456 fertiggestellten heutigen Kirche ist mit alten Fresken geschmückt. Das große Christophorusbild

ders schöne Steigerung. Statt direkt zur Alten Prager Hütte hinüberzuqueren, bleibt man am rechten Gletscherufer und folgt dem Rudolph Zöllner Weg aufwärts gegen das Löbben Törl. Von dem 2770 m hohen Joch läßt sich der 2884 m hohe Innere Knorrkogel ganz leicht ersteigen. Damit ist eine der schönsten, eisfrei zugänglichen Aussichtskanzeln des gesamten Venedigergebiets erreicht. Der Großvenediger steht hier unmittelbar gegenüber gelassen Modell für alle Versuche, ihn möglichst vorteilhaft auf den Film zu bannen.

Das Freskenbeispiel aus der Dorfkirche von Obermauern zeigt die Grablegung (links)

Von Innergschlöß talauswärts sieht man auf den schon im Mittelalter frequentierten Felbertauernpaß (unten).

hat übrigens ein ganz ähnliches Gegenstück in der Görzer Burg in Schloß Bruck bei Lienz. Das große Muttergottesfresko auf der Südwand des Chores und das Martyrium des hl. Sebastian in einer groß angelegten Landschaft sind Votivbilder, die 1488 bzw. 1484 fertiggestellt wurden.

Kaum weniger kostbar sind einige Ausstattungsstücke. So ist das eigentliche Gnadenbild, eine Madonna von 1430, von einem spätgotischen Schrein von 1510 eingefaßt. Noch vom ehemaligen gotischen Hochaltar dürften die Holzskulpturen der hl. Barbara und der hl. Elisabeth stammen, die hll. Petrus und Paulus dürften mit dem Gnadenbild geschaffen worden sein. Auch die Kanzel entstand Ende des 15. Jh.

Zum Kunstgenuß gesellt sich mit einer Fahrt nach Innergschlöß auch noch das Erlebnis des schönsten Talschlusses, zumindest der Ostalpen. Morgens zwischen 6 und 9 und abends zwischen 17 und 19.00 Uhr darf der Almweg bis kurz vor die Almhütten von Innergschlöß befahren wurden. Damit kommt man fast unmittelbar an den Beginn des vom Alpenverein eingerichteten Gletscherweges, der die Schönheiten und auch die Gefahren eines Gletschers besonders augenfällig erleben läßt. Vom Talende führt der Weg entlang des Schlatenbaches zunächst zügig zum Salzboden hinauf. Zur Belohnung gibt es dort oben eine besonders prachtvolle Moränenlandschaft mit Tümpeln, kleinen Bächen und den grünen Hochmatten der Gschlösser Schafalm. Knapp unterhalb der Höhe der Alten Prager Hütte quert der gut markierte Weg das Schlatenkees an seiner Zunge und folgt dann dem Hüttenweg auf der linken Seite des Gletschers wieder hinunter zum Parkplatz (3½ – 4 Stunden).

Wer sich noch 500 Höhenmeter zusätzlich zutraut, für den gibt es eine beson-

Übers Böse Weibele auf den Rotstein

8

Drei Täler und drei Gebirgsgruppen treffen in Lienz, der heimlichen Hauptstadt Tirols aufeinander. Von Nordwesten kommt das Iseltal aus der Venedigergruppe und vom Felbertauern herunter, vom Südwesten mündet das Pustertal mit dem Oberlauf der Drau, nach Osten öffnet sich das weite Drautal als Einfallstor für die lauen Lüfte vom Mittelmeer. Über dem Zusammenfluß von Isel und Drau thronen im Norden das weitläufige Zettersfeld unter der Felspyramide Schleinitz und im Westen der Hochstein mit dem Panoramagrat zum Bösen Weibele hinauf. Sowohl Zettersfeld wie Hochstein sind über gut ausgebaute Bergstraßen bequem zu erreichen. Die strategisch und verkehrstechnisch günstige Lage sorgte dafür, daß im Lienzer Talboden bereits im 2. Jh. v.Chr. das Zentrum des Königreichs Noricum entstanden war. Es war ein loses staatliches Gefüge, zu dem sich dreizehn keltische Stämme zusammengeschlossen hatten. Wie mit den Römern Zivilisation und Kultur ins Tal kamen, zeigt am eindrucksvollsten die einst blühende römische Provinzstadt Aguntum. Seit Jahren schon wird hier immer noch Neues ans Tageslicht gefördert, so daß die alten Steine inzwischen ein lebendiges Bild vom römischen Alltag im Lienzer Bekken vermitteln können.

Die Stadtanlage von Aguntum entstand unmittelbar nach der Verleihung des Stadtrechtes unter Kaiser Claudius (41–54 n.Chr.). Seiner Bedeutung als Municipium entsprechend war der größte Teil der Anlage nicht nur hervorragend ausgebaut sondern auch mit einer 2 m dicken Stadtmauer geschützt. Quadratische Wehrtürme flankierten den doppelbahnigen Eingang der Hauptstadt. Überwölbende Bögen sind ebenso erhalten wie Reste einer Heizanlage, eines Tempels und einer gedeckten Pfeilerhalle, die als Sportplatz gedient haben dürfte. Recht gut zu erkennen sind auch die Reste eines Warm- und Schwitzbades, dessen einzelne Räume alle geheizt waren. Zerstört wurde das eindrucksvolle Aguntum übrigens erst um 600, als sich Slawen und Bayern im Drautal so heftig um die Vorherrschaft prügelten, daß kaum ein Stein auf dem anderen blieb.

Den steinernen Beweis für den Einzug des Christentums liefert die aus dem 4. Jh. stammende Bischofskirche in Lavant. Ihr Befestigungsring umfaßte allein ein Areal von mehr als 30 000 qm und ragte mindestens 7 m in die Höhe. Hier hatte der Bischof von Aguntum seinen ständigen Amtssitz. Unter den Resten aus der Römerzeit glauben die Forscher sogar Spuren eines alten illyro-keltischen Tempels und damit den eigentlichen Sinn der noch bis in die 30er Jahre von Virgen nach Lavant durchgeführten Widderprozessionen gefunden zu haben. Der Hügel von Lavant ist damit die

---

Der Großvenediger ist von weiten Gletscherfeldern umgeben (vorige Doppelseite).

Vom Hochstein aus ist zu ahnen, daß die Lienzer Dolomiten ein Paradies für Kletterer sind (unten).

wichtigste und älteste Kultstätte Osttirols.

In Lienz treffen aber auch noch andere Welten aufeinander. So bildet die Drau die Grenze zwischen dem Urgestein im Norden und den Kalkalpen im Süden. Das Zettersfeld gehört noch zu den südlichsten Ausläufern der Hochschobergruppe, der Schiffsburg zwischen Isel und Pustertal ist der östlichste Kamm des Defereggengebirges. Hochstein und Böses Weibele gehören damit mit ihren Phyllitmassen ebenso zum Urgestein wie der Hochschober und die Schleinitz. Ganz anders sieht es südlich der Drau aus. Dort bestehen die Gailtaler Alpen aus schönstem Dolomitgestein. Ihr Mittelstück mit den wildesten Wänden wurde deshalb in Anlehnung an die Südtiroler Dolomiten „Lienzer Dolomiten" getauft.

Ganz besonders lohnend aber ist die Fahrt hinauf über die Hochsteinstraße zur Bannberger Alpe. Vom Parkplatz am Straßenende ist es nur noch ein kleiner Spaziergang bis zur 2057 m hohen Kuppe des Hochsteins, der nicht umsonst als wichtigster Aussichtspunkt in der Lienzer Umgebung gerühmt wird. Schon von der Hochsteinhütte (2023 m) aus kann man bei Kaffee und Kuchen die Berge zwischen Großvenediger und Dobratsch zu sortieren versuchen. Noch sehr viel ergiebiger wird der Sortierversuch jedoch, wenn man über den Panoramagrat die 500 Höhenmeter zum 2521 m hohen Bösen Weibele hinaufstürmt (2 Stunden, Weg Nr. 321).

Das Böse Weibele, auch Strickkofel genannt, trägt bei den Lienzern zudem noch den Zunamen Venedigerblick. Entsprechend umfassend ist die Aussicht, so daß man mit dem Zählen der Gipfel und dem Sortieren der Namen gar nicht

Der Hochstein bietet den besten Überblick über die Weiten des Drautales.

mehr nachkommt. Und doch läßt sich selbst dieses Gipfelerlebnis noch steigern. Hinter dem Bösen Weibele nämlich weitet sich ein langer Grat mit weiteren fünf selbständigen Gipfeln. Über die Vordere und Hintere Lavanter Spitze schwingt sich der Gratweg zur Schönberglspitze (2638 m), zum Schlaimerkofel und schließlich zum Rotstein (2696 m). Ihn zu erreichen braucht es allerdings etwa 4½ Stunden, doch was macht das, wenn der gesamte Weg ein einziges Schaufestival ist! Nicht vergessen werden darf allerdings, daß auch für den Rückweg 4 Stunden einkalkuliert werden müssen. Die Begehung des ganzen Grates ist deshalb nur etwas für sicheres Sommerwetter.

Zur Sextener Sonnenuhr

Im Pustertal gibt es ebenso wie im oberen Drautal wohl sanfte Wiesen und Waldhänge mit alten malerischen Dörfern dazwischen, doch scheinen steile Felswände und schneebedeckte Gipfel völlig zu fehlen. Geltung hat dies jedoch nur für den, der an der breiten Talstraße kleben bleibt und deshalb von der eigentlichen Landschaftskulisse so gut wie nichts sieht. Da sich das Puster- wie das Drautal wie breite Gräben zwischen den Formationen der Zentralalpen im Norden und den Dolomiten im Süden hinziehen und ihre heutigen Talböden von lauter Moränenhügeln gesäumt sind,

sind Ausblicke in die Höhe eigentlich nur von den Mittelgebirgsstufen aus möglich. Um die richtige Übersicht zu gewinnen, muß man aber auch über diese Stufe hinausfahren. Am schönsten ist dies am Ende des Tales von jenem weiten Wiesengrund aus möglich, wo sich das Wasser nicht so recht entscheiden kann, ob es als Rienz in die Adria oder als Drau ins Schwarze Meer fließen soll. Diese Wasserscheide ist zugleich der historisch wichtigste Platz im Pustertal. Dort nämlich schlugen gegen Ende des 6. Jh. die Bajuwaren die Slawen, vertrieben sie und besiedelten das gesamte Tal.

Kaum selbst christlich geworden, gründeten sie das Kloster Innichen. Das war im Jahre 769, als der Bajuwarenherzog Tassilo III. Abt Atto von Scharnitz das ganze Gebiet mit der Auflage schenkte, die heidnischen Slawen der Umgebung zu bekehren. Das Kloster wurde dem Hochstift Freising unterstellt, wurde von Kaiser Otto dem Großen 965 durch umfangreiche Schenkungen zu einem eigenen kleinen Paßstaat ausgeweitet und blieb bis 1803 in der Zuständigkeit von Freising.

Aus dem Kloster entstand ab etwa 1150 die ehrwürdige Stiftskirche St. Candidus und Korbinian, die das bedeutendste romanische Bauwerk ganz Tirols ist, obwohl sie in ihrer heutigen Form erst entstand, als anderswo bereits große gotische Kathedralen errichtet wurden. Um 1170 entstand als Kern der heutigen Anlage eine dreischiffige Basilika mit flachgedecktem Mittelschiff, halbrunder Apsis und Chorkrypta. Bei einem Umbau in der zweiten Hälfte des 13. Jh. entstand das Querschiff mit dem Kreuzrippenge-

Die Sextener Sonnenuhr von links: Neunerkofel bis Zwölferkofel.

wölbe, die Vierung mit der achteckigen Kuppel, der Turm und das Kreuzgratgewölbe im Mittelschiff. Auch die drei Portale stammen aus dieser Zeit. Das schönste ist das Südportal mit einer Majestas Domini und den Evangelistensymbolen im Tympanon.

Im Inneren beeindruckt vor allem zweierlei: zum einen sind es um 1280 entstandene Fresken in der Vierungskuppel. Sie zeigen die Erschaffung der Welt als Sechs-Tage-Werk und die Vertreibung von Adam und Eva aus dem Paradies. Zum anderen ist es die noch original gefaßte Kreuzigungsgruppe über dem modernen Hochaltar. Die monumentalen Holzskulpturen wurden zwischen 1200 und 1250 im Pustertal geschnitzt und

sind also nicht ein Geschenk Tassilos, wie die Überlieferung glauben machen möchte. Vielmehr weist der bewegte Faltenwurf der Gewänder auf eine Arbeit des späten 13. Jh. hin.

In Innichen zweigt auch die Straße nach Sexten ab, in jenes Dorf, wo Bauern, Holzarbeiter und Jäger die Uhrzeit von jeher an den Bergen ablesen. Einen Neuner-, Zehner-, Elfer-, Zwölfer- und Einser-Kofel gibt es hier, die hoch über dem Fischleinboden als natürliche Sonnenuhr fungieren. Dieser überdimensionalen natürlichen Sonnenuhr mitten ins Herz zu schauen, gibt es eine hervorragende Möglichkeit mit dem Anstieg hinauf zur 2140 m hohen Neuen Helmhütte (Seilbahn zum Helm-Restaurant, 2050 m).

Der stengellose, blaue Enzian ist der beste Freund aller Bergwanderer (oben).

Der Zwölferkofel aus der Sextener Sonnenuhr dominiert den Fischleinboden (links).

Von der Neuen Helmhütte ist es nicht ganz 1 Stunde hinauf zum 2433 m hohen Helm, dem nordwestlichen Eckpfeiler des karnischen Hauptkammes. Bereits von diesem Adlerhorst reicht die Aussicht von den Karnischen Alpen im Südosten über die Sextener Dolomiten und die Hohen Tauern im Norden bis zu den Zillertalern und Stubaier Gletscherriesen im Nordwesten. Unmittelbar gegenüber nach Südwesten öffnet sich der Fischleinboden mit der Sextener Sonnenuhr.
Darüber hinaus ist der Helm idealer Ausgangspunkt für eine großartige Kammwanderung mit der Möglichkeit, ohne große Höhenunterschiede gleich eine ganze Serie von Gipfeln zu „sammeln". Neben dem landschaftlichen hat diese Kammwanderung auch noch einen historischen Reiz, ziehen sich doch den ganzen Kamm entlang Schützengräben und Unterstände, die an die Kämpfe in den Jahren 1915–1918 erinnern. Damals war der gesamte Grat aufs heftigste umkämpft, Österreicher und Italiener lauerten in Stellungen, die nicht selten nur wenige Meter von einander entfernt waren. Heute finden sich mit der Sillianer- und der Obstanserseehütte sogar zwei Einkehrmöglichkeiten.
Die 2381 m hoch gelegene Sillianer Hütte taucht bereits nach ½ Stunde ab Helm auf. Danach schlängelt sich der Steig am Hornischeck vorbei, quert die Hollbrucker Spitzen, erklimmt den 2591 m hohen Demut und erreicht schließlich seinen höchsten Punkt auf dem 2665 m hohen Eisenreich. Nach der Gipfelrast mit ihrer überwältigenden Aussicht auf die Dolomiten, folgt ein gemütlicher Abstieg in die weite Karmulde des Obstanser Sees, über dessen Nordufer mit der Obstanserseehütte (2304 m) die zweite Einkehrmöglichkeit lockt (Gesamtgehzeit von der Neuen Helmhütte 5–5½ Stunden, Abstieg nach Kartitsch 2 Stunden).

Zahmes im Wilden Kaiser

Die Paradeseite des Wilden Kaisers öffnet sich nach Süden. Den besten Blick darauf hat man von Ellmau aus. Die großen Kletterwände sind dagegen eher auf der Nordseite zu finden.

10

Die Bedeutung des malerischen Bergstädtchens Kitzbühel wurde keineswegs vom modernen Jet-Set erfunden. Reichtum und entsprechenden Einfluß gab es bereits im Mittelalter durch den hier in Richtung Paß Thurn vorbeiführenden Handelsweg von Bayern nach Italien. Nicht von ungefähr gehörte denn auch die gesamte Talschaft ursprünglich zum Bistum Bamberg. Herzog Ludwig II. von Bayern verlieh Kitzbühel 1271 sogar die gleichen Stadtrechte wie München. Erst Kaiser Maximilian gelang es 1505, das Städtchen Tirol anzugliedern.

Kitzbühels früher Reichtum aber kam aus einer anderen Quelle. Schon im 15. Jh. wurden in der Umgebung reiche Kupfer- und Silbervorkommen entdeckt, aus denen vor allem die Fugger im späteren 16. Jh. enorme Gewinne schlagen konnten. Da es nie Zerstörungen gab, sind die mittelalterlichen Strukturen der einst reichen Markt- und Knappenstadt noch überall gut zu erkennen.

Aus der Zeit frühen Kitzbüheler Wohlstandes stammt denn auch die Pfarrkirche von 1435. Der dreischiffige gotische Bau schmiegt sich mit seinem schlanken Turm und dem abgewalmten Schindeldach harmonisch in die Berglandschaft.

Baumeister war Stefan Krumenauer, den Hochaltar lieferte Benedikt Faistenberger in der 2. Hälfte des 17. Jh. In unseren Tagen gelang es, Pfeiler und Triumphbogen auf ihre gotische Form zurückzuführen und im Chor Fresken des 15. Jh. freizulegen.

Eine besondere Rarität ist die zweigeschossige Liebfrauenkirche. Ihre Unterkirche ist bereits 1373 bezeugt, als sich eine wohlhabende Familie eine Gruftkapelle errichten ließ. Die obere Kapelle wurde 1735 barock ausgestaltet und besticht vor allem durch die Fresken von Simon Benedikt Faistenberger, der da-

mit sein Hauptwerk schuf. Das Hochaltarbild ist eine Kopie des von Lukas Cranach für den Innsbrucker Dom geschaffenen Mariahilf-Gemäldes. Auch in der Pfarrkirche von St. Johann, dem Haufendorf in der Ebene zwischen Kitzbüheler Horn und den Wänden des Wilden Kaisers, ist derselbe Maler vertreten. Kitzbühel und St. Johann sind die zentralen Ausgangspunkte für Wanderungen und Bergtouren im Wilden Kaiser, dem Klettergarten aller Extrem-Bergsteiger. Die Südwände dieser riesigen Kalkburgen spiegeln sich malerisch im dunklen Moorwasser des Kitzbüheler Schwarzsees und wecken auch bei weniger extrem veranlagten Bergfreunden Gipfelsehnsüchte. Sie sind durchaus zu stillen, besteht das Reich der Kletterer doch keineswegs nur aus senkrechten Wänden. Vielmehr führen auch leichte Wege mitten hinein in die Grandiosität einer scheinbar nur aus Felswänden bestehenden Welt.

Den leichtesten Zugang vermittelt das Sträßlein von Griesenau ins Kaiserbachtal und hinauf zur Griesener Alm. Obwohl der Parkplatz kaum 1000 m hoch ist, steht man hier doch schon unmittelbar unter den Nordabbrüchen von Predigtstuhl, Fleischbank und Totenkirchl. Hinauf zum legendären Stripsenjochhaus sind es gerade noch 577 Höhenme-

ter. Davor aber schon kommt die Abzweigung nach links hinauf in die steile Felsgasse der Steinernen Rinne. Gut 700 Höhenmeter ragen hier die Wände von Fleischbank und Predigtstuhl in den Himmel und sind doch kaum einen Steinwurf auseinander. „Eine Schlucht begrenzt von himmelstürmenden Wänden, abenteuerlich in ihrer Steilheit und Glätte. Eine Landschaft von Urgestalten geformt" – so beschrieb der Nanga-Parbat-Bezwinger Hermann Buhl die Steinerne Rinne.

Der Weg durch die Steinerne Rinne ist gut mit Drahtseilen gesichert, dennoch haben Halbschuh-Touristen dort natürlich nichts verloren. Mit guten Bergschuhen und wegen alter Schneereste nicht zu früh im Jahr bietet sie jedoch ein ungefährliches Eindringen in Bereiche, die sonst ausschließlich Kletterern vorbehalten sind. Ihnen kann man hier fast auf die Finger sehen beim Einschlagen der Haken, dem Klicken der Karabiner und den Seilkommandos zuhören. Im oberen Teil mündet der Steig in ein Geröllkar, das im 1970 m hohen Ellmauer Tor zwischen den Karlspitzen und der Goinger Halt endet. Von einem Schritt zum andern öffnet sich hier im wahrsten Sinne des Wortes ein Tor zu einer Wunderwelt. Vergessen ist schlagartig die zwar faszinierende aber doch graue,

dunkle und nordseitige Felsszenerie, wenn man nun herunterschauen kann zum lieblichen Ellmau, hinüber zum Kitzbüheler Horn und zur leuchtenden Kette der Zentralalpen, in deren Mitte der Großvenediger thront. Beim Abstieg zurück durch die Rinne drängt sich noch einmal die ganze schaurige Schönheit der aufgetürmten Felswände auf, bevor nach einer Gesamtgehzeit von rund 4 Stunden das Stripsenjochhaus am Wildanger erreicht ist.

So richtig abgerundet wird ein „Kaisererlebnis" mit einer Übernachtung auf der „Strips" und dem Weitermarsch über den Höhenweg zur Vorderen Kaiserfelden Hütte. Während der ganzen 3-stündigen Wanderung an der Südseite des Zahmen Kaisers entlang bietet sich die ungestörte Aussicht auf die Nordabstürze des Wilden Kaisers und hinunter ins Kaisertal. Knapp 2 Stunden sind es dann noch hinunter nach Sparchen bei Kufstein.

Das Ellmauer Tor kann von Süden aus von jedem bestiegen werden, doch wegen des Geölls nur in festen Bergschuhen (unten).

Wer von Norden durch die Steinerne Rinne zum Ellmauer Tor möchte, muß trittsicher und schwindelfrei sein (rechts).

Aussichtsnest über Inn- und Zillertal

Das Rofan ist ein kleines aber feines Gebirge, dem man zudem ganz ausgezeichnet aufs „Dach" steigen kann. Eingebettet zwischen der tiefen Furche des Inn im Süden und dem fjordartigen Achensee im Westen bietet es den besten Aussichtsbalkon sowohl für die Sicht hinüber nach Westen auf die Kare und Wände des Karwendels wie nach Süden auf die blinkenden Ferner der Zentralalpen. Nachmittags und bei entsprechendem Gegenlicht läßt es aus dem Achensee das werden, was der Dichter einen „Smaragd in der granitenen Krone" nannte.

Gegenüber von Kramsach, auf der anderen Seite des Inns, liegt mit Rattenberg Tirols kleinste Stadt. Sie verdankte ihren Wohlstand dem Bergbau, den Kaiser Maximilian den Fuggern zur Ausbeutung übertragen hatte. Sie kontrollierten von hier aus den Silberabbau in ganz Tirol und sorgten im 16. Jh. für den Ausbau des Städtchens, das sich in erstaunlicher Geschlossenheit bis heute erhalten hat. Zur Sicherung des Ganzen ließ Maximilian eine am Berghang schon vorhandene Burg mächtig ausbauen. Leider sind davon kaum mehr als Ruinen erhalten.

Aus Rattenbergs Blütezeit stammt die zweischiffige und doppelchörige, spätgotische Halle der Pfarrkirche am Fuß des Burgberges. Sie ist das größte Nordtiroler Gotteshaus, das ganz aus Quadersteinen gebaut ist. In seinem Inneren trennen drei runde Marmorpfeiler die beiden Schiffe für die Bergleute im Süden und die Bürger im Norden. Die gotische Architektur schmückten drei Meister des Barock mit lichter Farbigkeit und seltener Stimmigkeit. Simon Benedikt Faistenberger lieferte die Fresken im Chor, Matthäus Günther die Deckenbilder im Langhaus, und die zarten Stukkaturen sind ein Werk des Wessobrunner Meisters Anton Gigl.

Noch fährt sie, die Schnauferlbahn zum Achensee (oben).

Die Haidachstellwand von der Rofanspitze aus (links).

Blick von der Erfurter Hütte über den Achensee ins Karwendel (rechts oben).

Rofankämme von der Rofanspitze aus (rechts unten).

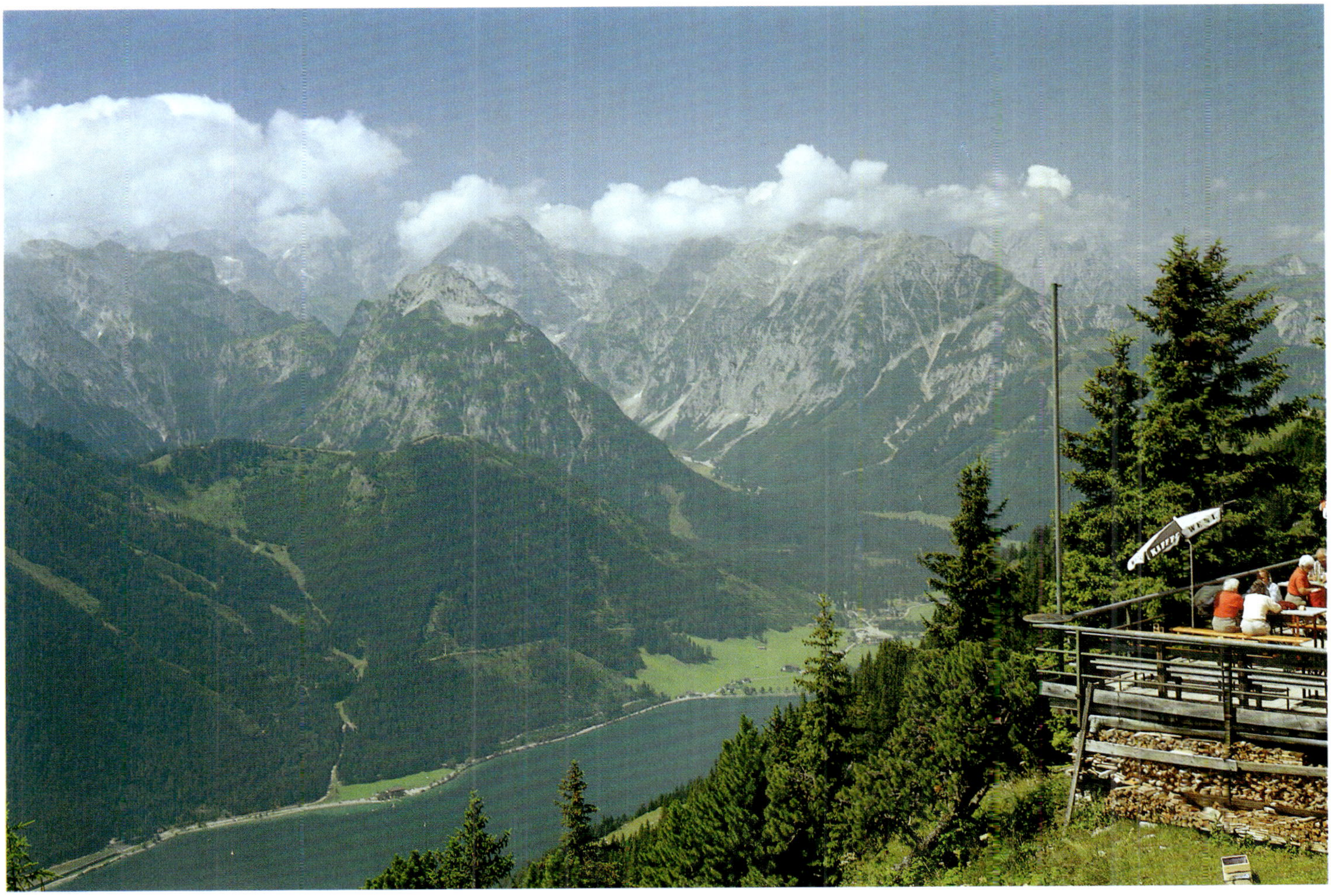

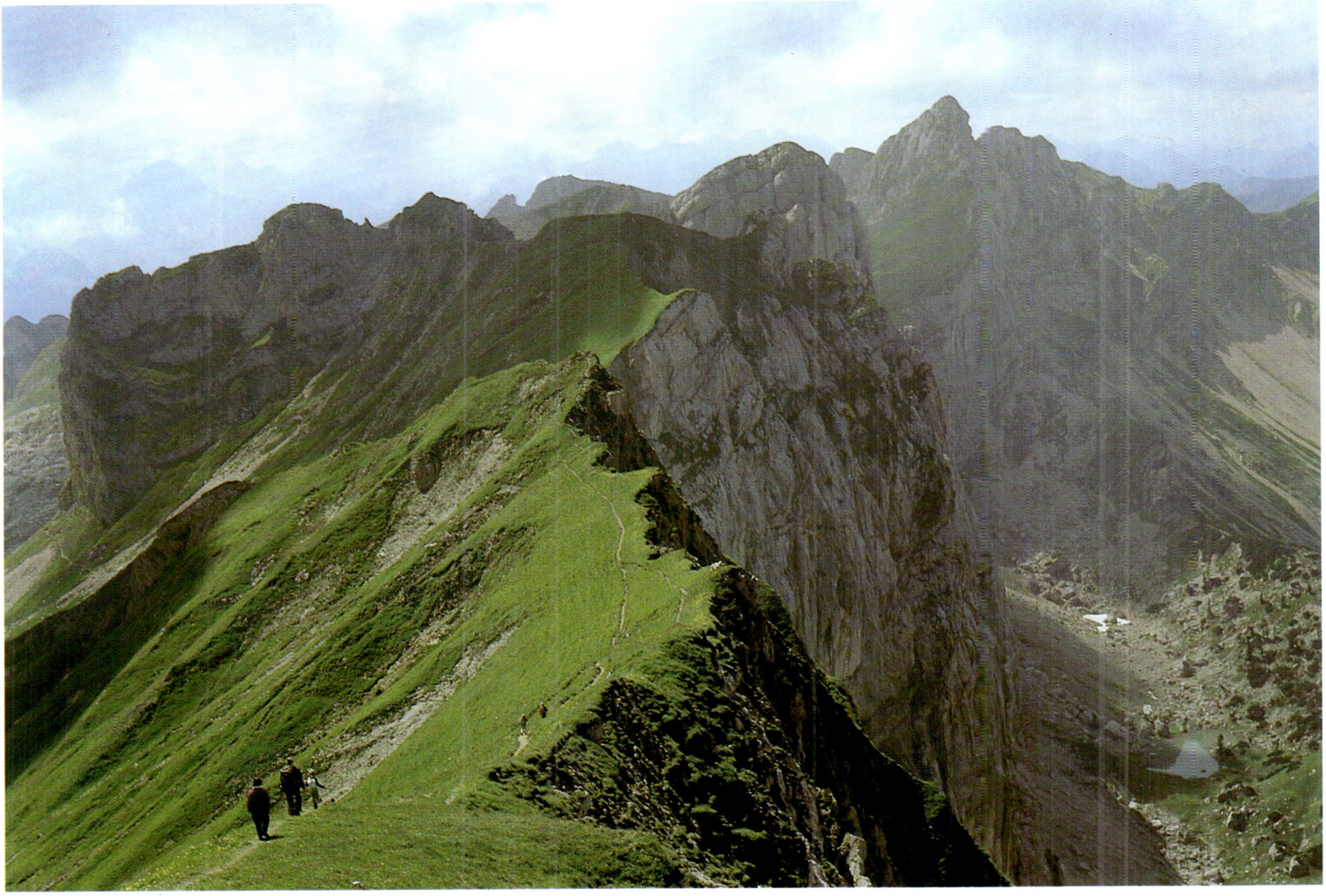

Bester Ausgangspunkt für eine Überschreitung des Rofan ist Maurach am Achensee. Von dort bringt die Rofanseilbahn den Wanderer direkt bis zur 1834 m hoch gelegenen Erfurter Hütte und damit zur ersten, immerhin 900 Höhenmeter über dem Achensee gelegenen Aussichtskanzel. Über das von tief unten heraufblinkende „Tiroler Meer" blinzeln die Dächer von Pertisau, und dahinter öffnet sich das großartige Falzturntal. Es ist das wohl schönste Tal ins Karwendel, das mit seinen grauen Karen, Wänden und Schotterreisen lockt. Von der Hütte weg führt der Weg über

nur wenig ansteigendes Blockgelände, über grasige Grate und Rücken und graue Kalkplatten mit tiefen Furchen. Tiefe Näpfe und „Karren" deuten auf die starken Verwitterungsformen des Oberflächenkarstes hin. Selbst größere Dolinen mit offenen Schlucklöchern fehlen nicht. In gut 2 Stunden führt diese interessante Umgebung zum ersten Tagesziel, dem 2173 m hohen Schafsteigsattel.

Direkt nach Süden scheint nun der etwas wild aussehende Sagzahn den Weiterweg und die ungestörte Aussicht versperren zu wollen. Einige Eisenstifte und Drahtseile sichern aber den kurzen Anstieg

über die Felsen auf den ganze 66 m über dem Sattel liegenden Gipfel so gut, daß sich die kleine „Kletterei" als angenehme Abwechslung entpuppt. Zur Belohnung präsentiert der Gipfel sich als ein wahrer Götterthron! Nur wenige Minuten sind es noch auf einem ebenen Wiesenweg hinaus zum Vorderen Sonnwendjoch, das immerhin 1700 m überm Inntal in den Himmel ragt. Die von hier gebotene Aussicht versuchte Theodor Trautwein, einer der Mitbegründer des Deutschen Alpenvereins, so zu beschreiben:
„Ungehindert trifft der Blick gegen die Centralalpen: vom Hohen Tenn bis zum Olperer eine kaum unterbrochene, firnglänzende Kette. Die Tauern mit dem unvergleichlich kühn aufstehenden Glockner und seiner bis in die Details zu überblickenden Gruppe, dann die massige Gletscherentwicklung der Venediger-Gruppe; deutlich erkannte ich neben der Dreiherrenspitze die Rothspitze. Noch günstiger liegt unsere Spitze für den Anblick der Zillerthaler-Gruppe; zuerst die isolierte Reichenspitz-Gruppe, dann ist der Hauptkamm vom Rauchkofl bis zum Hochfeiler mit all seinen Gipfeln und seinen Abzweigungen gegen Norden deutlich zu erkennen, ebenso der Duxer Hauptkamm; neben dem Olperer macht sich die Erniedrigung des Brenners kenntlich, aber sogleich folgt wieder die Stubaier Gruppe, durch die Gipfel im Süden des Inntales in ihre drei natürlichen Teile zerlegt, als deren Beherrscher Tribulaun, Pfaffengebirge und Fernerkogel erscheinen." (1876 in der Zeitschrift des deutschen und österreichischen Alpenvereins)
Vom Gipfelglück auf dem Vorderen Sonnwendjoch führt ein guter Steig durch die südlichen Steilhänge gut 600 Höhenmeter hinunter zur Bayreuther Hütte. Wer nur einen Tag zur Verfügung hat, muß sich nun entscheiden, ob er die knapp 2 Stunden Abstieg von der Hütte ins Inntal hinunter nach Kramsach in Angriff nehmen oder aber lieber über die Zireiner Alm zum ebenfalls nach Kramsach hinunterführenden Sessellift bummeln möchte. Wer etwas mehr Zeit zur Verfügung hat, sollte eine Nacht auf der Bayreuther Hütte einplanen, um abends die Sicht auf die 1000 Lichter des Inntals zu genießen. Am nächsten Tag führt der Weg dann unter den Ostwänden des Sagzahnes zum Zireiner See, in dessen tintenblauem Wasser sich die fernen Firngipfel der Zillertaler spiegeln. Dahinter führt der Weg nach einem kurzen Aufstieg hinunter zu den Wiesenhängen der Kreuzeiner Alm und hinein in die weiten Hochwaldhänge in Richtung Aschau (Bus zurück nach Maurach).

Vom Schafsteigsattel aus zeigt der Zireiner See sein blaues Auge am schönsten.

Besuch beim Großvenediger

12

Der Großvenediger ist eine Majestät für sich. Seine weiten Gletscherfelder dominieren der Alpenhauptkamm. Die Zugänge für seinen Gipfel sind für den Erfahrenen zwar nicht schwierig, von allen Seiten aber lang. Noch am einfachsten läßt sich seine Südseite erobern (vergl. Tour 7), die Zugänge auf seiner Nordseite dagegen sind besonders lang. Wer dennoch diese Nordseite erleben möchte, dem kann eine Wanderung über die weiten Grasrücken des Wildkogels zumindest zu distanziertem Gipfelerlebnis verhelfen.

Ausgangspunkt ist das quirlige Dorf Neukirchen im oberen Pinzgau. Seinen Namen erhielt es, weil es statt des von Muren verschütteten Vorgängerdorfes Mitterdorf samt einer neuen Kirche neu errichtet werden mußte. Seine Pfarrkirche ist denn auch ein spätgotischer Bau, von dessen ursprünglicher Innenausstattung eine Marienstatue aus der Zeit um 1500 erhalten geblieben ist. Sie dürfte das Mittelstück eines spätgotischen Flügelaltars aus einer Südtiroler Werkstatt sein. Wie im 16. Jh. die Herren des Pinzgaus, allesamt Salzburger Ministeriale, ausgesehen haben, verrät das Grab des Ritters Georg von Neunkirchen. Er ist

samt seiner vollständigen Ritterrüstung sowie Lanze und Schwert in der Grabplatte aus rotbraunem Adneter Marmor dargestellt. Die Inschrift verrät die Zusammenhänge: „Hie liegt begraben der edl und vest herr Georg von Neunkhurche phleger zu Mittersill, gestorben im 1547 jar".

Der Hausberg der Neukirchner ist der 2225 m hohe Wildkogel. Sein Name allerdings verrät weder, daß es dort oben viel Wild gäbe noch daß der Gipfel aus wilden Wänden bestünde. Statt einer schönen Sage gibt es zur Erklärung nur den prosaischen Bericht. Als vor gut 100 Jahren die Wiener k.u.k. Kartographen den Pinzgau neu kartierten, verstanden die Beamten den Dialekt der Einheimischen so wenig wie manche heutigen Sommergäste. So wurde aus der Dialektbezeichnung Widtkogel (Widt = Wald) eben ein Wildkogel.

Die weiten Hänge oberhalb des Waldgürtels über dem Pinzgau sind heute längst für die Skifahrer erschlossen. Der Lift spart dem Wanderer einen gut 3-stündigen Anstieg über heiße Südhänge und befördert ihn direkt auf das Kammgelände oberhalb der Bergeralm. Von dort schlängelt sich der Weg ostwärts über die breiten Grasrücken gegen den Gipfel des Wildkogels, der in knapp 1 Stunde erreicht wird. 5 Minuten unterhalb des Weges liegt in 2007 m Höhe als einladende Raststation das Wildkogelhaus.

Spätestens auf dem Gipfel des Wildkogels wird klar, warum der als Aussichtsbalkon so beliebt ist. So weit das Auge reicht, breitet sich ein Gipfelmeer aus. Nach Norden erinnert es an erstarrte Hochseewogen, so reihen sich Kamm an Kamm. Nur wenige markante Einzelberge ragen darüber hinaus. Nach Süden liegt hoch über dem tief eingeschnittenen Salzachtal die Venedigergruppe auf silbernem Tablett. Wie überdimensional lange Finger schlängeln sich die endlosen Täler von den Firnfeldern gegen das Salzachtal. Sie alle haben an ihrem Südende einen Gletscher als Talschluß, über allen drücken die hohen Dreitausender aus dem Eis und gegen den Himmel. In ihrer Mitte hält seine Majestät, der Großvenediger, hof.

Der Abstieg vom aussichtsreichen Vis-à-Vis des Großvenedigers beginnt über den Ostrücken des Wildkogels, mitten durch weite Blumenwiesen und ausgedehnte Almrosenbestände. Mit sanftem Gefälle geht es hinüber bis zum 1921 m hohen Wetterkreuz und wenig später dann hinein in den Hochwald. Gut 700 Höhenmeter schlängelt sich der Steig durch ihn hinunter zum Wirtshaus Geisl in 1065 m Höhe. Kaum ½ Stunde ist es dann noch hinunter bis zum Talboden bei Bramberg. In dem kleinen Dorf entstand bereits Mitte des 12. Jh. die älteste

Der Krimmler Wasserfall stürzt über insgesamt 395 m in die Tiefe.

Kirche des gesamten oberen Salzachtales. Die heutige Kirche wurde zwar erst 1511 fertiggestellt, doch birgt sie eine besonders eindrucksvolle Marienklage aus grauem Steinguß, die um 1425 in einer Salzburger Werkstatt entstanden sein dürfte. Der Bramberger Lehrer und Mesner Josef Fürstaller schuf übrigens Ende des 18. Jh. den ersten Atlas des Erzbistums Salzburg. Für das insgesamt 34 Karten umfassende Werk schenkte ihm der Salzburger Erzbischof 450 Gulden und eine monatliche Rente von 5 Gulden…

Dank der Aufstiegshilfe durch den Sessellift benötigt man für den Aussichtsspaziergang über den Wildkogel keinen ganzen Tag. So mag am Nachmittag noch Zeit bleiben für ein Naturerlebnis ganz besonderer Art. Es wartet im allerhintersten Salzachtal bei Krimml. Die Krimmler Wasserfälle sind die wohl grandiosesten der gesamten Alpen, weil hier gleich mehrere Superlative aufeinander treffen. Zum einen ist es die Wassermenge der Krimmler Ache, die von nicht weniger als zwölf Gletschern gespeist wird. Zum zweiten ist es die Fallhöhe, die verteilt auf drei große Kaskaden, immerhin 395 m beträgt. Und schließlich ist es das abwechslungsreiche Gelände mit stets neuen Kulissen für das tosende Wasser. Der eigentliche Glücksfall aber ist, daß es der Elektrizitätswirtschaft nicht gelungen ist, den Wasserfällen ihr Lebenselexier für ein Kraftwerk abzugraben. Erschlossen ist das Naturschauspiel durch eine vom Alpenverein errichtete vorbildliche Weganlage, so daß dem Erlebnis „Wasser total" buchstäblich nichts im Wege steht.

Blick vom Wildkogel auf Obersulzbachkees und Großen Geiger.

Zillertaler Kees-Erlebnis

13

Kaum eine Gegend wird so mit Tirol identifiziert wie das Zillertal und das, obwohl es erst seit 1816 überhaupt zu Tirol gehört. Mayrhofen kann sich mit mehr Übernachtungen brüsten als Salzburg, und dennoch gibt es hier Winkel, die heute so einsam sind wie vor 100 Jahren. Die zerrissenen Gletscher, die steilen Bergflanken und die plattigen Grate haben zusammen mit der beträchtlichen Durchschnittshöhe der Berge dafür gesorgt, daß die Schönheit dieser einmalig herben Landschaft weitgehend erhalten geblieben ist – zumindest oberhalb der Talböden und innerhalb der inneren „Gründe".

„Gründe", wie im Zillertal die hintersten Talböden heißen, gibt es hier gleich vier. Der Zillergrund zieht sich von Mayrhofen 14 km südostwärts bis zum Gasthaus Bärenbart (1450 m). Der Stilluppgrund ist das am tiefsten eingeschnittene und am wenigsten besiedelte der vier Hochtäler, in die sich das Haupttal bei Mayrhofen teilt. Der Tuxer Grund ist am leichtesten zugänglich, hat die meisten Bewohner und ist vor allen Dingen bei den Skifahrern beliebt, weil die Hintertuxer Gletscher bis weit in den Sommer hinein gute Skimöglichkeiten bieten. Der Zemmgrund schließlich führt so richtig ins Herz der Zillertaler Alpen. Dank des Baus des Schlegeis-Speichers gibt es eine gute Fahrstraße zur neuen Dominikus Hütte im Zamser Tal, das beim Gasthof Breitlahner vom Zemmgrund abzweigt, so daß man mit Bus oder Pkw bis zum Stausee fahren kann. „Schönste" Zillertalerlebnisse gibt es sicher soviele wie es Besucher gibt. Für die beiden Erlebnismöglichkeiten „Eisriesen aus der Distanz" und „Eisriesen von einem Dreitausender aus" gibt es jedoch nur zwei Idealkombinationen von möglichst weiter Autozufahrt und einfacher Bergbesteigung. Die „Distanz-Tour" führt über die Zillertaler Höhenstraße und ermöglicht über guten Steig die Besteigung des 2762 m hohen Rastkogels, die „Eis-Tour" nutzt die Straße zum Schlegeis-Speicher und bietet mit dem 3134 m hohen Schönbichler Horn die direkte Aussichtskanzel über den Zillertaler Keesen, wie hier die Gletscher heißen. Die Zillertaler Höhenstraße schlängelt sich zwischen 1700 und 2000 m Höhe

auf der westlichen Talseite entlang. Zufahrtsmöglichkeiten gibt es von Ried, Aschau, Zellberg und Hippach, so daß man sich die Ausdehnung der Fahrt je nach Belieben einteilen kann. Knapp unterhalb des 2133 m hohen Arbiskopfes erreicht die Straße bei etwa 2050 m ihren höchsten Punkt. Neben den bei gutem Wetter schon prächtigen Ausblicken von der Straße aus, ist ihr eigentlicher Reiz aber doch, daß es von der ersten Spitzkehre südlich des Scheitelpunktes nur 40 Minuten sind bis zur 2117 m hoch gelegenen Rastkogel Hütte. Zum Gipfel des so überaus aussichtsreichen Rastkogels selbst sind es dann nur noch knapp 2 Stunden auf zudem gar nicht so steilem Weg. Für die geringe Mühe gibt es die Aussicht auf den gesamten Zillertaler Hauptkamm. Der präsentiert sich bei Gegenlicht wie auf silbernem Tablett.

Für die Fahrt ins Herz der Gletscherwelt empfiehlt es sich, den Wagen beim Gasthof Breitlahner zu lassen, denn dorthin kommt man am nächsten Tag zurück. Mit dem Bus geht es deshalb durch das Zamsertal bis zum Parkplatz am Schlegeis-Speicher. Zunächst heißt es dann, rund 4 km an der Westseite des Speichersees entlang zu wandern und danach noch knapp 500 Höhenmeter bis zum Furtschagl Haus in 2293 m Höhe zu be-

wältigen. Da mit jedem Meter die Gipfel reihum immer gewaltiger in den Himmel wachsen und sich immer neue Schaurasten ganz von selbst ergeben, wird der Aufstieg trotz einiger Steilheit dennoch fast zum Spaziergang.

Schon von der Hütte aus stehen die Dreitausender Parade. Nach Osten zu wirkt das Schönbichler Horn recht harmlos neben dem Großen Möseler. Schon weit weniger ruhig zeigt sich das Rieseneismeer des Furtschaglkees im südlichen Teil des Zemmbeckens. Von Nordwesten winkt der Olperer herüber, ohne allerdings zu verraten, daß er auf seiner Nordseite einen nahezu ganzjährigen Skizirkus duldet. Die absolute Attraktion aber liegt genau gegenüber vor der Hütte. Dort ragt über 600 m hoch die Eiswand des Hochfeilers gegen den Himmel.

Am nächsten Morgen geht es 850 Höhenmeter über den Berliner Höhenweg hinauf durch abwechslungsreiches Blockgelände in die eisige Nachbarschaft des Möseler. Vom 3141 m hohen Schönbichler Horn gibt es dann den idealsten Logenplatz mitten in der unwirtlichen Eisarena des Zillertaler Hauptkammes. Wohin man auch schaut: Gletscher, Gletscher und noch einmal Gletscher, die wie riesiger Hefeteig in ihren Trögen zu stehen scheinen.

Für das Gipfelerlebnis müssen im Abstieg die Knie ein wenig büßen. Über 1100 Höhenmeter geht es hinunter zur Berliner Hütte, insgesamt etwa 5 Stunden dauert der Übergang vom Furtschagl Haus hinüber zum „Alpenvereins-Schloß", wie böse Zungen die Berliner Hütte nennen. Knapp 3 Stunden sind es dann noch einmal durch den Zemmgrund hinaus ins Grüne und zum eigenen Auto beim Breitlahner.

Der Hochfeiler vom Schönbichler Horn (oben).

Der Große Möseler (folgende Doppelseite).

Stolzes über der Brixener Dolomitenstraße

Der Brixener Bischof verlegte zwar 1964 seinen Sitz nach Bozen, doch läßt sich damit eine beinahe tausendjährige Tradition natürlich nicht einfach wegwischen. Immerhin war schon um 990 der erste Bischof von Säben nach Brixen gezogen und hatte dafür gesorgt, daß die Siedlung am Zusammenfluß von Eisack und Rienz als erste in Tirol Stadtmauern erhielt. Das war um 1030. Noch heute läßt sich die Ausdehnung der ursprünglichen Anlage aus dem Bürgerviertel im Norden und dem Domherrenviertel im Süden genau ablesen. Entsprechend Interessantes läßt sich auch in den engen Gas-

sen entdecken. Erinnert sei nur an den berühmten Kreuzgang mit Fresken aus mehreren Jahrhunderten, an die an den Südflügel des Kreuzganges angebaute St. Johannes Kirche mit den bedeutendsten Fresken des frühgotischen Linearstils (Schlüssel beim Mesner), an den Domschatz mit seinen bis zu tausend Jahre alten Kostbarkeiten oder an das mit Kunstschätzen vollgestopfte Diözesanmuseum in der ehemaligen bischöflichen Hofburg.

Wer vom Brenner nach Brixen hinunter kommt, empfindet die heimeligen Laubengänge als einen Gruß des Südens und vergißt dabei allzu gern, daß sich hinter den ersten Rebhängen (beim Kloster Neustift) noch recht rauhes Hochgebirge auftürmt. Der erste Eindruck wird denn auch schnell korrigiert, fährt man zu der immerhin 2446 m hoch gelegenen Plosehütte hinauf. Auf den rund 1900 Höhenmetern durchfährt man alle Vegetationszonen, erlebt den lieblichen Weiler St. Andrä, kann in der weithin sichtbaren Pfarrkirche von Milland die barocken Gewölbefresken von Franz Anton Zeiller bewundern und im Kirchlein St. Nikolaus in Klerant den großartigen Freskenzyklus aus Passionsszenen mit alttestamentarischen Vorbildern bestaunen. Die Bilder belegen die volkstümlich erzählende Kunst der Brixener Schule um 1475. Wohl einprägsamstes Beispiel ist die Darstellung des gepanzerten Elefanten in der Szene vom Tod von Eleazar. Das biblische Tier hat hier eine Ritterrüstung, auf der ein hölzerner Gefechtsturm mit zwei Riemen um den Bauch aufgeschnallt ist...

Ein kleiner aber umso lohnenderer Ab-

Die Geislerspitzen sind von der Plose aus besonders eindrucksvoll zu sehen.

stecher bietet sich bereits in St. Andrä an. Folgt man dort dem Wegweiser nach St. Leonhard, erreicht man nach wenigen Kilometern das frei auf einem kleinen Hügel stehende Kirchlein St. Johann in Karnol. Der um 1113 geweihte, romanische Bau ist wieder reich mit Fresken geschmückt. Im Chor entstanden sie um 1500, im Langhaus im 16. und 17. Jahrhundert (Schlüssel beim benachbarten Bauernhaus).

Sobald die Straße auf die Plose bei St. Jakob aus dem Wald herauskommt, gibt es die ersten Ausblicke auf ein grandioses Dolomitenpanorama. Dafür stehen die Geislerspitzen und der Peitlerkofel Parade. Kurz vor dem Alpengasthof Kreuztal (2012 m) öffnet sich dann zum ersten Mal wieder die Aussicht hinunter ins Tal und hinüber zu den Stubaier und Ötztaler Gletscherbergen.

Bald nach dem großen Parkplatz beim Gasthof hört zwar die Asphaltierung auf, doch kann die Naturstraße problemlos bis zur Plosehütte befahren werden. Am lohnendsten allerdings ist es, den Wagen an der letzten Kehre der Straße (2370 m) stehenzulassen und der Markierung zum 2576 m hohen Großen Gabler zu folgen. In gut einer Stunde

Der Peitlerkofel überragt das Würzjoch als markante Pyramide und ist als Aussichtsberg berühmt. Von seinem Gipfel sind nahezu die gesamten Dolomiten und weite Teile des Alpenhauptkammes zu überblicken.

Die Dorfkirche von Klerant oberhalb von Brixen ist fast vollständig mit Fresken ausgemalt. Der Kampfelefant verrät, daß der Maler wohl malen konnte, einen Elefanten aber noch nie gesehen hatte.

läßt man damit die Plose weit unter sich und gewinnt dafür eine ungehinderte 360 Grad Panoramaaussicht, die im Norden von den Ötztalern bis zu den Hohen Tauern reicht und im Süden die Gletscher von Ortler und Cevedale ebenso präsentiert wie die ganze Presanella- und Adamellogruppe.

Vom Großen Gabler läßt sich auch hervorragend die Weiterfahrt über die Brixener Dolomitenstraße über das Halsl und das Würzjoch verfolgen. Für den „Einstieg" in diese Panoramastraße muß man wieder hinunterfahren bis zum Berghotel Vallazza und dort ostwärts weiterfahren. Die recht gut ausgebaute Straße führt zunächst direkt unter die Nordwestseite der Peitlerkofelgruppe und dann hinauf zum 1866 m hohen Halsl, hinter dem sich überraschend eine blumenübersäte Hochalm öffnet. Am tiefsten Punkt, wo die Straße den Lasanken Bach quert, ist der ideale Ausgangspunkt für die Besteigung des 2875 m hohen Peitlerkofels. Der Anstiegsweg folgt zunächst dem Bach, nach knapp 2 Stunden erreicht man die 2361 m hohe Peitlerscharte. Noch einmal knapp 2 Stunden sind es dann über die felsige Südflanke hinauf zu einem Gipfel, der wirklich keinen Aussichtswunsch mehr unerfüllt läßt (im oberen Teil Trittsicherheit erforderlich, Drahtseilsicherungen).

Vom Würzjoch aus kann man zwar nach St. Martin im Gadertal hinunterfahren. Will oder muß man jedoch nach Brixen zurück, empfiehlt es sich, über das Halsl zurückzufahren, kurz danach die linke Straße zu nehmen und hinunter ins Villnöß zu fahren. Man erhält damit noch weitere Einblicke in die Geislergruppe, erlebt ein wunderschönes Hochtal und erreicht das Eisacktal schließlich wieder bei Klausen. Von dort ist es nur noch ein Katzensprung zurück nach Brixen.

Reise über den Schlern

15

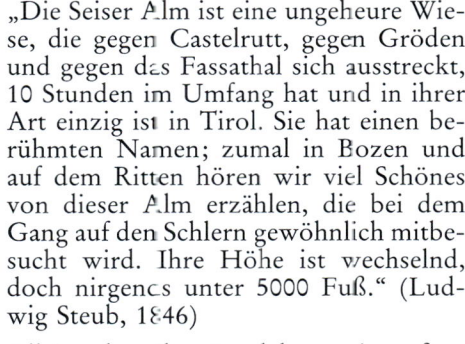

Im Kirchlein St. Valentin in Seis sind Heilige mit Landschaftshintergrund zu sehen.

Schloß Prösels unter den Wänden des Schlern gehörte einst Ministerialen der Brixener Bischöfe (unten).

„Die Seiser Alm ist eine ungeheure Wiese, die gegen Castelrutt, gegen Gröden und gegen das Fassathal sich ausstreckt, 10 Stunden im Umfang hat und in ihrer Art einzig ist in Tirol. Sie hat einen berühmten Namen; zumal in Bozen und auf dem Ritten hören wir viel Schönes von dieser Alm erzählen, die bei dem Gang auf den Schlern gewöhnlich mitbesucht wird. Ihre Höhe ist wechselnd, doch nirgends unter 5000 Fuß." (Ludwig Steub, 1846)

Allein schon ihre Ausdehnung ist außergewöhnlich. Über 60 qkm sanft gewellter Almwiesen mit einer alpinen Flora, die zwischen Wien und Marseille ihresgleichen sucht, erstrecken sich unter den drohenden Nordwänden von Langkofel, Fünffingerspitze, Grohmannspitze und Schlern. Ganz im Westen steht davor noch beinahe völlig frei, wie ein eigens dafür errichtetes Ausrufezeichen, die Santnerspitze. Ihren ganzen Reiz entfaltet die Alm im Juli, wenn die Bauern mit Kind und Kegel heraufziehen, um die welligen Gras- und Blumenteppiche zu mähen und das würzig duftende Heu in den alten Stadeln zu bergen. Dann ist es auch Zeit, die Alm zu erwandern, sich in ihren Blumenteppichen zu verlieren und in einem glücklichen Augenblick vielleicht sogar die von Dichtern versprochene Blaue Blume zu finden.

Ausgangspunkt für die Fahrt auf die Alm sind die malerischen Dörfer Kastelruth und Seis. Bevor man jedoch zum 1834 m hoch gelegenen Parkplatz „Bellavista" hinauffährt, sollte man in Seis nicht vergessen, zum kleinen Kirchlein St. Valentin zu bummeln. Es macht mit seinem romanischen Turm mit barockem Zwiebelhelm nicht nur der Santnerspitze Konkurrenz, sondern beeindruckt vor allem mit einem Kirchenraum, der schon 1353 entstand und sein Sternge-

wölbe auch schon 1532 erhielt. Die innen und außen erhaltenen Fresken gehen teilweise bis auf 1360 zurück. Die schönsten stammen von einem Meister der Bozener Schule, der den damals kühnen Versuch wagte, die heiligen Personen vor einen weitläufigen Landschaftshintergrund zu stellen.

Eine Blumenwanderung über die Seiser Alm mag noch so schön sein, irgendwann wird doch der Wunsch auftauchen, zu der Gipfelregion der stolzen Kalkburgen im Süden hinaufzukommen und damit auch den großen Überblick über das riesige Almplateau zu gewinnen. Dank eines problemlosen Weges vom Parkplatz Bellavista aus hinauf zum 2564 m hohen Petz, wie der Hauptgipfel des Schlernmassivs heißt, ist dies sogar an einem Tag möglich. Sehr viel reizvoller allerdings ist es, aus der Tour auf den Schlern eine Reise um den Schlern zu machen und dabei die Möglichkeit zu nutzen, in den 2457 m hoch auf dem Plateau des Massivs gelegenen Schlernhäusern zu übernachten und damit den Sonnenuntergang hinter dem Ortler und den Sonnenaufgang über den Dolomiten zu erleben.

Da der Abstieg am gleichen Tag entfällt, ist auch ein sehr viel interessanterer Anstieg als der über den Normalweg möglich. Ausgangspunkt dafür ist nicht der große Parkplatz auf der Alm sondern das Hotel Bad Ratzes (1205 m) im Wald oberhalb von Seis. Zwar ist der von dort aus zu bewältigende Höhenunterschied etwas größer, doch ist dafür der Weg unvergleichlich schöner. Er führt zunächst durch dichten Hochwald zur 1726 m hoch gelegenen Schlernbodenhütte, einem ganz besonders schönen Aussichtsfleck auf halber Höhe der Nordabhänge des Schlern. Ab der Hütte schwenkt der Steig nach Osten und quert durch den schon lichteren Bergwald bis zur Einmündung zu dem von der Seiser Alm heraufkommenden Normalweg hinüber. Ihn trifft man auf der Höhe der Saltner Hütte. Bis hinauf zu den Schlernhäusern sind es insgesamt rund 4 Stunden, bis zum Gipfel des Petz noch weitere 30 Minuten.

Der Abstieg nach hoffentlich ungetrübtem Sonnenunter- und Sonnenaufgang über dem endlosen Gipfelmeer beginnt bei den Schlernhäusern am nächsten Morgen in Richtung Süden gegen den Mittagskofel. Bei der Sesselalm wird der erste Talboden erreicht, danach schlängelt sich der Steig unter den Südwesthängen des Schlern hinüber zu Tuff Alm und Völser Weiher. Bis vollends nach Völs hinunter ist es dann nur noch ein Katzensprung.

Bleibt nach der Reise um den Schlern noch etwas Zeit, darf ein Besuch von Schloß Prösels, wenig südlich von Völs, nicht fehlen. Es entstand in seiner heutigen Form zu Beginn des 16. Jh. aus einer schon um 1200 errichteten Ministerialenburg der Brixener Bischöfe. Bis 1804 blieb das Schloß im Besitz der Herren von Völs, erlebte danach allerdings nicht weniger als 14 neue Eigentümer. Erst durch die Gründung eines Kuratoriums gelang es, die beinahe schon ruinösen Gebäude vor weiterem Verfall zu sichern, nach und nach eine umfassende Restaurierung durchzuführen und so die für die maximilianische Zeit charakteristische, weitläufige Zwingeranlage wieder zugänglich zu machen. Nach und nach entstehen nun auch wieder besonders schöne Details in liebevoller Restaurierung. Inzwischen künden die freskierte spätgotische Loggienfassade ebenso wieder von besseren Zeiten wie die Täfelungen und Decken der Säle im Palas (im Sommer auch Schloßkonzerte).

Blick vom Langkofel auf Sella, Pelmo, Civetta und Marmolada (rechts).

St. Konstantin unterm Schlern birgt ebenfalls interessante Fresken (unten).

Piz Boè – Krone der Dolomiten

16

Eindrucksvolle Berge gibt es in den Dolomiten nun wirklich mehr als genug. Von frei stehenden Felsnadeln bis zu riesigen Wandfluchten reicht die Palette der Formen, doch werden sie alle übertroffen von dem Riesenbollwerk des Sellastockes. Er ragt, einer mittelalterlichen Trutzburg nicht unähnlich, mit bis zu 800 m hohen, nahezu senkrechten Felswänden über den vier ladinischen Haupttälern Grödnertal, Gadertal, Buchensteiner Tal und Fassatal ins tiefe Blau des Südtiroler Himmels. Dank der vier Täler steht der Gebirgsstock nach allen vier Seiten frei, kann er über das Sellajoch,

Grödner Joch, Campolongo und Pordoijoch problemlos umfahren und von allen Seiten bestaunt werden.

Wie es sich für eine richtige Festung gehört, schwingen sich die Umfassungsmauern besonders abweisend aus dem Untergrund, der hier aus baumdurchsetzten, steilen Bergwiesen und teilweise aus ausgeprägten Schuttreisen besteht. Erst in angemessener Höhe sind die „Grundmauern" zu einer die gesamte Burg umfassenden Steinterrasse gebrochen. Erst darüber und dahinter ist die eigentliche „Wohnburg" mit neuerlich recht abweisenden Maueraufschwüngen

zu ahnen. Erst aus dem Flugzeug oder bei einer Besteigung sieht man dann, daß das Massiv in einem ausgeprägten Plateau mit ausgedehnten Felsebenen und wenigen darüber hinausragenden Gipfeln besteht. Nur die Boèspitze, mit 3152 m der höchste Punkt des Massivs, überragt das Plateau deutlich als flache Gipfelpyramide.

Selbst die abweisendste Burg braucht, und sei er noch so versteckt, einen Zugang. Für die Sellagruppe gibt es den auf der Südseite mit dem Val Lasties und auf der Nordseite mit dem Val de Mesdi. Beide treffen sich im Zentrum des bei-

nahe 30 qkm großen Plateaus unter den Hängen des Zwischerkofels. Zusammen teilen sie den Sellastock in das der Grödnerseite zugeordnete Meisulesmassiv und das auf Arabba ausgerichtete Boèmassiv. Beide Talzugänge sorgten dafür, daß wohl schon früh die Jäger zur Gamsjagd auf das Boèplateau kamen. Auch deutet der Name Boè, der von Boa kommt und schlicht Ochs bedeutet, darauf hin, daß zumindest der untere Teil

des Val de Mesdi als Weide benutzt wurde.

Heute ist das Sellamassiv durch die Seilbahn vom Pordoijoch zum 2952 m hohen Sass Pordoi bestens erschlossen. Im Winter tummeln sich die Skifahrer in der steilen Rinne wenig östlich von der Seilbahn oder queren auch das gesamte Massiv über das Val de Mesdi hinaus nach Kolfuschg. Im Sommer sorgen gleich mehrere Hütten auf dem Plateau dafür, daß Bergwanderer und Bergsteiger aller Geschmacksrichtungen auf ihre Kosten kommen können. Vom einfachen Wanderweg über den anspruchsvollen Klettersteig bis hin zu Herausforderungen für die Sestogradisten reichen die Möglichkeiten.

Trotz aller Vielfalt aber gibt es über den „Einstieg" meist keine Diskussionen. Er erfolgt über die Seilbahn zum Sass Pordoi und von dort über die Steige 627 und 638 in knapp 1½ Stunden hinauf zum höchsten Punkt des Massivs, zum Piz Boè, der Krone der Dolomiten mit ihrer so umfassenden Aussicht wie sie eben nur von einem wirklichen Kronplatz aus möglich ist. Wer hier die Gipfel zählen oder auch nur die wichtigsten benennen möchte, hat viel zu tun und bringt sich

dabei vielleicht sogar um den nur über das Gefühl erfaßbaren Eindruck von der grenzenlosen Unendlichkeit, die hier in vielfältig wechselnden Stimmungen erlebt werden kann.

Nicht mehr ganz so einstimmig endet meist die Diskussion über den Weiterweg. Immerhin kann man im Prinzip in drei Richtungen weiterwandern, und alle drei haben ihre ganz bestimmten Besonderheiten. Schon am Gipfel müssen sich allerdings nur die entscheiden, die nach Osten in Richtung Campolongo weiterwandern möchten. Ihr Weg führt vorbei am Lago Gelato und unter den Hängen der Vallon Spitze in 1½ Stunden hinüber zur 2550 m hoch gelegenen Vallon Hütte. In einer weiteren Stunde wird von ihr aus in rund 1800 m Höhe die Paßstraße zum Campolongo knapp unterhalb der Paßhöhe erreicht.

Wer vom Piz Boè dagegen nach Norden oder nach Westen weiterwandern möchte, steigt zunächst über die gesicherte Jägerscharte und anschließend über einen etwas steilen Schuttpfad hinunter zur Boèhütte (2871 m). Genau geradeaus nach Norden führt nun der Steig 666, der hinüber zur Pisciadu Hütte und von dort hinaus zum Grödner Joch führt

(Boèhütte – Pisciadu Hütte 1½ Stunden; Pisciadu Hütte – Grödner Joch 1½ Stunden). Der Steig zum Abstieg in das Val Lasties zweigt am Zwischenkofel ab und führt in 2 Stunden hinunter zum Pian des Schiavaneis oberhalb von Canazei.

Natürlich lockten vom Gipfel des Piz Boè nach Süden auch die Firnfelder der Marmolata. Wem dabei der Gedanke kam, man sollte sich diesen eisigen Rükken etwas näher ansehen, dem bietet sich vom Pordoijoch aus der gemütliche „Vial del Pan", der auch als Bindelweg bekannte, 13 km lange Weg vom Pordoijoch zum Fedaia See bzw. zur Porta Vescovo. Über diesen alten Saumweg, der ursprünglich „Brotweg" hieß, kamen in noch unwegsamen Zeiten Waren und Lebensmittel aus dem Agordino ins Fassatal. Für den schaulustigen Wanderer bietet die ganze Strecke ein einmaliges „Schaufestival" auf die Marmolata. Von der Porta Vescovo sorgt die Seilbahn für den Taltransport hinunter nach Arabba (Bus zum Pordoijoch).

Beim Abstieg zur Boè Hütte zeigt sich die ganze Weite des Sella Massivs.

Besuch beim Märchenkönig und den Drachenfliegern

17

Schon Maximilian II., der Vater des Märchenkönigs, hatte dem Burgenbau gefrönt. Er war 1829 in der Nähe von Füssen auf die Burgruine Schwanstein gestoßen. Sie lag malerisch im Wald über dem Alpsee und hatte einst den Lehensträgern von Welfen und Staufern, den mächtigen Herren von Schwangau gehört. Aus den Ruinen machte Maximilian II. bis 1836 seine Traumburg, die er als ein „Denkmal seiner Liebe sowohl für die Kunst als für die vaterländische Geschichte" ansah. Schon der Vater des Märchenkönigs sah sich in Personalunion als Ritter von Schwangau und Schwanenritter Lohengrin. All das erlebte Ludwig II. von Kind an.

Nach dem Tod seines Vaters im Jahre 1864 wurde Hohenschwangau sein Lieblingssitz. Ludwigs besondere Vorliebe aber galt Ruinenresten östlich von Hohenschwangau, die Max II. als „Sylphenturm" zu einem Aussichtspavillon ausgebaut hatte. Schon damals war die nach Ludwigs Mutter benannte Marienbrücke als Zugang zum Tegelberg über die Pöllatschlucht gebaut worden. Ludwig liebte die Romantik dieses Ortes, ging von hier aus in die Berge und erkannte bald die hervorragende Eignung des Platzes für seine Burgpläne.

„Ich habe die Absicht, die alte Ruine bei der Pöllatschlucht neu aufbauen zu lassen im echten Styl der alten deutschen Ritterburger", teilte der junge König am 13. Mai 1868 seinem Freund Richard Wagner mit. Wie dieses Schloß aussehen sollte, wurde im gleichen Brief beschrieben: „Der Punkt ist einer der schönsten, die zu finden sind, heilig und unnahbar, ein würdiger Tempel für den göttlichen Freund, durch den einzig Heil und wahrer Segen der Welt erblühte". In 3-jähriger Planung wurde aus einer kleinen Raubritterburg die monumentale „romantische" Burg, die heute in aller Welt als Paradebeispiel des mittelalterlichen Burgenbaues in Deutschland (miß-) verstanden wird.

Ein Traum ist Neuschwanstein bis heute geblieben, ein Traum für über 1 Millionen Besucher jährlich, die es aus allen Herren Ländern zur Sängerburg des Märchenkönigs zieht. Sie alle vergessen

Der Tegelberg gegen Alpsee und Allgäuer Alpen.

allerdings, daß der Märchenkönig nicht nur ein Träumer sondern ein eifriger Berggeher war. Der Steig von Neuschwanstein aus über die Westschulter des Tegelberges wurde auf Veranlassung des Königs ausgebaut. Für ihn selbst gab es am Gipfel eine Unterkunftshütte – ein königlicher Logenplatz also.

Heute führt zu diesem Logenplatz zwar eine Seilbahn hinauf, die im Winter das bunte Skifahrervolk und im Sommer ganze Schwärme von Drachenfliegern und Paragleitern befördert, doch braucht dies niemanden zu stören, der auf den Spuren des Märchenkönigs durch die Pöllatschlucht hinauf zur Ma-

rienbrücke und von dort über den eher einsamen Steig zum Gipfel strebt.

Bereits der Auftakt unmittelbar am Parkplatz am alten Sägewerk ist ein Ausrufezeichen wert. Nach wenigen Schritten schon ist man mitten in der wildesten Felsszenerie, rauscht die wilde Pöllat in übereinandergestaffelten Kaskaden über die ausgewaschenen Felsen, wird der Steig sogar auf einen vor die glatte Felswand gebauten Steig gezwungen. Über allem thront hoch im Himmel die Marienbrücke. Nach ½ Stunde bereits steht man selbst dort oben und weiß nicht so recht, was man mehr bewundern soll, den Tiefblick hinunter in die wilde Pöl-

Bayerns König Ludwig II. wollte mit dem einer Ritterburg nachempfundenen Schloß Neuschwanstein Rittertradition neu beleben.

Der Thronsaal von Neuschwanstein wurde mit einem vom König bis ins Detail vorgeschriebenen Freskenprogramm ausgestattet.

latschlucht oder den Weitblick hinüber auf die bleichen Mauern der breiten Südfassade von Neuschwanstein mit dem Blau des großen Lechstausees dahinter. Nach der Marienbrücke beginnt der Steig energisch zu steigen, im steten Zickzack immer dem Grat entlang, bis zum Westfuß des Tegelbergkopfes. Mit jeder Kehre weitet sich der Blick sowohl nach Südwesten hinüber in die Tannheimer Berge wie nach Norden hinaus ins Flachland. Nur mäßig steigend schlängelt sich der Steig zum Schluß an den Nordhängen entlang unter dem Gipfelaufbau des Tegelberges. Von hier aus ist es besonders schön, den Flugkünsten von Drachenfliegern und Paragleitern zuzuschauen, wenn sie über den Felstürmen der Gelben Wand ihre Kreise drehen.

Der Gipfel selbst ist bei schönem Wetter ein einziges Heerlager all derer, die es den Vögeln gleichtun möchten. An schönen Tagen stehen die Nachfolger Otto Lilienthals regelrecht Schlange an der Startrampe, und der Luftraum gegen den Lechstausee hin ist voll von den bunten Tupfern der lautlosen Gleiter. Hat man ihnen genug zugesehen, lohnt sich der ½-stündige Anstieg hinauf zu dem noch knapp 200 m höher gelegenen Branderschrofen. Vom 1880 m hoch gelegenen Gipfelkreuz bietet sich der beste Überblick über die vom Märchenkönig so geliebte Voralpenlandschaft.

Zum Abstieg bietet sich für den Trittsicheren der Weg durch die Gelbe Wand. Wer es gemütlicher mag, folgt dem Steig entlang der Skiabfahrt. Dort gibt es als Dreingabe zudem auf halber Höhe noch eine Einkehrmöglichkeit. Durch die weiten Wiesen unterhalb des Tegelberges geht es schließlich zurück zum Sägewerk unterhalb von Schloß Neuschwanstein.

Der Kramer – Konkurrent der Zugspitze

18

Superlative gibt es in und um Garmisch-Partenkirchen nun wirklich genug. Allein sechs große Seilbahnen führen auf beinahe jeden gewünschten Berg, die Sonnenbalkone kann sich der Gast nach Sonnenstand und Jahreszeit aussuchen, und auf Deutschlands höchsten Berg, die Zugspitze, kann man sogar wahlweise mit Seilbahn oder Zahnradbahn hinauffahren. Die Höllental- und die Partnachklamm sind zurecht berühmte Naturwunder, der Eibsee lockt die Romantiker aller Schattierungen, und der Schachen unterhalb der gewaltigen Dreitorspitze lockte sogar Bayerns Märchenkö-

nig zum Bau eines Berghauses in beinahe 2000 m Höhe.

Bei so vielfältigen Attraktionen ist natürlich die Frage nicht unberechtigt, warum hier statt der vielen „Perlen" ausgerechnet der einzige Berg vor den Haustüren von Garmisch-Partenkirchen herausgegriffen wird, auf den keine Seilbahn führt, auf dem es keine Hütte zum Übernachten und keinen Liegestuhlverleih gibt. Statt dessen gibt es hier 1250 Höhenmeter Aufstieg, eine Gesamtgehzeit von rund 7 Stunden und für alle Langschläfer Hitze im Überfluß. Und dennoch Kramer? Das dicke Ja kann gar

nicht genug betont werden, denn nur vom Kramer aus präsentiert sich der gesamte Wetterstein in voller Übersichtlichkeit.

Ausgangspunkt zur Kramerbesteigung ist der alte Ortskern von Garmisch um die alte Pfarrkirche St. Martin herum. Sie war im Mittelalter Pfarrkirche für das ganze obere Loisach- und Isartal und war damit Zentrum des Germarisgave (= Germersgau), aus dem sich im 16. Jh. der heutige Name Garmisch entwickelte. Die heutige Kirche stammt in Teilen noch von 1230 (Turmunterbau), ihr beinahe quadratischer Zentralraum wurde 1446 fertiggestellt, der Chor 1462. Der Zentralraum entstand nach dem Vorbild der alten Ettaler Rotunde und zeichnet sich durch bedeutende Fresken aus dem 15. Jh. aus. Passionsszenen vom Einzug in Jerusalem bis zur Auferstehung, eine Kreuzigung und Christus als Weltenrichter inmitten der zwölf Apostel sind ebenso zu sehen wie die Auferstehung der Toten oder eine Schutzmantelmadonna.

Nördlich der Kirche stößt man auf den zum Kramerplateau hinaufführenden

Die Zugspitze und die Alpspitze vom Kramer aus.

Weg, der bald nach Norden schwenkt und in rund 1 Stunde zur kleinen, bewirtschafteten St. Martinshütte hinaufführt. Dort gibt es zwar von schattiger Terrasse einen schönen Blick auf Garmisch, doch lassen die 3 weiteren Anstiegsstunden eine Rast noch nicht so recht geraten sein. Ab St. Martin ist der Steig mit der Nr. 255 markiert und nicht mehr zu verfehlen. Über die Steilstufen der Schwarzen Wand schlängelt er sich steil in die Höhe, bietet von der Eisernen Kanzel den ersten luftigen Blick hinüber zum mächtigen Zugspitzmassiv und gabelt sich schließlich im Bereich der verfallenen Kramerhütte. Geradeaus geht der Weg weiter hinüber zum Königsstand, der Kramersteig zweigt nach links ab und gewinnt über eine letzte steilere Rinne den Grat in knapp 1800 m Höhe. Der größte Teil des Anstiegs ist damit nach 2½ Stunden geschafft, eine Rast- und Schaupause wohl verdient.

Auf dem Grat wendet sich der Steig nach Westen und schlängelt sich, dem Gratverlauf folgend, einige Aufschwünge hinauf, verschwindet zu einer Scharte hinunter und quert nordseitig einige Felswände, um schließlich von Norden her den Kramergipfel zu erreichen. 4 Stunden sind nun voll und eine ausgedehnte Gipfelrast fällig. Spätestens jetzt wird niemand mehr zweifeln, warum der Kramer eine ausgesprochen lohnende Tour ist, die zudem noch voll und ganz in die Kategorie „selbstverdient" fällt. Da schadet es nicht einmal etwas, daß dem Kramer gerade 15 m zum Zweitausender fehlen, denn die Aussicht könnte kaum noch größer werden. Nur von hier und nur aus dieser Perspektive nämlich zeigen die Zugspitze und die Nordwände des Wettersteins ihre Riesenwände und ihre gewaltigen Grate, nur hier aus sieht man so schön ins Höllentalkar und auf den Höllentalferner, ins gewaltige Mathaisenkar und auf die Idealpyramide der Alpspitze. Mit einem guten Fernglas kann man sogar die Ameisen beobachten, die über den Via ferata den Nordgrat der Alpspitze erturnen.

Der Abstieg vom Kramer beginnt zunächst steil über Schutt, wird dann jedoch flacher und schlängelt sich durch Latschen und blumenreiche Grashänge beinahe horizontal nach Westen, bis es zum Schluß noch einmal etwas steiler hinunter zur knapp 1600 m hoch gelegenen Steppberg Alm geht. Sie liegt gemütlich in einem weiten Wiesenkessel und hat natürlich als Gegenüber wieder die Zugspitze. Die hier gebotene Stärkung ist nicht nur verdient sondern auch nötig, heißt es doch anschließend noch einmal 900 Höhenmeter über den Steppberg Steig (Nr. 259) abzusteigen, die Steilstufen der Wildbachgräben von der Kogerlaine und der Durerlaine zu bewältigen und dabei trotz der Nachmittagswärme nicht zu verdursten. Ist schließlich auch noch die letzte ½ Stunde Rückmarsch über das Kramerplateau und hinunter zum Auto geschafft, dann sind nicht nur 7 Stunden reine Gehzeit bewältigt, dann ist auch ein mittlerer Knieschnackler programmiert, vor allem aber das Glücksgefühl, einen besonders prächtigen Berg bewältigt zu haben.

Der Steig über den Kramergrat schlängelt sich rechts um den Vorgipfel herum und gewinnt den Gipfel von hinten.

Grate über Innsbruck

19

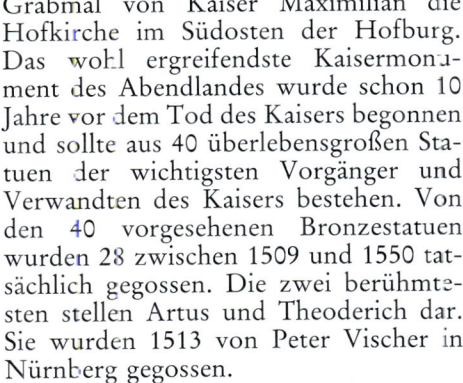

Kein Geringerer als Kaiser Maximilian I. hat die Schönheiten der Stadt im Gebirg als erster so richtig erkannt. Zwar war die Residenz der Tiroler Habsburger schon 1420 von Meran an den Inn verlegt worden, doch erst Maximilian hielt hier so richtig hof. Noch einmal höfischen Glanz brachte dann Maria Theresia. Ihr sind die Neue Hofburg, die Maria Theresienstraße und die Triumphpforte zu verdanken. Innsbrucks Wahrzeichen aber, das Goldene Dachl als Zentrum des spätgotischen Kerns von Innsbruck, ist noch ein Werk von Kaiser Maximilian. Er ließ den Prunkerker als Zuschauerloge für den Fürstenhof bis zum Jahre 1500 fertigstellen und sich selbst an der Brüstung einmal mit seinen beiden Gemahlinnen Maria von Burgund und Maria Blanca Sforza und zum anderen mit seinem Kanzler und Hofnarren darstellen. Seinen Namen verdankt der Erker übrigens der Eindekkung mit vergoldeten Kupferziegeln.

Die wichtigste Sehenswürdigkeit in der Stadt am grünen Inn birgt mit dem Grabmal von Kaiser Maximilian die Hofkirche im Südosten der Hofburg. Das wohl ergreifendste Kaisermonument des Abendlandes wurde schon 10 Jahre vor dem Tod des Kaisers begonnen und sollte aus 40 überlebensgroßen Statuen der wichtigsten Vorgänger und Verwandten des Kaisers bestehen. Von den 40 vorgesehenen Bronzestatuen wurden 28 zwischen 1509 und 1550 tatsächlich gegossen. Die zwei berühmtesten stellen Artus und Theoderich dar. Sie wurden 1513 von Peter Vischer in Nürnberg gegossen.

In neuerer Zeit erwies der Geheime Rat Herr von Goethe auch Innsbruck seine Reverenz. Entgegen anders lautender Gerüchte jedoch ist er noch nicht den nach ihm benannten Gratweg gegangen, der in durchschnittlich 2250 m Höhe oder 1700 Höhenmeter über dem Inn die südlichste Karwendelkette oberhalb von Innsbruck erschließt. Wer ihn geht, kann mit dem einen Auge in die Schotterreisen des Karwendels und mit dem anderen über das Inntal hinweg zu den Fernern der Zillertaler und Stubaier Alpen schauen.

Was Goethe noch nicht vergönnt war, das ist für uns heute dank der Innsbrucker Nordkettenbahn ein Tagesunternehmen. Sie kann zudem problemlos zur Überschreitung des schönsten Teiles der südlichen Karwendelkette ausgedehnt werden. Das zumindest im oberen Teil noch einsame Halltal gibt es dann als Gratiszugabe. Da der gesamte Weg zudem kaum Anstiege aufweist, sondern meist horizontal oder abwärts führt, empfiehlt er sich besonders für Genießer großartiger Aussicht, die zwar gerne wandern aber ungern steigen.

Von der Bergstation knapp unterhalb des Hafelekars sind es kaum 10 Minuten hinauf zum Gipfel mit dem ersten Paradeblick auf das Innsbrucker Straßengewirr hinunter, auf die unzähligen Gipfel jenseits des Inntals oder ins Karwendel hinüber zur Zugspitze und hinaus nach Bayern. Von der Ostschulter des Hafelekars geht es wenige Meter hinunter auf den Goetheweg, der teils auf dem Grat

und teils auf den Südhängen entlangführt. Auf gut 3 km Länge bietet der praktisch horizontale Weg die durch keine Steigmühen getrübte Superaussicht. Erst danach fordern rund 50 Höhenmeter etwas Anstrengung, bis in 2243 m Höhe die Mühlkarscharte erreicht wird.

Über die Scharte quert der Weg in die West- und Nordflanke der Mandlspitze und gibt den Blick frei in die weiten waldreichen Täler um den Anger-, den Gleirsch- und den Kristenbach. Riesige Schrofenkare sind die Heimat ganzer Gemsrudel, die besonders im Herbst, wenn es im Karwendel wieder stiller wird, häufig aus nächster Nähe beobachtet werden können.

Aus der eher etwas düsteren Nordseite führt ein kurzer Serpentinenanstieg auf die 2277 m hohe Mandlscharte. Der althergebrachte Rast- und Schauplatz ganzer Generationen von Berg- und Jochbummlern bietet bereits wieder den vollen Blick nach Süden. Rund 100 Höhenmeter tiefer liegt die Arzler Scharte, an der die Entscheidung fallen muß, ob man direkt auf der Nordseite der Rumer Spitze ohne Höhenverlust in Richtung Stempljoch marschieren oder doch lieber die 200 Höhenmeter zur Pfeishütte absteigen möchte. Wer es einrichten kann, sollte auf jeden Fall dort eine Übernachtung einplanen, denn die gesamte Tour an einem Tag ohne Einkehrmöglichkeit und mit einer Gesamtgehzeit von 8 Stunden, ist schon keine so ganz geruhsame Sache mehr. Bleibt man dagegen auf der Pfeis und steigt man auch noch (über ihren Westgrat) auf die Rumer Spitze, sind es bis zur Hütte gemütliche 4 Stunden.

Am nächsten Morgen führt der Steig durch das karstige Hochtal hinauf zum 2215 m hoch gelegenen Stempljoch. Auf seiner Ostseite geht es zunächst steil und dann langsam flacher werdend hinunter ins obere Halltal. Den im ersten Boden nach rechts hinüberquerenden Steig sollte man dann übersehen und vielmehr dem tiefsten Punkt der Schotterreisen und damit dem Issanger zustreben. Das Stück zwischen Issanger und dem vom Salzbergwerk herunterkommenden Fahrweg ist wenig begangen und überrascht vor allem den Blumenfreund. Die schönsten Orchideen sind hier oft nur wenige Meter neben dem Steig zu finden. Über die ehemalige Salzbergwerkstraße bummelt man schließlich in die alte Salz- und Münzstadt Solbad Hall hinaus.

Im Bereich der Märchenwiese im Halltal ist noch eine Fülle von Bergblumen zu finden (oben).

Der Münzturm von Solbad Hall erinnert an die Zeit, als hier noch Silbermünzen geschlagen wurden (unten).

Im kaiserlichen Jagdrevier

20

Das Kühtai als Verbindung zwischen dem Sellrain und dem Ötztal ist mehr als ein freundlicher Wiesensattel in 2017 m Höhe. Es ist mehr als das Hoteldorf für die Skifahrer im Winter und mehr als der Tummelplatz für die Kraftwerkbauer. Schon 1288 gab es hier den Schwaighof Chutay im Besitz der Herren von Freundsberg. Anfang des 17. Jh. ließ Kaiser Maximilian diesen Schwaighof zu einem fürstlichen Jagdsitz in Form eines großen Oberinntaler Bauernhofes ausbauen. Diesen Jagdsitz gibt es noch heute als Hotel.

Weil Kaiser Maximilian nicht nur ein großer Jäger sondern auch ein großer Fischliebhaber war, ließ er in den beiden Finstertaler Seen (sie sind heute in einem großen Stausee südlich von Kühtai untergegangen) Saiblinge und Forellen ein-

setzen. Sie gediehen trotz der Höhenlage von 2200 m und der Tatsache, daß die Seen für über acht Monate lang mit einer bis zu 1,5 m dicken Eisschicht bedeckt waren, überraschend gut.

Schon lange vor der Zeit von Kaiser Maximilian gab es wenig östlich vom Kühtaier Sattel in St. Sigmund eine Kirche. Bereits 1138 war hier eine hölzerne Kapelle und dann 1350 eine erste richtige Kirche errichtet worden. Sie steht noch heute, bildet allerdings nun den Eingang zur 1496 fertiggestellten Hauptkirche (Freskenreste aus dem 15. Jh.). Den Flügelaltar für den Neubau stiftete kein Geringerer als Erzherzog Sigmund.

Mitten in diese geschichtsträchtige Landschaft führt eine Tour, die schon Kaiser Maximilian so unternommen haben könnte. Allerdings wäre er als der

große Jäger mit dem Gamsstock unterwegs gewesen, denn damals pflegte man die Gemsen in auch für diese Kletterer unwegsames Gelände zu treiben und sie dort von ihrem letzten Standplatz mit der Stange herunterzustoßen. Und genau dafür wäre das Gelände im Anstieg zum 3081 m hohen Zwieselbacher Roß-

Das stengellose Leimkraut ist ein Nelkengewächs, das den Wanderer sogar noch oberhalb der Dreitausendermarke erfreut (ganz oben).

Der Kraspesee ist der ideale Rastplatz am Weg zum Zwieselbacher Roßkogel (oben).

kogel ganz ideal gewesen. Von Haggen, wenig oberhalb von St. Sigmund, nämlich zieht sich ein langgezogenes Hochtal nach Süden, das zunehmend von steilen Felswänden eingeengt wird.

Mehrere Engstellen geben dem Kraspestal einen Hauch von Ganghoferromantik. Hinter dem Muggenbichl scheint die Welt gar auswegslos zu Ende zu sein. Um so überraschender sind dann die Weite um den kleinen Kraspessee und die Firnreste des Kraspesferner. Vom Gipfel selbst ist da aber trotz seiner imposanten Höhe immer noch nichts zu sehen. Auf ihn wird der Blick erst ganz zum Schluß frei – sozusagen als Belohnung. Und sie muß schon ganz tüchtig ausfallen, denn 1435 Höhenmeter sind kein Pappenstiel, und eine Einkehrmöglichkeit gibt es so wenig wie irgendeinen Wetterschutz. Dafür gibt es vom „Zwieselbacher" eine Aussicht, die vor allem unter bayerischen Tourenskifahrern als Geheimtip gehandelt wird.

Der lange Anstieg verlangt ganz selbstverständlich einen möglichst frühen Start in Haggen, denn gute 4 Stunden sind es allemal bis zum Gipfelglück. Der Weg selbst ist zunächst kaum zu verfehlen. Er beginnt am kleinen Brücklein über den Zirmbach und folgt dann zu-

nächst recht gemächlich dem Talboden des Kraspestales. Erst bei der ersten Engstelle, zwischen Pockkogel und Rotkogel, wird es steiler. Aber auch nach diesem Aufschwung folgt der Steig dem Bach, um erst unterhalb vom Muggenbichl scharf nach Osten gegen den Rauhengrat zu schwenken. Jetzt scheint die Welt wirklich zu Ende zu sein, ragen die Felswände doch rund 400 Höhenmeter in den Himmel. Überraschend öffnet sich dann nach Süden eine Lücke, durch die Kraspessee, Kraspesboden und Kraspesferner problemlos erreicht werden können. Die ersten 900 Höhenmeter sind hier bewältigt, eine erste Brotzeit ist wohl verdient.

Da der weitere Anstieg teilweise weglos wird, die Richtung aber stets Südwest bleibt, genügt es, wenn man den Nordwesthängen von Haidenspitze und Rotgrubenspitze treu bleibt. Westlich von der Rotgrubenspitze erreicht man dann das obere Firnfeld des Kraspesferner, von dessen Südrand aus man hinunter zur Pforzheimer Hütte sehen kann. Der Zwieselbacher selbst versteckt sich genau im Westen des oberen Firnfeldes und wird erst sichtbar, wenn man an die Südwestkante des Firnfeldes kommt. Entlang eines geschwungenen Rückens

führen Steigspuren ziemlich genau nach Westen zum kleinen Pyramidenaufbau des Gipfels.

Dank seiner vorgeschobenen Lage – der Zwieselbacher ist der nördlichste Dreitausender der Stubaier Alpen – bietet der Gipfel eine Aussicht, die in keiner Richtung auch nur irgendwelche Wünsche offen läßt. Natürlich liegt das gesamte Stubai wie auf dem Präsentierteller parat, nach Osten schweift der Blick bis in die Tauern, im Norden begrenzen Karwendel, Wetterstein und Lechtaler Alpen den Horizont, im Westen läßt sich über den Ötztalern die Bernina ausmachen. Links und rechts von Felsen und Fernern des Stubai blinken ferne Gipfel der Südalpen. Gipfelglück auf dem Zwieselbacher ist denn auch der Traum von den vielen 100 noch zu besteigenden Gipfeln, ein Gipfelglück, das auch den Abstieg auf gleichem Weg erträglich macht.

Nach Osten schweift der Blick vom Zwieselbacher Roßkogel über die Sellrainer, die Tuxer und das Karwendel.

Unter die Ötztaler Eisriesen

21

Das Ötztal ist das längste und eindrucksvollste Seitental des Inns. Gut 50 km sind es alleine hinauf bis Obergurgl, und der Höhenunterschied von 1235 m entspricht durchaus einer respektablen Bergtour. Wie über eine Treppe öffnet sich das Tal in mehreren Stufen, die beim Rückgang der Gletscher entstanden sind. Steile enge Stufen mit scharf eingeschnittenem Bachbett wechseln mit weiten, fast ebenen und fruchtbaren Talböden, auf denen die Orte liegen. Auf der ganzen Länge ist das Tal von bis zu 2000 m hoch steil aufragenden, stark zerfurchten Bergflanken eingerahmt.

Erst ganz hinten in Zwieselstein gabelt sich das Ötztal in das Gurgler und Venter Tal. In ihnen liegen die beiden höchsten Dörfer der Ostalpen: Obergurgl mit 1920 m und Vent mit 1895 m. Beide Täler führen im weiteren Verlauf bis an die Gletscher des Alpenhauptkammes heran. Ihnen über die Schulter zu schauen, ermöglicht ein außerordentlich schöner Verbindungsweg zwischen beiden Tälern, der zudam noch den Vorteil hat, auf 3005 m Höhe mit dem Ramolhaus einen komfortablen Stützpunkt zu besitzen.

Weil Ausgangs- und Endpunkt der Tour nicht identisch sind, bleibt das eigene Auto am besten in Zwieselstein, von wo aus Obergurgl in wenigen Minuten mit dem Bus erreichbar ist. Der Trubel des Hoteldorfes braucht niemanden zu verdrießen, denn unmittelbar hinter den letzten Häusern öffnet sich bereits der Blick auf die Ferner des Alpenhauptkammes, endet der Trubel und lockt die Höhe. Nach einer kurzen Querung des Talbodens beginnt der Höhenweg mitten hinein ins kalte Herz der Ötztaler Gletscher zu steigen. Ziel ist das in 3005 m Höhe wie ein Adlernest hoch über der grauen Zunge des Gurgler Ferners gelegene Ramolhaus.

Obwohl 1100 Höhenmeter zu überwinden sind, fällt das kaum ins Gewicht, weil sich der Weg sehr weit taleinwärts zieht. Wer das Glück hat, Anfang Juli unterwegs zu sein, wird den Weg als einen Spaziergang durch ein einziges Blütenmeer erleben, das nur nach und

Der Alpensüßklee fühlt sich am Rand der Gletscherregion am wohlsten (oben).

Blick vom Weg zum Ramolhaus ins Rotmoostal (unten).

nach karger wird, dann aber gerade dadurch besonders eindrucksvoll wirkt, drückt sich doch in jeder Blume ein unendlicher Überlebenswille aus. Beinahe unmerklich durchwandert man so sämtliche Vegetationszonen von den Obergurgler Mähwiesen bis hin zur arktischen Gletscherregion – immerhin 42 m höher als das Kreuz auf der Zugspitze.

Ist schließlich die auf einer Felsnase gelegene Hütte erreicht, bietet sich ein Panorama aus nicht weniger als zwei Dutzend Dreitausendern. Vom Granatenkogel im Osten über Hochfirst. Liebenerspitze und Seelenkogel schweift der Blick hinüber zu Hochwilde, Mitterkamm, Bankkogel, Falschungspitze und Karlesspitze. Von der anderen Seite des rissigen Panzers des Gurgler Ferners und 200 m tiefer grüßt das Hochwildehaus.

Noch aber ist der höchste Punkt der Tour nicht erreicht. Zum 3186 m hoch gelegenen Ramoljoch müssen noch einmal 181 Höhenmeter bewältigt werden. Vom Ramolhaus schlängelt sich der Steig nach Norden durch grobes Blockgelände und dann hinunter zum kleinen Ramolferner. Er wird im sanften Anstieg zum nordwestlich gelegenen Joch hin gequert. Jenseits des Joches geht es zunächst über steile Schutthalden und dann auf und neben der rechten Seitenmoräne des Spiegelferners hinunter zur Ramolalm. Die letzten Höhenmeter führen durch lockeren Zirbenwald hinaus nach Vent.

Bevor man das stattliche „Bergsteigerdorf" Vent mit dem Bus in Richtung Zwieselstein verläßt, sollte man zweierlei nicht versäumen. Zum einen lohnt sich der ½-stündige Spaziergang zu den Höfen von Rofen. Sie waren vor noch gar nicht so langer Zeit die höchstgelegene ganzjährig bewohnte Siedlung Tirols

und hatten schon vor vielen Jahrhunderten ihre Bedeutung. So flüchtete sich Herzog Friedrich (der mit der leeren Tasche) hierher, als er vom Kaiser auf dem Konzil von Konstanz mit Acht und Bann belegt worden war. Danach genossen die Höfe lange Zeit Steuerfreiheit und hatten das Asylrecht. Die Rofenbauern Klotz waren die begehrtesten Führer, als es um die Erschließung der Ötztaler Eisriesen ging. Leander, der berühmteste der „Klötz von Rofen", gab den Ausschlag bei der Erstbesteigung der Wildspitze und der Weißkugel. Zum anderen sollte man nicht versäumen, einen Blick in das kleine barock ausgestattete Kirchlein von Vent zu werfen. Hier wirkte Franz Senn, der große Erschließer der Tiroler Berge und Mitbegründer des Alpenvereins, 11 Jahre lang als Pfarrer. Im Kirchlein kann man auch nachlesen, daß das Venter Tal ursprünglich vom Schnalstal aus besiedelt wurde und in bunter Folge abwechselnd den Bischöfen von Chur, Trient oder Brixen gehörte. Noch heute gehören die Weiderechte auf den Almen des inneren Venter Tales der Gemeinde Schnals im Schnalstal, also Südtiroler Bauern auf der anderen Seite des Hauptkammes.

Am Weg zum Ramolhaus (links).

Über das Ramolhaus hinweg glänzt die Weite der Gletscherfelder am Alpenhauptkamm (unten).

Spaziergang zu den Gletschern der Weißkugel

22

Mit ihren 3738 m Höhe ist die Weißkugel der zweithöchste Berg der Ötztaler Alpen, ihr Gipfel gilt vielen als der formschönste weit und breit. Der Normalanstieg zu diesem hohen Gipfelziel erfolgt von Norden her über den Langtauferer Ferner und ist gletschererfahrenen Bergfreunden vorbehalten. Wer hier nicht mithalten kann, muß dennoch nicht darauf verzichten, den Gipfel wenigstens auf 4 km Luftlinie nahezukommen. Die Möglichkeit dafür bietet das vom Vintschgau bei Naturns nach Norden abzweigende Schnalstal.

Daß in Südtirol die schönsten Fresken aus einem Jahrtausend europäischer Kulturgeschichte zu finden sind, weiß – zumindest in Südtirol – jedes Kind. Daß in Naturns die ältesten des gesamten deutschsprachigen Raumes zu finden sind, ist schon weniger bekannt. Die Fresken im kleinen Kirchlein St. Prokulus waren bereits um 800 fertiggestellt und sind vor allem deswegen so interessant, weil sie von der Formensprache der Malschulen Karls d. Gr. noch nicht beeinflußt wurden. Parallelen gibt es vielmehr zur irischen Buchmalerei und damit zum irisch-keltischen Stil der damals zwischen St. Gallen und Salzburg tätigen irischen Mönche.

Das berühmteste Bild in St. Prokulus ziert die Südwand und zeigt zwischen zwei umlaufenden Mäanderbändern einen in einem Seil wie in einer Schaukel sitzenden Heiligen. Er wird von oben von drei Männern unter einem stilisierten Dach beobachtet. Wer dieser „Schaukler" ist, konnte bis heute nicht eindeutig geklärt werden. Am wahrscheinlichsten handelt es sich um den hl. Prokulus, der im 4. Jh. in Verona Bischof war und dort vor seiner Gemeinde flüchten mußte. Dafür spricht auch die stilisierte Viehherde mit Hirtenhund und Schäfern an der Westwand, da dieser Bischof auch als Beschützer des Viehs verehrt wurde.

Der »Schaukler« in Naturns zählt zu den ältesten Fresken der Alpen (oben).

Blick vom Grawand über den Hochjochferner auf die Südwände der Wildspitze (unten).

Den Eingang des Schnalstales dominiert die einst furchterregende, im Spätmittelalter aber prachtvoll ausgestattete Burg Juval. Heute hat dort ein bekannter Bergsteiger seine Zelte aufgeschlagen. Die Talmündung selbst ist durch einen tiefen Felseinschnitt gekennzeichnet, der den reisenden Mönch Beda Weber noch 1838 Schlimmeres vermuten ließ: „Durch die steilsten Felswände zu bei-

den Seiten eingeengt, klafft der Schlund mit dem sparsamen Bache in der Thalscheide wie der Eingang in die unbekannten Regionen der Unterwelt." Heute ist der „verdächtige Steig über thurmhohe, dem jähesten Absturze zugeneigte Granitwände" zwar längst durch eine harmlose Straße ersetzt, dennoch ist die Mündung des Schnalstales immer noch beeindruckend. Kaum weniger eindrucksvoll ist das Kalenderbild vom steilen Katharinaberg mit dem gotischen Kirchlein am Gipfel.

Nächste Station bei der Reise ins Schnalstal sollte das Dörfchen Karthaus sein. Dort hatten Karthäuser 1326 ein Kloster gegründet und danach jahrhundertelang in strenger Isolation gelebt. Erst 1782 wurde das Kloster aufgelöst, die leerstehenden Gebäude wurden von den Bergbauern nach und nach übernommen. Damit bot sich zuletzt der kuriose Anblick eines auf Klostergrundriß lebenden Dorfes. Dieses brannte zwar 1924 aus, doch kann man noch heute nicht nur den Grundriß des Klosters sondern viele verwertete Bauteile ent-

decken. Reste des Kreuzgangs und des ehemaligen Prioratsgebäudes sind wohlerhalten.

Da die Straße zur Schnalstaler Gletscherbahn erst in einer Höhe von 2004 m endet, ist schon die Fahrt nach Kurzras eine halbe Bergbesteigung. Der Vernagt Stausee liegt bereits mitten in eindrucksvollster Hochgebirgslandschaft, der uralte Finailhof ist mit 1953 m Höhe nicht nur der höchste Kornhof Tirols sondern kann auch noch mit einer heilkräftigen Quelle aufwarten. Schon Herzog Friedrich (der mit der leeren Tasche) hat sich hier 1416 auf der Flucht versteckt. Auch der Gasthof „Zum Hirschen" im Dörflein Unsere Frau in Schnals entstand schon 1560.

In Kurzras wird es endgültig Zeit, die Bergschuhe hervorzuholen. Immerhin 1266 Höhenmeter gilt es nun bis hinauf zum Gipfelpunkt „Am Hintern Eis" zu bewältigen. Dafür gibt es zum einen den direkten Anstieg über das Hochjoch und dem dort im Sattel liegenden Berggasthof „Schöne Aussicht" (2842 m). Bis zum Hochjoch, dem Grenzübergang

nach Österreich am linken Rand des Hochjochferners, folgt der Anstieg einem schmalen Militärweg, vom Hochjoch zum Eisgrat hinauf gibt es einen guten Bergsteig.

Wem 1200 Höhenmeter zuviel sind, dem hilft die Seilbahn an die Schulter des 3251 m hohen Graward. Von dort quert der Steig hinunter zum Hochjoch zunächst die Fernerstube des Hochjochferners und dann die Ost- und Nordostschulter der Grauen Wand.

Wer den knapp 1½-stündigen Anstieg vom Hochjoch zum Grat am Hintern Eis bewältigt hat, steht damit gut 400 Höhenmeter über dem grauen Panzer des Hintereisferners, der gewaltige Eisdom der Weißkugel verstellt genau im Westen der Horizont. Von Norden glänzen die Ferner der hohen Ötztaler und im Süden beherrschen Cevedale, Königsspitze und Ortler das Bild.

Beim Abstieg von der »Schöner Aussicht«.

Im Halbkreis um den Ortler herum

Die diskutierenden Mönche in der Malser Kirche St. Benedikt entstanden bereits um 800 (unten links).

Den hl. Petrus malte ein Ottobeurer Mönch um 1180 (unten rechts).

Von der Tabarettahütte aus offenbart die Nordostwand des Ortlers ihre ganze Großartigkeit (rechts).

23

Der schönste Auftakt zum Besuch des „Königs der Ostalpen", wie der 3899 m hohe Ortler gerne genannt wird, ist die Anfahrt über die Via Claudia Augusta, die Kaiser Augustus um Christi Geburt anlegen ließ, um Germanien von Verona aus möglichst rasch erreichen zu können. Der heute als Reschenpaß bekannte Übergang nämlich bietet den wohl schönsten Fernblick auf diesen König, wenn er sein weißes Haupt in den grünen Fluten des Reschensees spiegelt. Mit der Fahrt hinunter durch die saftigen Wiesen der Malser Heide bekommt der Kopf mehr und mehr Konturen, werden die riesigen Dimensionen zwischen dem Talboden im Vintschgau und der luftigen Höhe deutlich.

Trotz aller Verlockungen der umliegenden Gipfel, darf man sich zwischen Reschen und Sulden gleich mehreres nicht entgehen lassen. Zum einen ist es das alte Kloster Marienberg westlich von Burgeis. In der bereits 1156 geweihten Krypta der einer Wehrburg nicht unähnlichen Klosteranlage sind besonders gut erhaltene Fresken zu entdecken. Sie sind das Werk eines Malers aus Ottobeuren und orientierten sich an der zeitgenössischen Salzburger Buchmalerei. Zum anderen ist es Mals, der Ort mit den 7 Türmen, wo es St. Benedikt zu besuchen gilt. Die Filiale des Klosters in Müstair weist Fresken aus dem 9. Jh. auf, die neben denen von St. Prokulus in Naturns zu den ältesten Wandmalereien Tirols zählen. Zum dritten ist es dann Glurns mit seiner alten Stadtanlage mit Mauern, Tor, Türmen und Wehrgang, die einzige vollständig erhaltene Stadtbesfestigung Tirols. Schon 1308 erhielt Glurns das Stadtrecht und seine Befestigung mit der gleichen Ausdehnung wie heute.

Das letzte, schon von weitem lockende Ziel müßte die Churburg bei Schluderns sein, ursprünglich eine Grenzburg der Churer Bischöfe und bereits 1259 „in Betrieb". Das heutige residenzartige Schloß entstand ab 1537 aus der mittelalterlichen Burg. Bis heute ist die Renaissanceburg im Besitz der Grafen von Trapp, denen es gelungen ist, die Burg samt dem kompletten Inventar unversehrt zu bewahren. Die Churburg ist deshalb heute die in Bau und Ausstattung bedeutendste Südtiroler Burg, deren Prunkstück ihre Rüstkammer ist. Sie enthält keine zusammengetragene Sammlung sondern im wahrsten Sinne des Wortes die eiserne Garderobe der verschiedenen Generationen der Grafen Trapp.

In Gomagoi zweigt die Stichstraße nach Sulden ab, das mit seinen knapp 1900 m Höhe schon manche Alm überflügelt. Was einst als Tirols Sibirien verschrien war, ist heute ein mächtiges Hoteldorf vor mehr als imposanter Berg- und Eiskulisse. Sie wird vor allem von der eisgepanzerten Nordwand der Königsspitze über den Eiskatarakten des zerrissenen Suldenferners dominiert.

Erstes Ziel auf dem Weg um den Ortler herum ist die 2661 m hoch gelegene Hintergrathütte zu Füßen des Ortler-Südostgrates. Der bequemste Weg zu diesem ersten Paradeschauplatz beginnt an der Mittelstation der Seilbahn von Innersulden zur Schaubachhütte und dauert ganze 1½ Stunden. Die ganz unangemessen große Belohnung ist ein besonders schöner Blick auf die Königswand und auf die Nordostwand des Monte Zebru rechts daneben.

Auf dem Suldener Höhenweg geht es weiter in Richtung Tabarettahütte, hinein in das Hochtal zwischen Marltgrat und Tabarettakamm. Sie flankieren die Nordostwand des Ortlers, einen über 1000 m in den Himmel ragenden Eiska-

nal. Durch ihn schießen wie durch ein Kanonenrohr die Lawinen, der Steinschlag und die Abbrüche der oberen Hängegletscher. Am eindrucksvollsten präsentiert sich die Wand von der 2554 m hoch gelegenen Tabarettahütte. Superlative aber gibt es noch mehr auf dieser Tour. Nun geht es in einem weiten Bogen hinein in hochalpines Gelände und hinauf zur 2867 m hoch gelegenen Bärenkopfscharte am Nordgrat des Ortlers. Schlagartig wird hier der Blick nach Westen frei, eine Aussicht, die nur noch vom Platz der wie ein Adlernest in 3020 m Höhe am Grat klebenden Payer-

hütte übertroffen wird. Von ihr übersieht man den ganzen Vintschgau, die eisigen Gipfel der Ötztaler Alpen und nach Süden die Eisfelder mit der „Normalspur" zum immer noch 900 m höheren Ortlergipfel.
Die einmalig schöne Lage der Payerhütte, knapp 2000 Höhenmeter über dem Vintschgau und nur 900 m unter dem Ortlergipfel, sollte man zu einer Übernachtung nutzen, um von hier aus sowohl Sonnenunter- wie Sonnenaufgang erleben zu können. Auch bedeutet der kürzeste Abstieg hinunter nach Trafoi an der Straße zum Stilfser Joch immer-

hin die Überwindung von 1500 Höhenmetern. Sie auf dem direkten Weg über den Steig Nr. 185 zu bewältigen, wäre beinahe schade. Sehr viel schöner ist es da, den Weg Nr. 186 zu nehmen und über die uralte Kultstätte der Heiligen Drei Brunnen am nächsten Tag gemütlich nach Trafoi abzusteigen.

Die Nordostwand des Ortlers hat als obere Begrenzung eine ausgeprägte Gletscherbruchkante (oben).

Blick von der Tabarettahütte zur Suldenspitze (unten).

Über das Rittner Horn nach Klausen

24

Wer die Manifestation des alten österreichischen Begriffes „Sommerfrische" hautnah erleben möchte, der muß auf den Ritten, zu jenem ausgedehnten Hochplateau zwischen Sarn- und Eisacktal nördlich von Bozen hinauffahren, das die reichen Bozener Bürger schon seit dem frühen 17. Jh. zum Bau ihrer behäbigen Sommerfrischenhäuser nutzten. Die uralten Wege über das Plateau erhielten damals ihre Linden, die noch heute als schattige Alleen den Rahmen für das Dolomitenpanorama aus Schlern, Rosengarten und Latemar abgeben. Bis 1965 waren die Hauptverkehrsmittel zum und über das Plateau eine Seilbahn und von Oberbozen bis Klobenstein eine uralte Trambahn durch die einsamen Lärchenwiesen. Selbst heute noch ist die Einsamkeit am Ritten zu finden, allerdings nur zu Fuß und abseits der Autostraßen.

Mit Abstand reizvollstes Ziel am Ritten ist natürlich sein höchster Punkt, das 2260 m hohe Rittner Horn. Es bietet im Osten das wohl schönste Dolomitenpanorama ganz Südtirols. Im Norden werden die Südseiten der Zillertaler und des Stubais präsentiert, nach Westen dominieren Ötztaler und Ortler über den Sarntaler Bergen den Horizont. Nach Süden schweift der Blick ohnehin in die dunstige Unendlichkeit. Bevor man allerdings den bequemen (weil langgezogenen) Anstieg zum Horn in Angriff nimmt, sollte man den Ritten selbst ein wenig erkunden.

Er ist immerhin uraltes Kulturland mit nicht weniger als 49 nachgewiesenen, vorgeschichtlichen Wallburgen. Am Ostteil des Ritten ist an vielen Stellen noch die alte, einst mit Steinplatten gepflasterte „Kaiserstraße" zu sehen. Auf ihr zogen im Mittelalter die deutschen Könige nach Rom zur Kaiserkrönung, auf ihr wurde der gesamte Nord-Süd-Verkehr abgewickelt, da es damals noch keinen Weg durch die Eisackschlucht vor Bozen gab.

Die zwei Heiligen zieren das Kirchlein St. Jakob am Ritten (oben).

Vom Ritten aus schweift der Blick hinüber zur Langkofelgruppe und zur Marmolada (rechts).

Der größte kunsthistorische Schatz am Ritten verbirgt sich im kleinen Kirchlein St. Georg und St. Jakob, auf einem Waldhügel unterhalb der Seilbahnstation von Oberbozen. In der Apsis der schon 1289 nachgewiesenen Kirche finden sich hervorragend erhaltene spätromanische Fresken. Sie sind vor allem deshalb so interessant, weil ihre Konzeption noch ganz romanisch ist, ihre Ausführung aber schon im frühgotischen Linearstil erfolgte (Schlüssel im Bauernhof vor der Kirche).

Erstes Ziel am Weg zum Rittner Horn sind die berühmten Erdpyramiden am Katzenbachgraben. Die bis zu 30 m hohen Säulen bestehen aus festem Moränenschutt mit je einem großen Stein als „Dach". Er sorgte und sorgt dafür, daß die Erosion der Säule selbst nichts anhaben kann. Bad Süß und die Heidrichsberg Alm sind dann die nächsten Stationen auf dem eigentlich langen, aber wegen seiner überwältigenden Eindrücke doch wieder kurzem Weg zum Gipfel des Rittner Horns.

Weil es einfach schade wäre, den Anstieg nicht als Genußspaziergang zu verstehen, sollte man von Anfang an eine Übernachtung auf dem so aussichtsreichen Rittner Hornhaus einplanen. Damit hat man nicht nur einen ganzen Tag Zeit für die Überschreitung des Ritten und den Anstieg zum Horn sondern

auch noch die Chance, das abendliche Leuchten von König Laurins Rosengarten zu erleben und sich vom Sonnenaufgang über den Dolomiten begeistern zu lassen.

Am nächsten Tag dann kann man den direkten Abstieg durch die dunklen Waldseiten hinunter nach Klausen verschmähen, dafür in Ruhe über den Nordrücken zum 2057 m hohen Gasteiger Sattel bummeln und von dort in Richtung Eisacktal absteigen. Die stolzen Geislerspitzen über dem Villnößtal, der zarte Finger des Kirchturms von Lajen und natürlich Schlern und Langkofel sind hier das Vis-à-Vis beim Abstieg. Einkehrmöglichkeiten gibt es bei der Gasser Hütte oder im Samberger Hof, so daß eigentlich niemand erschöpft in der alten Dorfstraße des malerischen Villanders ankommen und ein Besuch des altehrwürdigen Benediktinerinnenklosters Säben auf Südtirols heiligem Berg durchaus noch zu verkraften sein dürfte.

Dafür bietet es sich an, in Villanders den Spazierweg Nr. 3 zu nehmen und nordwärts zum Kirchlein St. Anna und hinein ins Thinnetal zum Schloß Garnstein zu wandern. Dem Thinnebach entlang geht es dann talauswärts bis zu den Häusern von Pardell und von dort rechts hinüber zum Säbener Felsen. Der rund 200 m über dem Talgrund frei aufragende Dioritfelsen war schon in prähistorischer Zeit besiedelt, seit dem 4. Jh. entstand hier der Sitz eines Bischofs, den erst Bischof Albuin 990 nach Brixen verlegte. Umkämpft aber war der Felsen mit seiner zur Festung ausgebauten bischöflichen Burg bis ins ausgehende Mittelalter. Noch 1460 belagerte hier Sigmund der Münzreiche den Brixener Kardinal Nikolaus Cusanus. Der zinnengekrönten doppelten Umfassungsmauer entlang steigt man schließlich talwärts, passiert die Burg Branzoll und erreicht den Talboden beim uralten Städtchen Klausen mit seinen verwinkelten Altstadtgassen und einladenden Wirtshäusern.

Weiße Alpenanemonen verkünden den Frühling.

Die Erdpyramiden am Ritten mit Maria Saal.

Ins Herz der Brenta

Campaniletto und Campanile dei Camosci vom Grostépaß aus (unten).

25

Die Brenta von ihrer Paradeseite (folgende Doppelseite).

„Ein Chaos von wildzerklüfteten, zerrissenen Türmen, Nadeln und Zacken, eine kleine wunderbare Bergwelt für sich, unvergleichlich in ihrer Art, zauberhaft in Form, Farbe und Aufbau. Unmittelbar, schroff und kühn steigen die gigantischen Felsriesen empor, umgürtet von graugelben Schuttströmen und grünen, blumengeschmückten Hängen überall die größten Contraste und doch ein unbeschreibliches Schönheitsganzes!" Dieser Beschreibung aus einem alten Bergbuch wäre eigentlich nur noch anzufügen, daß die Brenta als westlichster Ausläufer der Dolomiten und von diesen durch das breite Etschtal getrennt, nicht nur ein Modellgebirge sondern auch Zentrum einer Modelllandschaft ist.

Ob „Sestogradist" mit Fortbewegungsdrang nur in der Lotrechten, ob Spaziergänger mit Vorliebe für Wege durch Reben, ob Freund von Zeugnissen alter Kultur – sie alle könnten zwischen Madonna di Campiglio und Trient für Jahre hinaus lohnende Ziele finden. Schließlich sind in diesem Grenzbereich zwischen deutscher und romanischer Kultur sagenumwobene Burgen und uralte Heiligtümer in eine Landschaft gestreut, die nur aus wildromantischen Bergen oder paradiesischer Fruchtbarkeit zu bestehen scheint.

Bester Auftakt für eine Tour in dieses „gelobte Land" ist die Fahrt aus dem Etschtal über den 1363 m hohen Mendelpaß zum Nordende des St.-Giustin-Stausees. Bei Mostizollo (der Name soll von dem deutschen „mußt hier zahlen" kommen) wird das Tal des Noce erreicht, das bis Dimaro stetig durch weite, von einzelnen Dörfern und Weilern aufgelockerte Waldhänge ansteigt. Nach und nach öffnet sich die ganze Weite, Üppigkeit und Fülle des Landes um den Noce. Hier muß man sich im Herbst Zeit lassen, wenn über den Höfen, Dörfern, Burgen und Schlössern die Schleier der Kartoffel- und Kastanienfeuer träge ziehen, den tiefblauen Himmel noch weiter entrücken und die bleichen Wände der Brenta vollends unwirklich erscheinen lassen. Niemand wird dann zweifeln, daß hier wirklich ein Stück auf die Erde gefallenen Himmels zu finden ist.

Mitten in die Zauberwelt des 200 Millionen Jahre alten Korallengesteins vorzudringen, erleichtert die Seilbahn vom Campo Carlo Magno zum 2443 m hohen

Grostèpaß. Dort beginnt der Sentiero Alfredo Benini, der dem schwindelfreien Bergwanderer auf dem Weg zum Rifugio Tuckett ein 3½-stündiges Staunen beschert. Der eigentliche Klettersteig beginnt nach knapp 1-stündigem Anstieg durch großflächige Karrenfelder in etwa 2600 m Höhe an der Südostseite der Cima Grostè. Über die Bocca dei Camosci (2770 m) zieht sich der Steig in die Wände von Campaniletto und Campanile dei Camosci. Nach der Querung der Cima Falkner wird bei knapp 2900 m der höchste Punkt erreicht. Danach geht es über Steinrinnen, Terrassenbänder und Felsnasen abwärts, bis der Weg die Westseite erreicht und damit den Blick freigibt auf die dunklen Nordfelsen der gegenüberliegenden Cima Brenta. Über den Tuckett-Gletscher geht es schließlich hinunter zum 2656 m hohen Tuckett-Paß.

Beim Rifugio Tuckett muß die selbstkritische (und ehrliche) Entscheidung fallen, ob der Sentiero Alfredo Benini bereits zur Mobilisierung aller Reserven zwang. Sollte man sich zwar weiterhin gut gesichertes aber doch deutlich exponierteres Steigen nicht mehr zutrauen, dann ist der Rückweg vom Tuckett-Haus über den mit Nr. 316 bezeichneten, bequemen Weg zum Ausgangspunkt zurück angesagt (2 Stunden). Wem der Sentiero Alfredo Benini dagegen ausgesprochen Spaß gemacht hat, der darf sich an das Herzstück der Brentadurchquerung, an den Sentiero delle Bocchette Alte zwischen dem Rifugio Tuckett und dem Rifugio Pedrotti wagen. Absolute Schwindelfreiheit und die nötige Ausdauer für einen gut 6-stündigen Gang in einer Durchschnittshöhe von 2750 m sind dabei jedoch die unerläßlichen Voraussetzungen für diesen luftigen Gang der Superlative.

Der eigentliche Steig beginnt vor der Moräne des unteren Brentagletschers und vermittelt gleich mit Leitern, Seiltraversen und Klammern den richtigen Vorgeschmack. Immer neue, atemberaubende Ausblicke tun sich nun auf dem gut 2½-stündigen Weg hinüber zum Rifugio Angelo Alimonta auf. In der Bocca degli Armi beginnt dann der aufregendste Teil des Weges. In atemberaubender Höhe durchzieht der Weg auf schmalen Bändern die Wände des Torre di Brenta, der Sfulmini und des Campanile Alto. Und dann endlich ist es so weit: plötzlich taucht sie auf, die berühmte „Guglia", jene 350 m hohe Felsnadel, die noch immer jedes Bergsteigerherz höher schlagen läßt und die in den gesamten Alpen kein Gegenstück hat. Nach der Bewältigung der Schlucht unter der Nadel wechselt der Steig hinüber in die Nordwestseite der Cima Brenta Alta, letzte Leitern vermitteln den Abstieg hinunter zum Firn, über die Bocca di Brenta geht es vollends hinüber zum Rifugio Pedrotti. Für den richtigen Ausklang sorgt dann am folgenden Tag der Abstieg über das Rifugio Brentei hinaus nach Madonna di Campiglio.

Rifugio Alimonta und Bocca degli Armi.

Rund um die Parzinn Spitze

26

Strategische Überlegungen der Militärs oder ökonomische Bedürfnisse der Handelsherren waren seit jeher die besten Triebfedern für den Bau befestigter Straßen durch die einst so gefürchteten Berge. So scheuten die Römer vor fast 2000

Von der Dremel Spitze aus läßt sich gut der Gipfelaufbau der Parseier Spitze studieren.

Jahren keine Mühe, durch das zwar nicht sehr hoch gelegene aber dafür äußerst unwegsame Bergsturzgebiet am heutigen Fernpaß eine Nachschublinie für die von ihnen auf der Alpennordseite eroberten Gebiete auszubauen. Genauso wenig scheuten in späteren Jahrhunderten die Kaufleute Mühen und Gefahren des Weges über den Fernpaß, bedeutete er doch zusammen mit dem Reschen die

kürzeste Verbindung zwischen Augsburg und Venedig.

Erster Talort auf der Südseite des Fernpasses ist das schon 763 als „oppidum humiste" belegte Imst. In dem hübsch auf der Sonnenseite des Inntales gelegenen Städtchens gibt es prächtige Patrizierhäuser zu sehen. Besonders schön sind das Berggerichtshaus in der Floriansgasse 1, das Pfarrhaus und das Alte Rathaus (Heimatmuseum). In der mächtigen Pfarrkirche ist von den ursprünglich vorhandenen Fresken leider nur noch ein großer Christophorus von 1495 erhalten. In der Friedhofskapelle gibt es ein gotisches Fresko (Michael und Daniel) von 1490 zu entdecken.

Aus unserer Zeit stammt die Verbindungsstraße über das Haartennjoch zwischen Imst und dem Lechtal. Durch alten Hochwald, aus dem heraus es immer wieder schöne Ausblicke auf das obere Inntal, den Lechtaler Kamm und den Tschirgant gibt, windet sich die schmale Straße mitten in die Lechtaler Berge hinein. Auf dem 1894 m hohen

Zottiges Habichtskraut (oben).

Der Steinsee gegen die Ötztaler (unten).

Joch bieten sich nicht nur schöne Einblicke in die Heiterwand und den Sparketgrat sondern auch ausgedehnte Wandermöglichkeit für Romantiker aller Schattierungen.

Bester Ausgangspunkt für eine Entdeckungsreise in das abgeschiedene Parzinngebiet ist der Weiler Boden an der Westseite des Hahntennjoches. Von hier aus kann man zwar keine Gipfel sammeln, dafür aber eine Felslandschaft erleben, deren bizarrer Formenreichtum kühnste Erwartungen zu übertreffen vermag. Abweisende Gipfel, Türme und Zacken mit riesigen Hochkaren dazwischen würden genauso gut in die Dolomiten passen. Nur die immer wieder anzutreffenden kleinen Seen und die üppige Vegetation bestätigen, daß sich diese Zauberwelt tatsächlich auf der Alpennordseite findet.

Obwohl die kleine Berggruppe zwischen dem Hahntennjoch im Norden und dem Inntal im Süden nicht weniger als 47 Gipfel über 2000 m Höhe aufzuweisen hat, ist das Parzinn bis heute eher ein Geheimtip für Kletterer, die hier alle Schwierigkeitsgrade finden können. Eine romantische Rundtour jedoch ist dank zweier Hütten und guten Steigen jedem Bergwanderer als Zweitagestour möglich.

Der erste Tag bringt zunächst den 2 stündigen Hüttenweg von Boden durch das Angerletal hinauf zur 1922 m hoch gelegenen Hanauer Hütte. Hinter der Hütte wendet sich der Steig nach Westen zu den Parzinn Seen am Nordfuß der 2613 m hohen Parzinn Spitze. An den Seen zweigt links (nach Süden) der Steig zum 2373 m hohen Gufelseejöchl ab. Von hier aus kann in 45 Minuten die 2647 m hohe Kogelseespitze auf problemlosem Steig erstiegen werden. Der Rundwanderweg dagegen schlängelt sich ab dem Joch hinunter zum Gufelsee und über die hintere Gufelalpe zur 2095 m hoch gelegenen Gufelhütte (nur Unterstand).

Noch einmal heißt es nun, rund 300 Höhenmeter zum südöstlich gelegenen Gufelgrasjoch (2382 m) zu bewältigen. Auf der Südseite des Joches trifft man auf den Verbindungsweg zwischen dem Württemberger Haus und der Steinseehütte. Östlich geht es nun weiter über die mit Drahtseilen gesicherte, 2320 m hohe Steinkarscharte und zum Schluß hinunter zur heimeligen Steinseehütte (2040 m).

Der nächste Morgen bringt zunächst den Spaziergang zum Steinsee, hinter dem es dann jedoch recht schnell sehr hochalpin wird. Zunächst quert der Steig unter der Dremelspitze-Südwand und führt dann steil hinauf in die 2470 m hoch gelegene östliche Dremelscharte. Von ihr geht es nach Norden hinunter in ein riesiges Kar (von hier aus kann die Hanauer Hütte in ½ Stunde erreicht werden). Unser Steig hält sich dagegen nach rechts und erklimmt über steile Gras- und Schutthänge das 2423 m hoch gelegene Galtseitejoch auf der Nordseite der Großen Schlenkerspitze. Einmal mehr ist damit ein wildes Felsszenario erreicht, in dem mit Fug und Recht alle guten und bösen Geister der Berge zu Hause sein könnten. Vom Galtseitejoch geht es nach Osten hinunter in ein erstes großes Kar, dann in ein zweites bis zur Abzweigung des Weges hinüber zur Muttekopf Hütte. Unser Steig wendet sich hier endgültig nach Norden hinunter zur Fundaisalm. Vom Talboden geht es zunächst dem Bachbett entlang über Geröll und Schutt talauswärts, bis der Talweg nach Pafflar hinaus beginnt. Die malerischen Häuser des Weilers gehören zu den ältesten des ganzen Lechtales. Ganze 15 Minuten sind es schließlich noch bis zurück zum Auto in Boden.

Aus dem Paznaun auf den Hohen Riffler

27

Von Landeck aus ist der mit seinem stolzen Pyramidenaufbau alles beherrschende Berg der Hohe Riffler. Er ist der östlichste Pfeiler des Ferwall, jenem mächtigen Urgesteinsdreieck zwischen Arlbergbahn, Montafon und Paznaun. Obwohl seine höchsten Gipfel – die 3170 m hohe Kuchenspitze, der 3168 m hohe Hohe Riffler und der 3059 m hohe Patteriol – kleinen Vergleich zu scheuen brauchen, ist der Zwickel zwischen Arlberg und Silvretta immer noch ziemlich unbekannt. Allzu große Touristenscharen braucht man deshalb auch nicht zu fürchten.

Schon von Landeck aus ist der für das ganze Ferwall typische Kontrast zwischen Schwarz und Weiß auszumachen. Schwarz drohen die zyklopenhaften Urgesteinsbrocken aus Hornblende oder Gneis, gemildert nur vom strahlenden Weiß der Ferner und Firne. Von Süden her leuchten die Eismassen der Silvrettaberge, nach Norden hin begrenzen die bleichen Kalkwände der Lechtaler Alpen den Horizont. Rosanna im Norden und Trisanna im Süden sind die beiden, den Rahmen gebenden „Grenzflüsse".

Nach Süden bricht das Ferwall zum Paznaun ab, jenem Hochtal, das in einer engen und schwer zugänglichen Schlucht unterhalb des Schlosses Wiesberg ins Stanzertal mündet. Diese „Gfällschlucht" wurde erst 1887 mit einer Straße erschlossen, davor folgte der Hauptzugang aus dem Engadin und über die Bielerhöhe. Erst Anfang des 14. Jh. kamen die Walser, alemannische Bauern aus dem obersten Wallis, die dann jährlich 12 Pfund Berner Jahreszins bezahlten, entrichtet von „homines dicti Walser". Den Hauptort Ischgl gab es bereits 1104 als „Isola". Er gehörte damals zur Herrschaft Tarasp im Engadin. Von dieser Beziehung stammen die vielen rätoromanischen Orts- und Flurnamen.

Dank seiner ausgesetzten Lage zwischen Rosanna und Trisanna könnte man dem Hohen Riffler aus beiden Tälern zu Leibe rücken. Der kürzeste Anstiegsweg geht von Pettneu am Arlberg durch das Malfontal zur Edmund Graf Hütte. Landschaftlich sehr viel reizvoller dagegen ist der Anstieg von Süden aus, wo der Sessellift von Kappl zur Diasalpe zudem 600 Höhenmeter Anstieg durch steilen Bergwald erspart.

Ausblick von der Nordflanke des Hohen Rifflers gegen die Parseier Spitze.

Die diskutierenden Mönche finden sich in der Margarethenkapelle in Pians.

Vom Berggasthaus Dias (1863 m) folgt der Steig zunächst der Trasse eines Schleppliftes, quert dann das Einzugsgebiet des Rauhen Baches und erreicht schließlich in knapp 2400 m Höhe den horizontal von Südwesten herüber kommenden Kieler Weg. Der führt erst sanft und zum Schluß etwas steiler hinauf zur 2697 m hohen Schmalzgrubenscharte. Sie bietet Brotzeitplätze der Spitzenklasse, zumal man nicht weiß, zu welcher Seite man zuerst hinunterschauen soll. Nach Norden nämlich öffnet sich die ganze Romantik des Malfontales mit der bleichen Gipfellandschaft der Lechtaler Berge dahinter, nach Süden bauen sich die dunklen Dreitausender des Samnaun und des Unterengadins auf.

Hinter der Schmalzgrubenscharte beginnt der Rifflerweg hinunter zur 300 m tiefer gelegenen Edmund Graf Hütte. Der kleine Abstieg bringt zum Schluß des ersten Tages die richtige Würze, liefert er doch nicht nur den romantischen Schmalzgrubensee sondern vor allem im Vorblick die Paradeaussicht auf die Gipfelpyramide des Hohen Rifflers, das Ziel des nächsten Tages.

Der Steig auf die stolze Majestät beginnt unmittelbar hinter der Hütte, ist gut ausgebaut und bei sicherem Wetter problemlos. Dennoch sind 3168 m Höhe kein Pappenstiel. Der Gipfel darf deshalb nur in Angriff genommen werden, wenn drei Komponenten zusammentreffen: sicheres Wetter, Trittsicherheit und Kondition. Vor allem der letzte Punkt darf nicht unterschätzt werden, kommen doch zu den 800 Höhenmeter Auf- und Abstieg des Gipfelsteiges anschließend noch einmal 300 Höhenmeter Anstieg zum Kappler Joch und schließlich als Schlußakkord noch 1300 Höhenmeter Abstieg hinunter ins dunkle Paznaun.

Wem dies für einen Tag zuviel ist, dem bleibt natürlich noch die Möglichkeit, für den Hohen Riffler einen ganzen Tag zu spendieren, eine weitere Nacht auf der Hütte zu bleiben und am dritten Tag über das Kappler Joch nach Kappl abzusteigen. Dies hätte neben der Schonung der Knie vor allem den Vorteil, daß man die Schönheiten des Weges viel intensiver in sich aufnehmen kann. Schließlich wäre es ja schon beinahe ein Sakrileg, würde man die überwältigende Aussicht vom Gipfel des Hohen Riffler nicht in Ruhe auf sich wirken lassen. Unzählbar nämlich sind die Gipfel im 360°-Panorama, in welche Richtung man auch blickt, immer winkt hinter atemberaubender Kulisse die Unendlichkeit.

Spendiert man für den Abstieg von der Edmund Graf Hütte einen eigenen Tag, hat dies den Vorteil, daß man das Kappler Joch als weiteren Brotzeitplatz genießen und an den verträumten Blankaseen die heißen Füße im kühlen Naß baumeln lassen kann.

Blick vom Hohen Riffler zur Silvretta.

Zu den Quellen des Lech

28

Wenn das fröhliche Skifahrervolk im Frühsommer endlich den Blumen den Platz frei gibt, werden Zürs und Lech zu eher verträumten kleinen Dörfern, ideale Ausgangspunkte für Fahrten und Wanderungen im Lechquellengebiet, in jene Hochtäler um die Quellbäche des Lech also, die uraltes Jagd- und Weidegebiet von Rätern, Rätoromanen und Schwaben sind. Der Name „Licca" für Lech als Flußbezeichnung taucht immerhin schon im Jahre 642 erstmals in einer Urkunde auf, ist keltisch-illyrischen Ursprungs und bedeutet Steinwasser. Besiedelt aber war das Gebiet bereits sehr viel früher, wie die rätoromanischen Flurnamen beweisen.

Die ersten Dauersiedler im Gebiet der heutigen Orte Lech und Zürs aber kamen aus einer ganz anderen Ecke. Um 1300 wanderten die Walser aus dem oberen Rhônetal, dem Wallis also, zu. Grosses und Kleines Walsertal deuten heute noch darauf hin. Die Walser erhielten damals das Land gegen einen geringen Naturalzins von den schwäbischen Grundherren. Um die Siedler zum Bleiben zu ermuntern, erhielten sie besondere Rechte und Freiheiten. So wurde ihnen ein eigenes Gericht zugestanden, das im „Weißen Haus" gegenüber dem Hotel Krone in Lech tagte. Im Jahre 1453 nahm Herzog Sigismund den schwäbischen Grundherren das Gericht ab, aufgehoben wurde es erst 1806 während der Napoleonischen Kriege.

Um 1900 herum waren die Siedlungen der Walser im Lechquellengebiet nahezu ausgestorben. Bummelt man dagegen heute im Winter durch die quirligen Straßen von Lech, wer könnte sich da noch vorstellen, daß derselbe Ort vor 100 Jahren am Aussterben war? Erst die Arlbergbahn (1884) und die Flexenstrasse (1900 bis Lech) brachten zusammen mit dem Siegeszug des Skis die Wende. Von alten Zeiten kündet in Lech noch die alte Kirche. Sie entstand in ihrer heutigen Form um 1390, hatte aber bereits damals zwei Vorgänger. So stammen die Apostelfresken unter der Emporenstiege

noch aus romanischer Zeit. Die Sonnenuhr an der Außenseite der südlichen Chorwand erinnert mit den Wappenfarben Österreichs an das Jahr 1453, als Lech zum Herzogtum Tirol kam. Der mächtige Kirchturm mit seinen bis zu 2,2 m dicken Mauern erinnert an einen mittelalterlichen Bergfried. Die wuchtigen Mauern bergen sechs Glocken, von denen die älteste aus dem 15. Jh. stammt. Die beiden größten wurden 1746 sogar auf dem Kirchplatz gegossen, weil der Saumweg nach Lech einen Transport nicht zugelassen hätte. Mitten ins Herz des Lechquellengebiets führt von Lech

Der Formarinsee wird von der Roten Wand beherrscht.

aus eine gut befahrbare Straße, die sich dort teilt, wo der Lech durch den Zusammenfluß des Formarin Baches mit dem Spuller Bach eigentlich erst geboren wird. Natürlich könnte man nun zunächst zum einen und dann zum anderen Quellsee der beiden Bäche fahren, vielleicht auch den einen oder den anderen See umwandern und dann wieder zurückfahren. Sehr viel „eleganter" ist es dagegen, morgens bei Zeiten in Lech zu starten und bis zur 1871 m hoch gelegenen Formarin Alm zu fahren. Dort beginnt die Markierung für den Fußweg entlang des Ostufers des Formarin Sees hinüber zur Freiburger Hütte (½ Stunde). Bei der Hütte beginnt der landschaftlich schönste Übergang der klostertaler Berge: der Weg über den Gehrengratsteig hinüber zum Spuller See.

Der rot markierte Steig, der Teil des Weitwanderweges 601 ist, schlängelt sich zunächst hinauf zum 2090 m hohen Schafsjöchl, dem Zugang zum Steinernen Meer. Entgegen dem Namen finden sich hier jedoch zunächst saftige Mergelweideböden, auf denen sich die Murmeltiere häuslich eingerichtet haben. Mit Salz, Salat und der nötigen Geduld kann man sie hier wie kaum irgendwo sonst fotografieren. Schließlich führen einige Kehren steil nach Osten hinauf auf den Gehrengrat, wo der Weg bei 2439 m seinen höchsten Punkt erreicht (2 Stunden). Im Abstieg folgt der Steig zunächst etwa 500 m dem Grat nach Süden und schlängelt sich dann über den Dalaaser Schütz hinunter zum Grünen Bühel. Während des gesamten Abstiegs hat man den Spuller See mit der Roggalspitze darüber vor sich. Den See selbst erreicht man an seinem westlichsten Zipfel, der Parkplatz ist etwas nördlich an der Staumauer (1½ Stunden). Von dort gibt es von Juli bis September um 17.00 Uhr eine Rückfahrmöglichkeit zum Formarin See.

Wem die 4 Stunden des Übergangs von der Formarin Alm zum Spuller See noch überschüssige Kraft gelassen haben, der kann der Verlockung des 2679 m hohen Spuller Schafberges folgen. Sein Gipfel ist über einen gut ausgebauten Steig in 2 Stunden erreichbar. Angegangen werden kann er entweder direkt vom nördlichen Staudamm oder nach einer Übernachtung von der Ravensburger Hütte aus (45 Minuten vom nördlichen Staudamm). Aufgrund seiner freien Lage bietet der Spuller Schafberg eine ungehinderte Aussicht nach allen vier Himmelsrichtungen. Gegen Süden reicht die Sicht von den Ötztalern bis zu den Glarner Alpen. Ortler und Bernina grüßen ebenso herüber wie Piz Buin und Schesaplana. Auf der Nordseite präsentiert sich der ganze Allgäuer Hauptkamm vom Hohen Licht bis zur Hornbachkette.

Blick über den Spullersee gegen die Roggalspitze.

Im Reich der Weißen Fluh

Blick vom Weißfluhgipfel über den Prättigau nach Norden (unten).

Blick über das Tal von Davos gegen den Piz Buin und die Silvretta (rechts oben).

Blick über das Jakobshorn gegen den Piz Kesch und das Engadin (rechts unten).

29

Gut 500 Jahre ist es her, daß sich der 1367 in Zernez geschlossene „Gotteshausbund", der „Graue Bund" (1395) und der „Zehngerichtebund" (1436) zur Sicherung des Landfriedens zu den „Dryen Pündt" verbanden und damit den reichsunmittelbaren und nur dem Kaiser verpflichteten Verband von Walsern und Rätoromanen entstehen ließen. Dieser Bund überdauerte nicht nur den 22. Mai 1499, als 8000 Bündner in der Schlacht an der Calven im Münstertal 12000

Österreicher schlagen mußten, er überstand auch den 30-Jährigen Krieg und sogar den 1803 erfolgten Anschluß an die Eidgenossenschaft. Allerdings wurde damals aus dem Bund offiziell der Kanton Graubünden.

Welch unterschiedliche Elemente damals zusammenfinden mußten, ist im Herzen des Bündner Landes noch heute auf Schritt und Tritt ablesbar. Welche Unterschiede allein in der Sprache: die deutsche Komponente vertraten die im

12. Jh. zugewanderten und im Prättigau ansässigen Walser. Bergell und Puschlav brachten die italienische Komponente, die hochalpinen Talschaften die rätoromanische ein. Entsprechend vielfältig war und ist bis heute die kulturelle Seite. Zwischen Davos und dem Engadin liegt zwar nur ein kleiner Paß, für Sprache und Kultur aber liegen Welten dazwischen.

In Davos regiert – trotz aller modernen Einflüsse – nach wie vor das walserische Element. Die Einzelhöfe sind über die ganze Talschaft verstreut. Alle älteren Häuser sind aus Holz gebaut, ihre Balken sind kunstvoll ineinandergefügt (= „gestrickt"). Das interessanteste Haus steht in Davos-Platz, wo Hans Ardüser zwischen 1559 und 1564 das heutige Rathaus erbaute. Dabei wurde vom Vorgängerbau die „Große Stube" übernommen. Sie war der Repräsentationsraum des 1436 gegründeten Zehngerichtebundes. Die prunkvolle Türrahmung ist ebenso wie die Holzdecke mit ihren profilierten Tragbalken und die Vertäfelung aus Arvenholz gearbeitet. Der „Große Ofen" entstand mit seinem zweigeschossigen, achteckigen Aufbau 1564 und zeigt die Wappen der 13 Alten Orte.

Der Nachbarort Klosters verdankt seine Existenz einer zwischen 1208 und 1222 gegründeten Prämonstratenserpropstei. Von ihrem Gründungsbau aus dem 13. Jh. ist der Turm erhalten. Im Neubau der Kirche aus dem Jahre 1493 sind Fresken aus dem ausgehenden 15. Jh. zu entdecken. Die Berge um Davos und Klosters sind zwar weitgehend von Seilbahnen erschlossen, doch darf dies hier einfach nicht heißen, um sie einen großen Bogen zu machen. Vor allem die Weissfluh ist ein so hervorragender Aussichtsberg, daß um ihn eigentlich niemand herumkommt.

Bester Ausgangspunkt für eine genußvolle „Eroberung" des traditionsträchtigen Gipfels ist der 2350 m hohe und per Seilbahn erreichbare Strelapaß. Dort beginnt der zunächst fast ebene Schia-Felsenweg, der auch im Winter die beiden Skigebiete Strela und Parsenn verbindet. Durch eindrucksvolle Felspartien und unter Schutzgalerien hindurch erreicht der Weg den Talboden des Haupter Tällis und erreicht schließlich etwas steiler

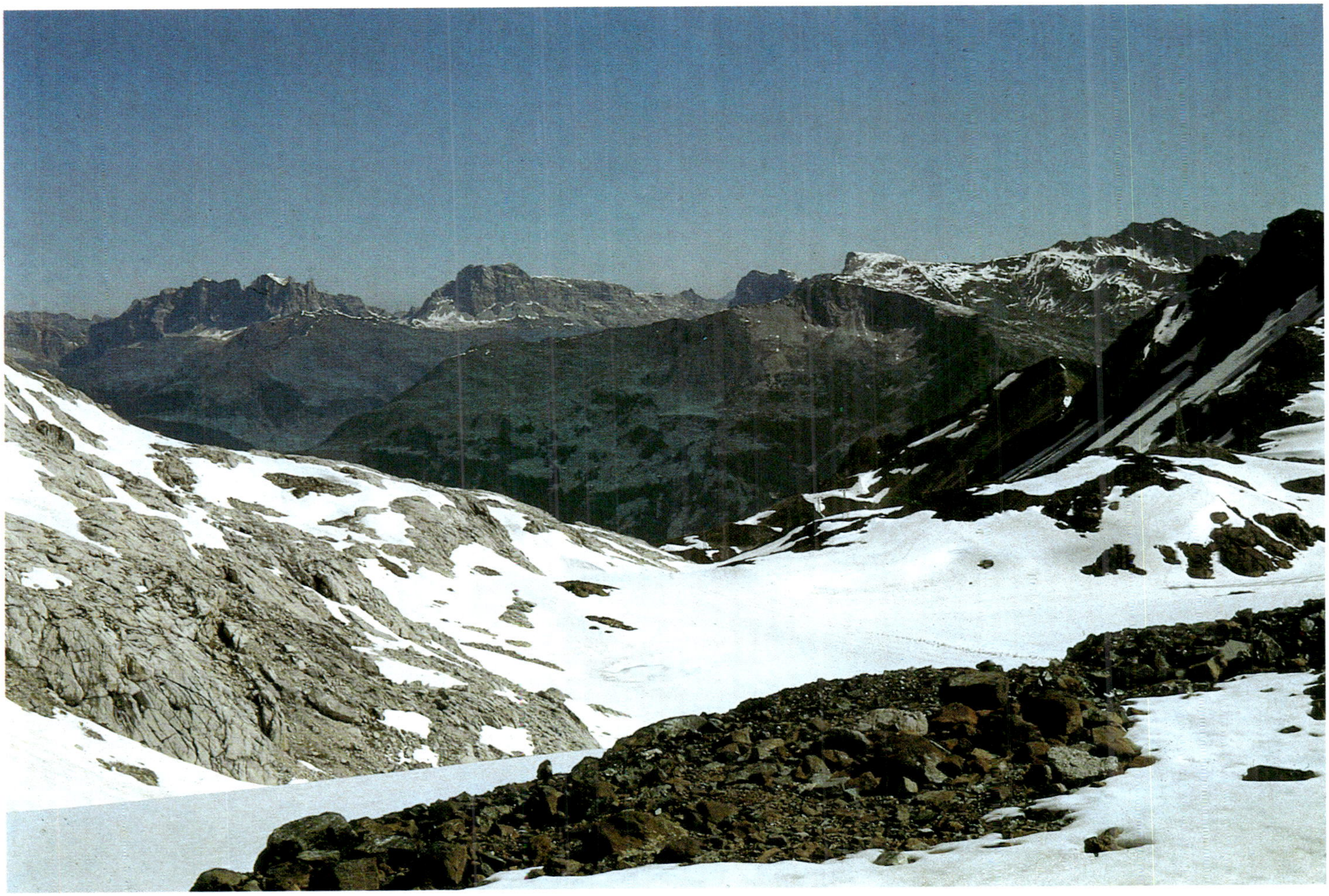

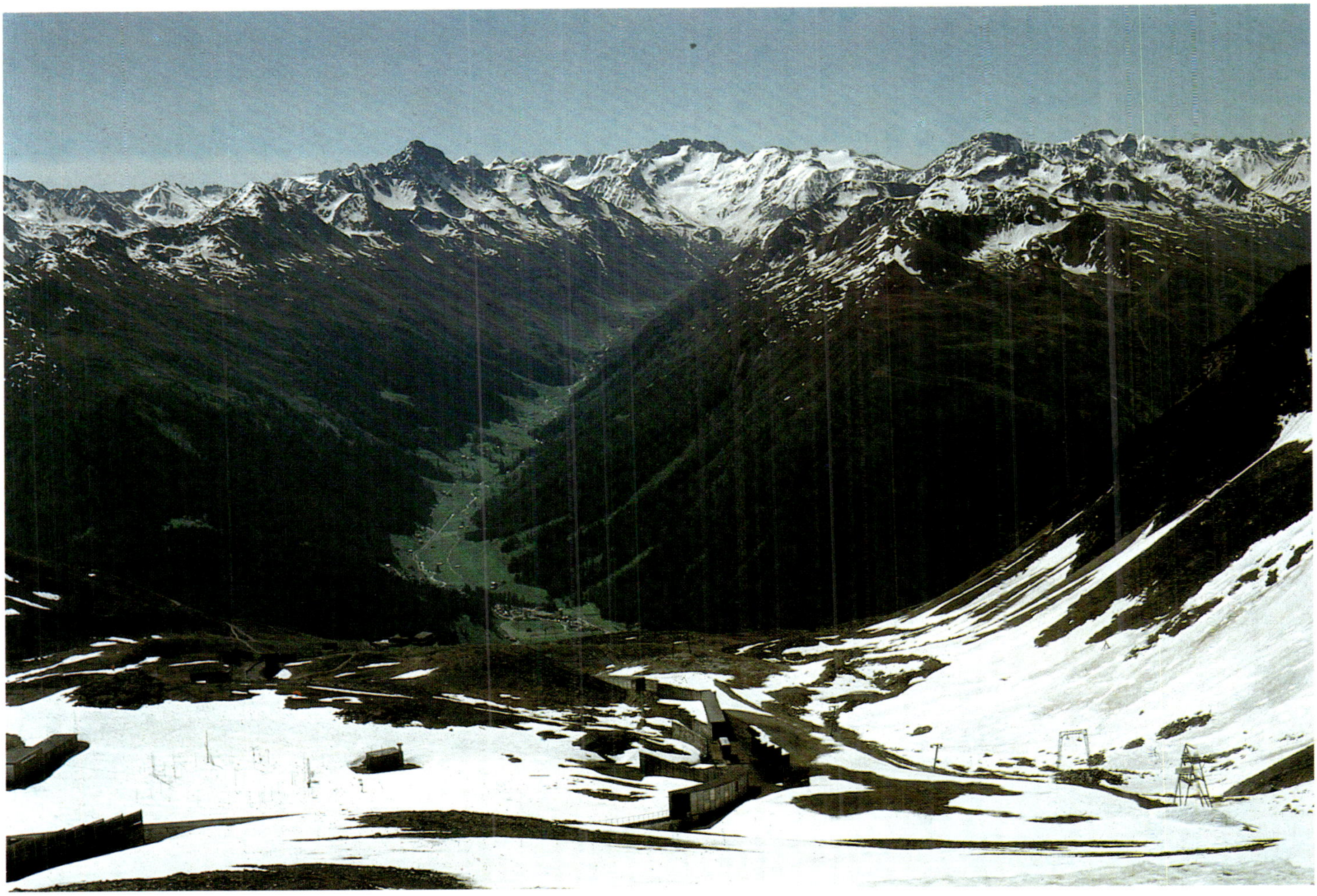

ansteigend den großen Wegweiser auf der Wasserscheid zwischen Weissfluhjoch im Osten und dem Weissfluhgipfel im Westen. Ganze 45 Minuten oder 215 Höhenmeter sind es von hier aus noch zum Weissfluhgipfel und seiner berühmten, weil so umfassenden Aussicht nach allen Seiten. Gegen Osten zeigt sich die Silvretta von ihrer schönsten Seite, nach Süden lockt der Piz Kesch und dahinter die ganze Berninagruppe. Nach Westen dominieren der Tödi, nach Norden die Berge des Rätikon den Horizont.

Von der Wasserscheid geht es anschließend hinunter in das kleine Tal zwischen Weissfluh und Schwarzhorn bis zur Gabelung des Weges. Der rechte führt hinüber zur Parsennhütte, der linke folgt dem Talboden hinaus zur Alp Casanna. Hier spätestens muß die Entscheidung

fallen, ob man dem Abstieg nach Klosters treubleiben oder lieber dem Panoramaweg um das Schwarzhorn und um das Weissfluhjoch herum zurück zum Strelapaß folgen möchte. Wer weiter absteigt, erreicht zunächst die Alm und danach die Serneuser Schwendi (1622 m). Von hier führt ein gut ausgebauter Weg über die Häusergruppe Bündi und durch den tief eingeschnittenen Drostobel zur Haltestelle Cavadürli der Rätischen Bahn und damit zur Rückfahrmöglichkeit zum Ausgangspunkt.

Wer dagegen die Abzweigung zur Parsennhütte nimmt, erreicht dort den die ganze Ostseite des Weissfluhmassivs horizontal querenden Panoramaweg. Er quert zuerst die Osthänge des Schwarzhornes, biegt dann in den großen Einschnitt des Maierhofer Tällis und um-

geht schließlich in großem Bogen das Salezer Horn. Beim Dorftälli quert der Weg die Parsennbahn und umgeht zum Schluß noch die steilen Lawinenhänge des Schiahorns. Vom Strelapaß geht es schließlich mit der Seilbahn wieder zurück ins Tal. Außer der größeren Bequemlichkeit bietet dieser Weg noch einmal auf der gesamten Strecke die Aussicht über das ganze Tal und auf die Berge im Osten und Süden.

Die Chüpfenflue vom Panoramaweg zum Strelapaß.

Zu Gast bei den Steinböcken

nen ist der Piz Languard mit 3262 m Höhe ein ausgewachsener Dreitausender auf den auch noch ein Weg führt, zum anderen ist das weitläufige Schrofengelände zwischen Piz Languard und Piz Albris ein Lieblingsrevier der Steinböcke. Und zum dritten ist das Val da Fain gleichermaßen Murmeltiergehege und überreich bestückte Alpenblumenwiese. All das läßt sich in einer Tagestour erleben.

Ausgangsort ist Pontresina, genauer gesagt der kleine Sessellift oberhalb des Dorfes, der in die Val Languard hinaufführt und den Gipfelanstieg auf gut 1000

Beim Bummel durch die mondänen Einkaufsstraßen von St. Moritz vergißt man nur allzu leicht, daß dieser Treffpunkt der eleganten Welt beinahe 1800 m hoch liegt, nur 13 km Luftlinie vom über 4000 m hoch gelegenen Gipfel der Bernina entfernt ist und doch eigentlich die Heimat der Bergsteiger sein müßte. Die findet sich nach wie vor wenig östlich am Nordausgang des Berninatals in Pontresina. Dort treffen sich all die, die den riesigen Gletschern zwischen Piz Roseg, Piz Morteratsch, Piz Bernina und Piz Palü zu Leibe rücken möchten. Da die Gletscher und erst recht die darüber thronenden hohen Eisgipfel den Spezialisten vorbehalten sind und „Hatscher" zu den auf halber Höhe gelegenen Hütten nicht jedermanns Sache sind, haben die Schweizer die Seilbahn auf die Diavolezza (= Teufelei) gebaut.

Schon ein Blick auf die Karte verrät, daß die von der Straße aus eher sanft erscheinenden Schrofenhänge durchaus Großartiges verbergen und die teuren Fränkli für die Auffahrt gut angelegt sein dürften. Schlagartig nämlich öffnet sich an der Bergstation der Blick auf den unmittelbar gegenüberliegenden Piz Palü und hinunter auf den Persgletscher. Natürlich sind auch Bellavista, Bernina, Biancograt und Piz Morteratsch so nahe gerückt, daß man mit dem Fernglas sogar die Bergsteiger dort sehen kann. Einziger Nachteil ist, daß es für Leute mit Bewegungsdrang aber ohne große Bergerfahrung nur die Möglichkeit gibt, an den geführten Wanderungen über die Zunge des Pers- und Morteratschgletschers hinaus zur Station Morteratsch an der Berninabahn teilzunehmen (bei gutem Wetter täglich ab Station Diavolezza, etwa 4 Stunden Gehzeit).

Da die eisige Welt der Gletscher gar so abweisend ist, muß dem wandernden Bergfreund eben auch hier der Trick mit dem gegenüberliegenden Aussichtsbalkon helfen. Und den gibt es, der großartigen Umgebung angemessen angepaßt, gleich als doppelten Superlativ. Zum ei-

Das Val Languard und der Piz Albris sind Heimat einer großen Steinbockkolonie.

Höhenmeter reduziert. In 2½ bis 3 Stunden könnte man von der Bergstation aus auf dem Gipfel des Languard stehen, wäre da nicht immer wieder die Verlockung der Schau-Rasten. Von Anfang an stehen die Eisgipfel der gesamten Berninagruppe Parade, und nach und nach wird auch der Blick ins Morteratschtal und auf den Morteratschgletscher mit seinem grauweißen Eisstrom frei. Entlang der Westhänge des Languard gewinnt der Steig stetig an Höhe, bis eine Abzweigung den direkten Weg in Richtung Gipfel weist. Durch schuttdurchsetzte Hänge geht es nun steiler hinauf, der Atem wird kürzer, und die Höhe macht sich bemerkbar.

Zum Trost für alle, die hier nicht mehr ganz so flott vorankommen, steht keine Viertelstunde unterhalb des Gipfels in die Felsen geduckt das „Restaurant" Piz Languard (3180 m). Immerhin bietet seine Terrasse den wohl schönsten Platz im gesamten Engadin für die Spezialitäten des Hauses: Engadiner Gerstlsuppe mit gerösteten Speckbrocken. Als Zugabe gibt es die gesamte Berninagruppe mit ihrer wild zerklüfteten und vergletscherten Nordseite. Vor allem der dreinasige Piz Palü, der wilde Morteratschgletscher und der grandiose Biancograt der Bernina sind von keinem anderen Punkt des Engadins aus so schön zu sehen. Natürlich wird sich zum guten Schluß niemand die restlichen 82 Höhenmeter entgehen lassen. Immerhin bringen sie die Aussicht nach Norden und Osten über das weite Gipfelmeer des Unterengadins und der Silvretta.

Zurück an der Abzweigung des Hangweges geht es nun nach links weiter gegen das Ende der Val Languard und gegen die Fuorcla Pischa (2851 m). Hier liegt oft auch im Hochsommer noch Schnee, doch braucht dies niemanden zu stören, da das Gelände weder steil noch der Untergrund tückisch ist. Um so offener sollten auf dem ganzen Weg die Augen sein, denn wenn die Steinböcke gnädig sind, dann sind sie an den Nordosthängen des Piz Albris zu sehen.

Von der Fuorcla Pischa schlängelt sich der Weg durch ein ebenfalls oft noch mit Schnee gefülltes Hochtal, in dem Stangen und Steinmänner für sichere Markierung sorgen. Am tiefsten Punkt des südlichen Randes dieser Hochebene findet der Steig einen Durchstieg hinunter ins Val da Fain, auf Deutsch das Heutal. Hier kommen die Liebhaber ausgedehnter Blumenwiesen und vor allem die Freunde der Murmeltiere zu ihrem Recht. Wohl nirgendwo sonst im gesamten Engadin gibt es soviele von den freundlichen Pfeifgesellen, nirgendwo sonst lassen sie sich mit etwas Geduld und Glück sogar gnädig fotografieren. Bei der Station Bernina Suot (2046 m) erreicht man nach einer Gesamtgehzeit von 7 Stunden wieder Bahn und Straße. Mit einem der feuerroten Züge der Ber-

ninabahn geht es über die Station Morteratsch zurück nach Pontresina.

Von Morteratsch aus sieht man gut in das riesige Gletscherbecken unterhalb des Piz Bernina hinein. Der weiße Ostgrat des Bernina ist als Biancograt weltberühmt.

Blick vom Gipfel des Piz Languard gegen die weite Gipfelwelt des Schweizer Nationalparks (rechts oben).

Blick vom Gipfel des Piz Languard gegen Bellavista, Piz Bernina und Piz Morteratsch (rechts unten).

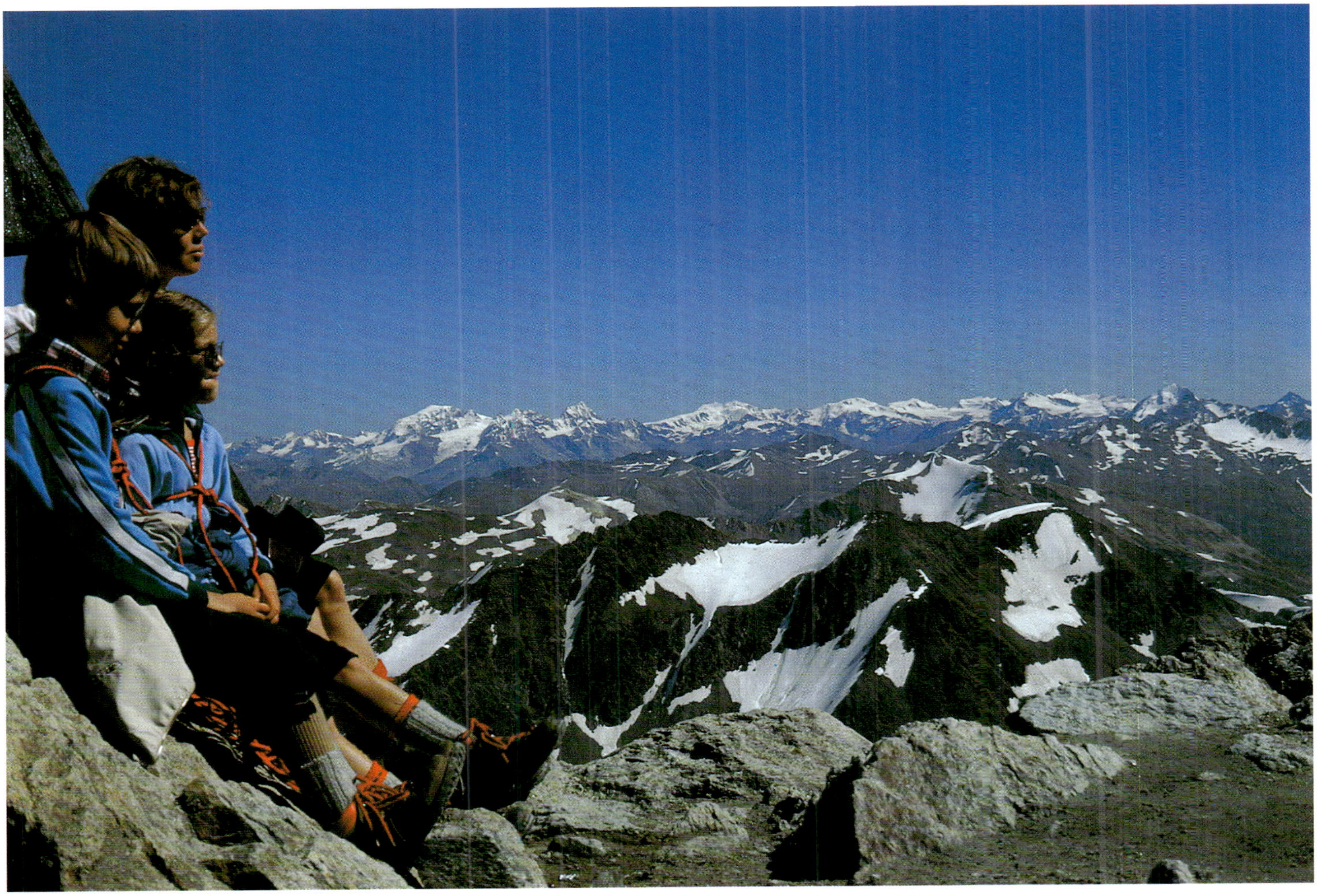

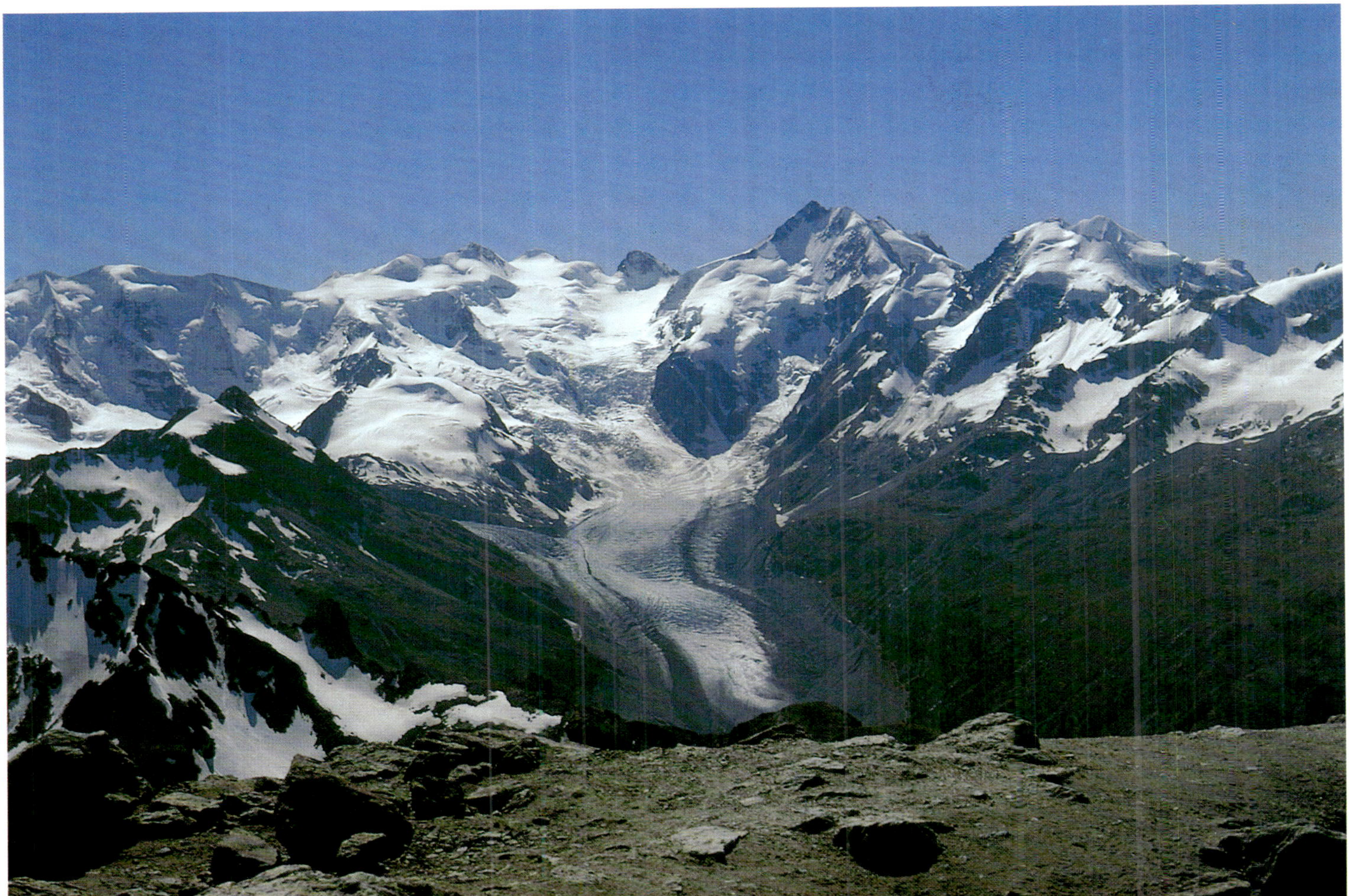

In die Südflanke der Berninagruppe

31

Wenn vom „Festsaal der Alpen" die Rede ist, meint man stets die vergletscherte Nordseite der Berninagruppe mit ihren ebenmäßig geformten Bergen, mit ihrem eleganten Kontrast von Eis und Felsflanken und den riesigen Weiten firniger Gletscher. Daß der Bernina, wie es eigentlich richtig heißen müßte, mit seinen Paladinen Piz Palü im Osten und Piz Roseg im Westen sich auch von seiner Südseite her sehen lassen kann, wird dabei häufig vergessen.

Allerdings war dies schon zu den Zeiten so, als man sich langsam, vorsichtig und mühsam an die Erkundung und Eroberung des einzigen Viertausenders der Ostalpen und seiner Umgebung wagte. Praktisch alle Erstbesteigungen erfolgten von der Nordseite her. Wer jemals auf dem Piz Languard stand und die riesigen Eisbrüche des Morteratschgletschers bestaunte, wird sich stets fragen, warum der eidgenössische Topograph Johann Coaz im Jahre 1850 mit seinen Gehilfen Jon und Lorenz Ragut Tscharner die Erstbesteigung ausgerechnet über diesen Gletscher und den heute eher wenig begangenen Ostgrat in Angriff nahm.

Die Drei brauchten am 13. September 1850 denn auch volle 12 Stunden von morgens um 6 bis abends um 6 Uhr, um den 4049 m hohen Berninagipfel zu erreichen. Sie müssen dabei einen recht abenteuerlichen Anblick geboten haben, trugen sie doch statt Gletscherbrillen grüne Gesichtsschleier, die sie wohl wie Imker aussehen ließen. Ein normales Holzfällerbeil ersetzte den Eispickel. Noch 1879 wurde eine Katze mit auf den Bernina genommen, um auszuprobieren, wie das Tier die Höhenluft vertrage ...

Um dem Bernina von Süden her zu Leibe zu rücken, ist eine Fahrt ins Val Tellina notwendig, in jenes Tal also, das dem so rubinrot im Glas funkelnden Veltliner den Namen gab. Von Sondrio aus, wo noch zahlreiche barocke Adelspaläste zu entdecken sind, schlängelt sich die Straße wieder nordwärts hinauf ins Val Malenco und zu seinem 960 m hoch gelegenen Hauptort Chiesa. Von hier aus sind es bei einer Entfernung von nur 13 km Luftlinie noch über 3000 Höhenmeter Fels- und Eisbarriere bis zum Berninagipfel.

Da sich in Chiesa das Tal am Zusammenfluß von Mallero und Lanterna teilt, gibt es zwei Möglichkeiten, der gewaltigen Felsbastion etwas näher zu kommen. Die eine folgt dem Val Malenco weiter nach Nordwesten, quert ein ausgedehntes Granitabbaugebiet, umkreist den im Westen gelegenen Monte Disgrazia und endet unmittelbar unterhalb der Südwände von Piz Fora (3363 m) und Piz Tremoggia (3441 m) in 1602 m Höhe beim Weiler Chiareggio. Wandert man den dort beginnenden Karrenweg noch etwas weiter, wird der Blick bald frei auf die großartige Nordseite des 3678 m hohen Monte Disgrazia.

Von Chiareggio aus führt ein alter Saumpfad weiter nach Norden zum 2562 m hohen Passo del Muretto. Über ihn wurde im Mittelalter ein großer Teil des Handels zwischen dem Veltlin und dem Engadin abgewickelt, daneben war es ein beliebter Schmugglerpfad, über den vor noch gar nicht zu langer Zeit der Kaffee nächtens säckeweise getragen wurde. Auch wer nicht in 3 Stunden auf den Paß und in weiteren 2 Stunden vorbei am romantischen Lej da Cavloc nach Majola hinauswandern möchte, sollte doch zumindest die eine Stunde zur 2010 m hohen Alpe dell' Oro hinaufsteigen. Sie nämlich vermittelt den mit Abstand schönsten Blick auf den Gipfel der Ungnädigen, wie der Monte Disgrazia auf Deutsch heißen müßte.

Völlig anders sieht die Welt aus, nimmt man in Chiesa die Abzweigung nach Osten und fährt die alte Werksstraße der Kraftwerksbauer hinauf zum Lago di Alpe Gera (2023 m). Die Straße beeindruckt vor allem durch ihre besonders kühne Trassenführung über zwei felsige Steilstufen hinweg. Dazwischen erhält man auf der Talstufe von Franscia (1510 m) Gelegenheit zu einer Verschnaufpause. Auch danach sorgen Tunnel und zahlreiche Kehren für permanente Abwechslung und Spannung. Der Blick nach unten wird immer atemberaubender, das Fahrterlebnis immer unvergeßlicher. Zum Schluß taucht schließlich der Campo Moro Stausee auf, an dessen Nordostende die Straße an einem größeren Parkplatz endet.

Nördlich vom Parkplatz türmt sich die Staumauer für den Lago di Alpe Gera rund 100 Höhenmeter in den Himmel. Natürlich wird niemand versäumen, die 20 Minuten bis zur Krone der Staumauer hinaufzuwandern, um den Panoramablick auf den Vadret di Fellaria, auf die Südseite des Piz Palü und des Piz Cambrena zu genießen. In der umgekehrten Richtung dominiert talauswärts über dem unteren Stausee als riesige Pyramide der Monte Disgrazia. Entlang der Nordwestseite des Stausees lockt der Weg zum 2380 m hohen, schon gut sichtbaren Rifugio Bignami (1 Stunde). Von ihm aus kann mit etwas Trittsicherheit in 2 Stunden der 3108 m hohe Sasso Moro bestiegen und damit die Aussichtskanzel auf der Südseite der Berninagruppe erreicht werden. Für höheren Ehrgeiz gibt es am Südende des Campo Moro Sees den Steig zur 2813 m hoch gelegenen Marinelli Hütte (4 Stunden). Von ihr aus wagen sich Könner an die Eroberung des Piz Bernina.

Von der Alpe di Gera präsentieren sich Piz Palü und Piz Cambrena mit ganz ungewohnten Ansichten.

Auf Europas Dach

32

Geschichte, Kultur und Kunst haben ihre Heimat in der Regel nicht gerade in einsamen Höhen unwirtlicher Bergregionen. Nur eine einzige Hochregion in den gesamten Alpen macht hier eine Ausnahme: das Oberengadin, das die Engländer mit ihrem ausgeprägten Sinn für das Besondere nicht umsonst als das Dach Europas bezeichnet haben. Schon die 1800 m hoch gelegene Seenplatte für sich ist einmalig. Trotz hoher Berge ringsum, könnte ein Fremder von der Straße zwischen Sils-Maria und Sils-Baselgia aus nicht sagen, wo es talauf und wo es talab geht. Weder nach Nordosten

Blick vom Weg zum Piz Lunghin auf Silser See und Piz Corvatsch (links).

Vom Piz Lunghin aus hat man einen besonders guten Einblick in die Granitwände des Bergell (rechts).

Blick vom Piz Lunghin auf Lunghinsee und Piz Grevasalvas (unten).

noch nach Südwesten gibt es eine Begrenzung. Vom rund 15 km langen Hochplateau geht es nach beiden Richtungen zur abwärts.

Am First des europäischen Daches, genauer am Piz Lunghin nördlich von Maloja, ist zudem die europäische Wasserscheide für drei Meere. Wasser fließt von dort oben nordwärts in die Julia, den Rhein und schließlich in den Atlantik; es sprudelt als Sela in den Silser See, verwandelt sich in den Inn, kommt zur Donau und landet im Schwarzen Meer; oder es gelangt als Mera durch das Bergell in den Comer See, als Ada in den Po und damit schließlich ins Mittelmeer. Nicht minder einmalig ist die Geschichte der Besiedlung, der Sprache, der Kultur und der Beherrscher vom Dach Europas. Illyrer und Kelten, Etrusker und Römer, Goten und Franken hinterließen hier über mehr als 4000 Jahre hinweg ihre mehr oder weniger starken Spuren bis 1367 die rätische Selbständigkeit, die „Uralt wahrhafftig Alpisch Rhetia" entstehen konnte.

Bereits in der Bronzezeit wurde die bei St. Moritz sprudelnde Heilquelle genutzt, und auch die alten Römer unterhielten hier einen regen Badebetrieb. Die prähistorische Quellfassung ist heute Prunkstück des Engadiner Museums, in dem auch die wohl schönsten Arvenstuben Graubündens zu besichtigen sind. Im Segantini-Museum ist das Hauptwerk von Giovanni Segantini zusammengefaßt. Die schönsten alten Fresken des oberen Engadins finden sich in S. Gian bei Celerina (gotisch, Ende des 15. Jh.) und in der alten Kirche S. Maria oberhalb von Pontresina (teils spätromanisch mit byzantinischem Einfluß, teils gotisch mit lombardischem Einfluß).

Bester Ausgangspunkt zur Wanderung über Europas Dachfirst und weiter zum Septimer, jenem Paß, der zu den wichtigsten Alpenübergängen der Römer zählte, ist Sils-Baselgia (der Name kommt vom lat. basilica). Der Steig beginnt am nordöstlichen Seezipfel und schlängelt sich zunächst als bequemer Spazierweg unter den Südhängen des Piz Lagrev. Linker Hand sieht man immer wieder hinunter auf das tiefe Blau des Silser Sees und hinüber auf die Haube des Chapütschin und den Pyramidenaufbau des Margna. Nach der Querung eines großen Blockfeldes wird ein kleiner Rücken erreicht, hinter dem sich die Sommersiedlung Grevasalvas versteckt. Richtung Lunghin schlängelt sich der Steig nun in die weiten Wiesenhänge unterhalb von Piz Materdell und Piz Grevasalvas. Nach und nach weitet sich die Sicht auf die hohen Zacken der Bergeller Granitriesen, das Pfeifen der Murmeltiere liefert die dazu passende Untermalung. Erst unmittelbar vor der Südschulter des Piz Grevasalvas gehen die Wiesen in Felsgelände über. Bald darauf wird der Blick schon frei auf den Lunghin-See (2484 m), dem Quellsee des Inn, der hier allerdings noch nicht so heißt. (Er erhält seinen Namen erst beim Austritt aus der Engadiner Seenplatte.)

Genau südlich des Sees und noch 300 Höhenmeter höher thront der Gipfel des Lunghin. Der Steig geht jedoch zunächst in Westrichtung hinauf zum Paß Lunghin, um den Gipfel über seine Westschulter unschwierig zu bezwingen. Mit dem 2780 m hohen Lunghin-Gipfel ist

nach 3½ Stunden der als schönster Aussichtspunkt des westlichen Engadins zu recht berühmte Logenplatz an der Nahtstelle zwischen Oberengadiner Seenplatte und Bergell erreicht. Im Süden reihen sich die berühmten Bergeller Granitnadeln wie Piz Badile, Piz Cengalo und die Sciora Dadent zur Parade auf. Über dem Fornogletscher thronen Cima di Castello und Monte Sissone.

Vom Paß Lunghin schlängelt sich der Steig weiter nach Westen gegen den Septimer Paß, jenem Paß, den die Römer statt des Juliers benutzten. Damals zogen die römischen Legionen durch das Hochtal, und das Rumpeln der Ochsenkarren hallte von den Hängen wider. Entsprechend ihrer Bedeutung hatten die Römer die Straße nach allen Regeln der Kunst ausgebaut. Granitplatten hatten sie so senkrecht gesetzt, daß die langen Schmalseiten noch heute das Muster

für ein Langriemenparkett abgeben könnten. In der Mitte hatten sie für die Entwässerung eine Wölbung vorgesehen, zu beiden Seiten gab es Steinreihen als Einfassung. Als Belag war schließlich eine feste Schicht Sand und Kies aufgestampft worden. All das kann man während des Abstiegs hinunter nach Casaccia immer wieder aufs neue verfolgen.

Für die Rückfahrt nach Sils gibt es zwar einen Bus, doch sollte man mit dem nur bis zum Malojapaß hinauffahren. Dort nämlich gibt es die größten Gletschermühlen der Alpen zu sehen. Etwa 40 Strudellöcher mit bis zu 20 m Umfang und 11 m Tiefe im grünen Gneis zeugen im Wald über dem Paß von der Ausdauer mahlender Naturkräfte. Ihren krönenden Abschluß erhält die Tour schließlich mit der Fahrt mit dem Motorboot über den Silser See zurück nach Sils-Baselgia.

Blick von Furtschellas auf Silser See und Piz Lunghin.

92

Appenzeller Götterthron

33

„Im Alpstein sind Mensch und Natur eine einzigartige und unauflösliche Bindung eingegangen. So schroff die Wände oft zum Himmel ziehen, so stehen sie doch in grünen Wiesen, und vom Gipfel aus sieht man stets irgendwohin in fruchtbares Menschenland: Herden weiden auf den Alpen, der Rhein fließt in der Ferne durch die Äcker, ein gelbes Weglein führt an einem grasigen Hang hoch; das alles nimmt den Bergen jede Feindseligkeit". Die von Ruedi Schatz aufgezählten Komponenten gehören sicher zum Reiz des Alpstein. Vergessen aber hat er in seinem Loblied das Appenzeller Siedlungsbild. Es ist die Folge der alemannischen Vorliebe für die Streusiedlung. Sie wiederum ist Ausdruck des Selbstbewußtseins und des Strebens nach Unabhängigkeit, das die Herren von Grund und Boden hier bis heute auszeichnet. Wo immer sie konnten, errichteten sie möglichst mitten auf eigenem Grund ihre frei stehenden, zwar schlichten aber durch ausgewogene Proportionen bestechenden Bauernhäuser, die bis heute mit ihren typischen Giebelformen kleine und große Dörfer sowie die freie Landschaft gestalten.

Überhaupt ins Land gekommen sind die Alemannen relativ spät. Erst im 7. Jh. sickerten sie von Norden ein, machten das Land urbar und kamen im 8. Jh. als Vogtei Abbacella (daraus wurde Appenzell) unter die Herrschaft des Klosters St. Gallen. Daß den freiheitsliebenden Bauern diese Herrschaft wenig behagte, beweisen die ersten Ansätze zu genossenschaftlicher Bauernfreiheit im frühen 13. Jh. Dank des Zusammenschlusses ihrer kleinen Gemeinden im Jahre 1378 gelang es den Appenzellern, die Vormacht des St. Galler Abtes abzuschütteln, sich 1403 mit Schwyz zu verbünden und 1513 die Aufnahme als 13. Ort der Alten Eidgenossenschaft zu erreichen. Leider ist auch in Appenzell selbst aus dieser Zeit nichts erhalten, obwohl ein erster Kirchenbau schon 1068 durch Abt Norpert von St. Gallen errichtet worden war. Ein umfassender Brand vernichtete 1560 den gesamten alten Baubestand. Den eigentlichen Reiz des ländlichsten der Kantonshauptorte machen deshalb seine eigenwilligen, zum Teil buntbemalten Holzhäuser der nach dem Brand von 1560 entstandenen Dorfanlage aus.

Höchster Punkt des Alpsteingebirges und damit der Appenzeller Götterthron ist mit 2513 m der Säntis. Sein Gipfel ist durch die Seilbahn von der 1352 m hohen Schwägalp wohl erschlossen. Am altehrwürdigen Säntisgasthaus beginnt der luftige Höhensteig über den Lisengrat, der aufs schönste den Säntis mit dem zweithöchsten Gipfel des Alpstein, den Altmann, verbindet. Wer je das Glück hat, ihn im Herbst begehen zu können, wenn die Talnebel den Götterthron vom Untergrund abschneiden, der Blick in der Höhe aber ungehindert schweifen kann, wird diesen Ausflug in die Welt der Götter zeitlebens nie vergessen.

Bereits der Anfang des Steiges beweist, daß man hier trittsicher und schwindelfrei sein muß. Der schmale Felsweg mündet in einen mit Eisentritten und Drahtseilen entschärften Aufschwung zum breiten Rücken des Chalbersäntis.

Nach Nordwesten bricht der Säntis mit steilen Wänden ab.

Vom nun harmlosen Gelände kann der Blick nach Süden über das Obertoggenburg schweifen, wo sich die Zackenlinie der Churfirsten gegen den Himmel abhebt. Wer ihre steilen Südabbrüche zum Walensee hinunter kennt, wird sich zwar über die sanften Almwiesenhänge wundern, doch ebenso über die Vielfalt der Formen freuen.

Den Vordergrund der Aussicht beherrscht der trutzige Altmann. Vor seinen Felsaufschwüngen lädt im Rotsteinpaß allerdings noch eine kleine Hütte zur Stärkung. Danach bringt die Fliswand ein gut 200 m hohes Steilstück, dessen heikle Stellen aber gut mit Eisentritten und Drahtseilen versichert sind. Nach der luftigen Turneinlage ist der Rückblick über den gesamten Lisengrat und dem darüber thronenden Säntis be-

Paraglider-Startplatz unterm Säntisgipfel.

Auf dem Lisengrat gegen den Altmann (links).

Blick von der Fliswand über den Lisengrat zum Säntis (rechts).

sonders schön. Kurz danach dann ist der Altmannsattel erreicht. Von ihm aus wären es zwar nur noch 10 Minuten zum 2436 m hohen Altmanngipfel, doch diese 10 Minuten wären Kletterei. Wer sich das nicht zutraut, bleibt dem Steig treu und quert durch die Südhänge des Altmanns hinüber zum Zwinglipaß.

Über den Chreialpfirst geht es anschließend hinüber zum Mutschensattel. Da der Mutschengipfel (2122 m) in 10 Minuten mühelos zu erreichen ist, wird er natürlich nicht ausgelassen, zumal er den freien Blick nach Süden bietet. Tief unten breitet sich das Rheintal mit seiner ameisengleichen Geschäftigkeit aus, im Osten liegt Liechtenstein mit dem Zakkengrat der Drei Schwestern. Nach Nordwesten schließen sich die Kreuzberge über dem Fälensee an.

Während des Abstiegs hinunter zur Roslenalp (1767 m) präsentieren sich die insgesamt acht selbständigen Gipfel der Kreuzberge nach und nach mit ihren dunkelgrauen Kalkwänden, ihren Kaminen und Verschneidungen. Ihre bis zu 300 m hohen Wände sind ein beliebter Klettergarten der Appenzeller Kletterer. Noch einmal ein völlig anderes Bild bietet sich ab der Saxer Lücke (1649 m). Sie ermöglicht den Übergang in die tiefe, direkt vom Altmann hinunter und bis hinaus nach Appenzell ziehende Furche. Knapp 200 m tiefer blinkt nun wieder der Fälensee, den man beim Berggasthaus Bollenwees (1470 m) nach einer Gesamtgehzeit von etwa 6 Stunden ab Säntisgipfel erreicht. Weitere 2 Stunden sind es vom malerischen Fälensee hinaus zum 1203 m hoch gelegenen Sämtisersee und nach Brülisau (922 m), dem ersten Talort vor Appenzell.

Grat zwischen Himmel und Erde

34

Als Graf Haug von Tübingen die Stammlande seiner Mutter, der Gräfin von Bregenz, beiderseits des Oberrheins übernahm, wählte er den „Mons fortis" an der engen Pforte des Illtales zum Bauplatz seiner Stammburg. Man schrieb das Jahr 1185, das heutige Feldkirch zu Füßen des Felsens gab es noch nicht, und der in Tübingen aufgewachsene Haug kam erst nach und nach auf die Idee, sich nach seinem Burgenplatz Hugo von Montfort zu nennen. Der zugewanderte Graf scheint nicht nur beim Bau seiner Burg (der knapp 23 m hohe wuchtige Bergfried stammt noch von ihm) eine glückliche Hand gehabt zu haben. Auch das von ihm gegründete Feldkirch geriet vorzüglich, wurde es doch bereits zu seinen Lebzeiten neben Bregenz zum wichtigsten Handelsplatz Vorarlbergs, wo eine eigene Maß-, Gerichts- und Marktordnung galt. Die gräfliche Herrschaft reichte von Tettnang im Norden bis zum heutigen Davos im Süden. Die Schattenburg und die ebenfalls von Haug gegründete Domkirche sind heute Feldkirchs wichtigste Sehenswürdigkeiten.

Während Burg und Kirche jedermann zugänglich sind, sind zur Eroberung der dritten Feldkircher Sehenswürdigkeit etwas Ausdauer, Trittsicherheit und Schwindelfreiheit notwendig. Sie nämlich schwebt mit den Gipfeln der Drei Schwestern und des Garsellakopfes gut 1600 Höhenmeter über der breiten Furche des Rheintales, bildet einen ausgeprägten, langgezogenen Felsgrat und ist dennoch über eine vorzügliche Weganlage sicher begehbar. Auf der Nordseite, bis zu den Drei Schwestern, ist der Steig ein Werk des Österreichischen Alpenvereins, auf der Südseite, von Liechtenstein her, entstand er bereits 1898 im Auftrag des Liechtensteiner Fürsten. Offiziell heißt der Südteil denn auch Fürstensteig.

Am bequemsten ist die Überschreitung des westlichen Kammes des Rätikons von Süd nach Nord, weil auf der Liechtensteiner Seite der Bus rund 1000 Höhenmeter Anstieg erspart und damit eine Tagestour ermöglicht. Wesentlich schöner aber ist das Ganze, wenn man von Nord nach Süd geht, eine 1½ Tagestour daraus macht und zunächst nur von Feldkirch über Amerlügen zur 1204 m hohen Feldkircher Hütte aufsteigt (2 Stunden). Damit reduziert sich der Anstieg am nächsten Tag auf 900 Höhenmeter, und als Dreingabe gibt es auf dem ganzen Weg die Sicht in den Alpenhauptkamm hinein.

Am nächsten Morgen quert der Steig zu-

Blick vom Fürstensteig über das Rheintal hinüber zu Säntis und Altmann (links).

Die Fortsetzung des Fürstensteiges über den Kuhgrat zu Garsellakopf und Drei Schwestern (rechts).

nächst die Osthänge der Soraja Höhe. Unterm Soraja Sattel gibt es die Wahlmöglichkeit: nach links geht ein „zahmeres" Weglein über das Garsellaeck unter den Drei Schwestern durch. Dieser Weg vermittelt besonders schöne Ausblicke auf die Ostwände der drei unfolgsamen Schwestern, die zur Strafe versteinert wurden, weil sie Beerenpflücken dem Kirchgang vorzogen.

Geradeaus beginnt der eigentliche Drei Schwestern Steig. Über einen wildromantischen Felsenweg geht es im Zickzack unter die Gipfeltürme der unbotmäßigen Schwestern, bis man durch ein großes Fenster auf die Westseite hinüberqueren kann. Dort öffnet sich mit einem Schlag die Sicht hinüber zum Säntis, ins Toggenburg und hinunter ins 1600 m tiefer liegende Rheintal. Über zwei Eisenleitern und durch eine wilde Felsschlucht geht es schließlich hinauf zu einem riesigen Felsportal und zu einer weiteren Leiter, die den Mutigen vollends auf den Gratsattel bringt.

Nahezu waagerecht folgt der Steig danach dem Hauptgrat, mal bewegt man

sich auf österreichischem, mal auf Liechtensteiner Boden. Noch einmal hilft eine Steiganlage 50 Höhenmeter hinauf zum 2105 m hohen Garsellakopf, der aber immer noch nicht der höchste Punkt ist. Er wird erst am 2123 m hohen Kuhgrat erreicht. Davor aber gilt es noch über zwei Treppen und einen seilgesicherten Felsabbruch in eine tiefe Scharte hinunterzusteigen. Der letzte Anstieg auf den breiten Grasrücken des Kuhgrates ist dann völlig problemlos.

Eigentlich würde der Kuhgrat einen klangvolleren Namen verdienen, bietet er doch eine überwältigende Rundsicht, die selbst aus dem Hubschrauber nicht schöner sein könnte. Über dem Rheingraben macht im Nordwesten der Säntisstock den Anfang, gefolgt von Churfirsten, Altmann und Piz Sol. Die Glarner Berge werden überragt vom Riesenklotz Tödi. Im Süden leuchtet der Sardonagletscher und die Ringelspitze. Nach Osten breitet sich das gesamte Rätikon bis hinauf zum Arlberg aus. Im Norden glitzert in der Ferne der blanke Spiegel des Schwäbischen Meeres.

Auch im 1856 m hohen Sattel nördlich des Alpspitz gibt es für weniger Geübte eine östliche Umgehung des südlichsten Aufschwunges im Kamm. Sie führt als breiter Almweg über den Bargella Sattel in Kehren nach Gaflei. Der eigentliche Fürstensteig aber führt mitten hinein in die wilden, nicht selten senkrechten Westwände des Alpspitz. Hier reichten Treppen und Leitern nicht mehr. Hier mußte der Steig aus dem Kalk herausgesprengt werden, um die Senkrechte gangbar zu machen. Wohl geht es deshalb am Wegrand immer mal wieder senkrecht hinunter, doch ist der Pfad nie schmäler als gut 1 m, und an besonders ausgesetzten Stellen sind zusätzlich Seilsicherungen angebracht. Aus der ganzen Wildheit hochalpiner Felswelt folgen dann ganz unvermittelt lieblichste Almwiesen und kurz darauf nach insgesamt gut 5 Stunden das 1483 m hoch gelegene Hotel Gaflei (Bus ins Tal).

Der Garsellakopf von den Drei Schwestern aus.

Im Reich der Grauen Hörner

35

Die Kreuzung der Fernverbindung Zürich–Arlberg mit dem Rheintal und damit mit der großen Nord-Süd-Route war schon zu Zeiten der Römer ein strategisch wichtiger Punkt. Rechtsrheinisch hatte das zur Gründung der Schattenburg geführt, linksrheinisch hatten schon die Römer auf dem Felsen oberhalb des späteren Städtchens Sargans zur Kontrolle der Verkehrsströme unterhalb des wuchtigen Pizol Massivs einen Wachtturm errichtet. In der ersten Hälfte des 13. Jh. übernahm der Montforter Graf Rudolf I. zusammen mit seiner Frau Clementa von Kyberg den Burgfelsen mit dem damals schon bestehenden Bergfried, richtete sich dort häuslich ein und gründete damit das Haus Werdenberg-Sargans.

Heute besteht die Burg aus einem kubisch zugeschnittenen Palas an der Westseite des Burgfelsens, dem hoch-

Schloß Sargans geht auf einen Wehrturm der Römer zur Sicherung des Nachschubweges durch das Rheintal zurück (oben).

Die Hänge über dem Schottensee sind bei den Steinböcken sehr beliebt (unten)

restauriert und birgt heute ein Klostermuseum.
Bester Ausgangspunkt für die Eroberung der Grauen Hörner und ihren
höchsten Gipfel, den 2844 m hohen Pizol, ist die Bergstation Laufböden
(2226 m) der Seilbahn von Bad Ragaz.
Hier beginnt der berühmte Rundwanderweg zu den fünf über die Ostflanke
des Pizol verstreuten Bergseen. Der erste
ist der Wangser See (2206 m) zwischen
Laufböden und der Pizolhütte. Bei ihr
beginnt der etwa 1-stündige Anstieg zur
2493 m hohen Wildseeluggen, hinter der
sich der türkisblaue Wildsee wie in ei-

mittelalterlichen Bergfried am Südrand
sowie einem Verbindungstrakt, der sogenannten Grafenstube. Wirklich alt jedoch ist nur der Bergfried, der alte Palas
war 1469 eingestürzt, den heutigen errichteten die Eidgenossen erst 1506. Um
so interessanter ist der alte Bergfried mit
seinem rundbogigen Hocheinstieg, den
romanischen Doppelfenstern im Obergeschoß und dem Rundbogenpförtchen
zu den ehemaligen Wehrlauben an den
drei Angriffsseiten. Dieser fünfgeschos-
sige Wehrturm mit einer Mauerstärke
bis zu 2,50 m wurde im 12. Jh. aus Tuff-
quadern errichtet, hatte im fünften
Obergeschoß einen heute vermauerten
Zinnenkranz und statt des heutigen
Krüppelwalmdaches ein Taschendach.
Wo früher im Palas die Audienzstube
der Landvögte war, ist heute zwar eine
Gaststube, doch entspricht ihre Einrichtung mit Holzdecke und Vertäfelung
noch weitgehend dem Original von
1510. Das Stockwerk darüber nimmt der
alte Landgerichtssaal ein, vom Volk
„Armsündersaal" getauft. Hier walteten
die Vögte ihres Amtes, hier verkündeten
sie, was sie als Recht erkannt hatten, und
hier verhängten sie ihre Bußen zugun-
sten des eigenen Geldbeutels.
Geistlicher Gegenpol zum Schloß Sargans war das bereits Mitte des 8. Jh. auf
der anderen Talseite, am Fuß des Pizol
Massivs gegründete Benediktinerkloster
Pfäfers. Seine ersten Wohltäter waren
Pippin und Karl d. Gr., die Qualität seines Scriptoriums war weit bekannt. Bereits um 1240 hatten die Mönche des
Klosters die Heilkraft der in ihrem Besitz befindlichen Thermalquelle im Taminatal erkannt. 1535 schrieb man dann,
als Theophrastus Bombastus von Ho-
henheim erster Badearzt im Dienst des
Fürstabten Johann Jacob Russinger wurde. Der unter dem Namen Paracelsus
berühmt gewordene Artz und Humanist
schrieb 1542 die erste Badeschrift über
die Heilquelle von Bad Pfäfers.
Seither konnte nichts mehr die Anziehungskraft der Thermalquelle mindern.
Ab 1840 wurde das 34° warme Thermalwasser vom alten Bad Pfäfers heraus ins
Dorf Ragaz geleitet, dessen Aufstieg
zum weltberühmten Thermalbad damit
nichts mehr im Wege stand. Das alte Bad
Pfäfers aber wurde inzwischen liebevoll

nem historischen Amphitheater präsentiert. Hinter dem See als Bühne wachsen der kleine Pizolgletscher und der Kranz der Grauen Hörner wie eine überdimensionale Naturkulisse in den Himmel.

Wer sich mit der Rundtour zu den Seen begnügen möchte, hält an der Wildseeluggen nach rechts, die Gipfelstürmer queren den Wildsee an seiner Südseite und folgen der breiten Spur über den Firn des kleinen Gletschers zum Gipfelaufschwung des Pizol. Der 1½-stündige Aufstieg lohnt die Mühe über alle Maßen, bietet der Pizol doch dank seiner freien Lage den umfassenden Ausblick über den gesamten Rheingraben und die Bergwelt von halb Graubünden.

Vom Wildsee führt ein kurzer Abstieg hinunter zum grünlich schimmernden Schottensee (2335 m). Bei diesem Abstieg heißt es aufpassen, da die Schrofenhänge neben dem Weg die Heimat einer Steinbockkolonie sind. Nicht selten lassen sich die Herrschaften mit den großen Hörnern dort ganz gemütlich zum Fototermin herbei. Nach dem Schottensee beginnt der Weg noch einmal zu steigen und erreicht am Schwarzseeplangg mit 2551 m seinen höchsten Punkt. Danach geht es hinunter zum 2368 m hoch gelegenen Schwarzsee. Ein letzter kurzer Gegenanstieg führt auf den Basegglakamm und hinüber zum kleinen Baschalvasee (2174 m). Sein rätoromanischer Name bedeutet weißes Schaf – was immer damit gemeint sein soll. Gut 300 Höhenmeter Abstieg sind es schließlich noch hinunter zur Station Gaffia (1830 m) der Seilbahn nach Wangs.

Im Anstieg zam Wildsee (links).

An der Wildseelugge öffnet sich der Blick auf den Wildsee, den Pizol und die Grauen Hörner (unten).

Über der Surselva

36

Den passionierten Skifahrern sind Laax, Flims und der Piz Vorab längst ein Begriff. Die weiten, offenen und bis auf eine Höhe von 3028 m hinaufreichenden Hänge sind im Winter und bis weit ins Frühjahr hinein eine einzige riesige Skiarena. Daß sich hier im Sommer unmittelbar vor den Toren von Chur ein riesiges, in einem einzigen Urlaub nicht ausschöpfbares Wander- und Hochtourengebiet präsentiert, ist seltsamerweise weit weniger bekannt.

Noch weniger bekannt ist, daß Laax und Flims auf dem wohl größten Bergsturz der Alpen liegen, einem Riesenriegel im Vorderheintal zwischen Reichenau und Ilanz. Ihm ist es zu verdanken, daß die Surselva (= über dem Wald), wie die

Bündner das Plateau nennen, sich 500 Höhenmeter über dem Pegel des Rheins erhebt. Bester Startort zur Eroberung der Surselva ist Reichenau am Zusammenfluß von Hinter- und Vorderrhein. Da sich die eigenartigen Reize dieser so überaus interessanten Gegend nicht so leicht erschließen, ist hier ein wenig Planung nötig. Auch kommt es darauf an, welche Perspektive der Einzelne vorzieht.

Wer sich von den steilen Flanken der Ruinaulta (= hoher Abbruch), ihren von jahrtausendealter Wetterarbeit geformten Graten, Rinnen, Zinnen und Türmchen beeindrucken lassen und in der Phantasie nachvollziehen möchte, wie sich der junge Rhein durch den Berg-

sturz durchgefressen hat, sollte die Perspektive aus dem Talboden mit Hilfe der Rätischen Bahn genießen. Wer dagegen die große Übersicht liebt, fährt südseitig über Rhäzüns nach Rodels und von dort wieder nordseitig hinauf nach Feldis (1469 m). Von dem wie ein Adlernest am Berghang liegenden Dörfchen präsentiert sich die gesamte Surselva sowie der Grat vom Tödi über den Vorab bis zum Pizol in seiner vollen Majestät.

In Rhäzüns bietet sich zudem die Gelegenheit, dem kleinen, auf einem Waldhügel hoch über dem mäandernden Hinterrhein gelegenen Georgskirchlein einen Besuch abzustatten. Seine Grundmauern gehen auf karolingische Zeit, seine Gründung der Legende nach darauf zurück, daß der hl. Georg sich von hier mit einem Riesensatz über den Rhein vor seinen heidnischen Verfolgern gerettet habe. Das heutige Kirchlein stammt aus dem frühen 14. Jh. und birgt selten schöne, um 1350 geschaffene Fresken von zwei verschiedenen Meistern. Der eine handhabte die Feinheiten des höfischen Stiles wie selbstverständlich und schuf eine detaillierte Darstellung der Georgslegende. Der andere Meister lieferte in volkstümlicher Darstellung Szenen aus dem Alten und Neuen Testament.

Westlich der Surselva, in der Ebene des einst von dem Bergsturz verursachten Rheinstausees, gilt es noch Ilanz, die erste Stadt am Rhein, zu entdecken. Schon im 13. Jh. war Ilanz Stadt, hatte eine eigene Befestigung und war seit 1424 nach dem Zusammenschluß des Grauen Bundes Tagsatzungsort. Heute laden die winkligen Gassen zu einem Bummel vom Obertor zum Roten Tor, zur Casa Gronda, zur alten Pfarrkirche St. Martin mit ihren gut 500 Jahre alten Fresken und zur reformierten Pfarrkirche St. Margarethen, in der 1526 die Disputation und der Übertritt zur Reformation erfolgte.

Zur Eroberung der Bergarena oberhalb

Die Tschingelhörner mit dem Martinsloch (links).

Bergastern am Segnespaß (oben).

Der Segnesboden mit Piz Ofen und Piz Grisch (rechts).

von Laax und Flims gibt es nicht weniger als 150 km präparierte Wege und markierte Steige. Die Kombinationsmöglichkeiten sind also beinahe unendlich, zumal gleich drei Seilbahnen in mehr als 2000 m Höhe hinaufführen. Nimmt man die Bahn zum Cassonsgrat (2675 m) bergauf und die von Crap Sogn Gion (2228 m) bergab zur Hilfe, ergibt sich eine rund 6-stündige, weitgehend horizontale Panoramahöhenwanderung, die ihresgleichen erst noch finden muß. Von der Bergstation Cassonsgrat geht es dazu zuerst westlich hinauf zum Großen Steinmann und zur Bewunderung der weiten Gebirgswelt über dem Vorder-

rheintal, von Mittelbünden und dem Engadin. Über den Crap Pa Tgina geht es dann zunächst abwärts, wobei im Norden die Tschingelhörner den Ausblick dominieren. Mitten in ihren Felsen klafft ein 19 m hohes Fenster, das Martinsloch, durch das am 13. März und am 2. Oktober die Sonnenstrahlen genau durch und bis hinunter zum Kirchturm von Elm treffen. Vorbei am Segneswasserfall geht es vollends hinunter in den Segnesboden und zur Segneshütte (2102 m). Ein kurzer Gegenanstieg führt von ihr hinauf zum 2228 m hoch gelegenen Grauberg (Seilbahnstation, keine Abfahrtsmöglichkeit ins Tal).

Vom Grauberg schlängelt sich der Weg horizontal den Hang entlang hinüber zum Berghaus Nagens und danach leicht steigend zur 2570 m hoch gelegenen Station Vorab, wo die Schlepplifte für den Sommerskibetrieb auf dem Vorabgletscher beginnen (2 Stunden). Noch einmal rund 2 Stunden sind es dann durch hochalpines, aber durchwegs gut markiertes Blockgelände hinüber zur vorgeschobenen Bergstation Crap Sogn Gion und damit zur Talfahrtsmöglichkeit hinunter nach Murschetg in der Mitte zwischen Laax und Flims (Rückfahrtsmöglichkeit nach Flims mit dem Postbus).

Aussicht der Superlative

37

„Hier trennt der Weg, o Freund! Wo willst Du hin? Willst Du zum ew'gen Rom hinunterziehen, hinab zum heil'gen Köln, zum deutschen Rhein, nach Westen weit ins Frankenland hinein?" Der alte Spruch an der Kapelle in Hospental an der Nordrampe zum Gotthard drückt deutlich die einmalig zentrale Lage dieses Passes aus. Aus den Hochtälern an den Flanken des Gotthardmassivs sprudeln gleich vier Flüsse (Rhein und Reuß, Rhône und Tessin), die zu verschiedenen Meeren fließen. Entsprechend vielfältig sind die Verkehrsverbindungen, die in 1500 m Höhe im Urseren Tal zusammentreffen: aus allen vier Himmelsrichtungen kann man ankommen – in alle vier Himmelsrichtungen kann man von hier aus fortfahren.

Der zentralen Lage des Gotthardmassivs versuchen die Paßstraßen über den Oberalp, den Gotthard und den Furka gerecht zu werden, die Hauptverkehrsströme bewältigen zwei Basistunnel für Autobahn und Eisenbahn. Oberalp und Furka erklettert bzw. unterfährt zudem noch der Glacier-Express der Rätischen Bahn. Den dieser zentralen Lage angemessenen Aussichtspunkt aber findet man an keinem der drei Pässe, wohl aber auf dem 2961 m hohen Gemsstock hoch über Andermatt, dem zentralen Ort des Urseren Tales.

Zwar sind knapp 3000 m Höhe für einen Gipfel der Zentralalpen nicht allzu vielversprechend, wenn es um Aussicht gehen soll, doch kommen hier eben einige glückliche Umstände zusammen. Zum einen ist es die absolut zentrale Lage am Alpenhauptkamm in einem Bereich, wo die Gipfel ohnehin nicht allzu hoch sind. Zum anderen sind höhere, die Aussicht verstellende Gipfel genügend weit entfernt, so daß sie statt die Aussicht zu verstellen, bereits selbst zur Aussicht gehören. Damit gelingt es dem Gipfel des

Lago della Sella gegen Piz Centrale (links)
Teufelsbrücke und Urner Loch (oben).
Lucendro und Rotondo vom Giübin (rechts).
Lago della Sella mit Furkahorn und Galenstock (Seite 106).
Schrofen um den Piz Centrale (Seite 107).

Gemsstocks, ein Gipfelpanorama zu bieten, das von der Silvretta im Osten bis zur Mischabelgruppe im Westen reicht. Den Aufstieg zum Gemsstock nimmt auf Wunsch die Seilbahn völlig ab. Sehr viel schöner allerdings ist es, nur bis zur Mittelstation Gurschenalp (2212 m) zu fahren und die letzten 750 Höhenmeter selbst aufzusteigen. Zwar sind dafür beinahe 3 Stunden durch kaum markiertes Gelände anzusetzen, doch ist zum einen der Weg nicht schwer zu finden, zum anderen erlebt man nur so, wie sich das Panorama Schritt für Schritt weitet, bis es am Gipfel endlich den Vollkreis umfaßt.

Für den Anstieg folgt man am besten dem Gurschen- und dann dem Gemsgrat. Der als Sommerskigebiet benutzte Gurschenfirn wird in seinem obersten Zipfel gequert, über Geröll und durch Blockwerk geht es zum Schluß steil hinauf zur Bergstation und damit zur durch nichts mehr gehinderten Panoramaaussicht auf ein unendliches Gipfelmeer. Großglockner und Matterhorn sind zwar nicht zu sehen, wohl aber fern im Osten die Valluga und die Ferner der Silvretta, der Torrent Alt in der südlichen Adulagruppe und der Campo Tencia, dann gegen Südwesten der Monte Rosa Stock mit dem höchsten Schweizer Gipfel, der 4634 m hohen Dufourspitze. Natürlich stehen dann im Westen sämtliche Hörner vom Breithorn über Strahlhorn bis zum Fletschhorn Parade. Bietschhorn, Aletschhorn und Finsteraarhorn markieren bereits die Nordseite des Rhônetals. Dom, Lauteraarhorn und Schreckhorn beenden den Kranz der Viertausender.

Nach ausgiebigem Augenschmaus wird es Zeit, an den gut 4-stündigen Abstieg über 1500 Höhenmeter hinunter nach Andermatt zu denken. Dafür bietet sich der wohl markierte Steig über die Ostseite hinunter zur Vermigelhütte (2050 m) an. Ganz zu Anfang gilt es, eine kleine Steilstufe nach Süden durch Felsen, Schotter und einige Schneefelder hinunter zu überwinden. Als interessantes Vis-à-Vis bietet sich dabei der Gletscher unter den Felsen des Rothorns. Vorbei an den verträumten Gafallenseen schlängelt sich der Weg hinunter zur Gafallenalm und erreicht schließlich über die letzte Steilstufe Bort den Talboden der Unteralpreuß. Nach einer Stärkung in der Vermigelhütte braucht man nur noch dem Hüttenweg talauswärts zu folgen bis hinaus zur untersten Kehre der Straße zum Oberalppaß. Von da ist es nur noch ein Katzensprung zurück zur Talstation der Seilbahn.

Vielleicht bleibt ja dann auch noch Zeit, einen Blick in das kleine, dem hl. Kolumban geweihte Kirchlein am Nordrand von Andermatt zu werfen. Der spätromanische Bau aus dem 13. Jh. steht auf dem Platz einer karolingischen Kirche, die romanische Siedler schon lange vor der Erschließung der Schöllenen Schlucht im Jahre 1234 hier errichtet hatten. Der romanische Turm der Kirche hat Rund- und Spitzbogen, eine hölzerne Glockenstube und einen Spitzhelm, der wie ein mahnender Finger über den umfangreichen Arsenalen des schweizerischen Militärs in den Himmel sticht.

Unmittelbar hinter dem Kirchlein beginnt dann die Schöllenen Schlucht. Sie hatte den Verkehr über den Gotthard über Jahrhunderte erschwert und besteht heute eigentlich nur noch aus drei Komponenten: Wildbach, Felswände und Kunstbauten moderner Technik. Reste der alten „Teufelsbrücke" sind ebenso zu bewundern wie das „Urner Loch".

Seen unterm Titlis

38

ne Städtchen Stans, der Hauptort des Halbkantons Nidwalden. Der trat bereits Anfang August 1291 dem Ewigen Bund mit Uri und Schwyz bei. Im Jahre 1481 gelang es dem 1947 als einzigem Schweizer heiliggesprochenen Bruder Klaus im selben Stans die tief zerstrittenen Eidgenossen im „Stanser Verkommnis" zu versöhnen. Die damalige Tagsatzung fand auf dem 1398 erstmals bezeugten Landsgemeindeplatz statt, auf dem noch heute alljährlich am letzten Aprilsonntag die Landsgemeinde abgehalten wird.

In Engelberg erwartet den Besucher eine gewaltige Klosteranlage mit geräumiger Barockkirche, reichem Kirchenschatz und gepflegter Bibliothek. Die heutige Anlage entstand nach einem Großbrand von 1730 bis 1737 nach Plänen von Cas-

Zwischen der Stöckalp und dem Melchsee dominieren Hochstollen und Glogghüs das Bild (links).

Am Melchsee liefert der Titlis ein Prachtpanorama (unten).

Unter den Nordwestwänden von Titlis und Wendenstöcken sind zwischen dem oberen Melchtal und Engelberg gleich vier Bergseen in die malerische Almlandschaft eingestreut. Im obersten Melchtal sind es der Melchsee und der Tannensee, im obersten Gental der Engstlensee und oberhalb von Engelberg der Trübsee. Obwohl alle vier um die 1800 m hoch sind und die Übergänge zwischen ihnen leicht zu bewältigen sind, gehören sie doch zu drei verschiedenen Tälern, von denen sich zwei nach Norden und eins nach Süden öffnen. Dies hat den Vorteil, daß man die Seensammlung entweder vom Westzipfel des Vierwaldstätter Sees, vom Nordzipfel des Sarner Sees oder vom unteren Teil

der Westrampe des Sustenpasses aus erreichen kann. Je nach Startort ergeben sich so höchst unterschiedliche, stets aber interessante „Beigaben".

Mit dem eigenen Wagen am wenigsten weit hinauf kommt man bei der Anfahrt durch das Engelberger Tal. Gerade 1000 m Höhe kann die Straße erklimmen, bevor für sie die Welt durch die Nordwände des Titlis verstellt ist. Dafür beginnt die Straße beim bedeutendsten romanischen Bauwerk der Urschweiz und endet in einem Bergkessel, von dem wohl kaum jemand glauben würde, daß es hier bereits im 12. Jh. mit der Engelberger Schreibschule unter Abt Frowin eine frühe Kulturblüte gegeben hatte.

Ausgangspunkt dieser Fahrt ist das klei-

par Mosbrugger. Den kühn emporstrebenden Hochaltar schuf Joseph Anton Feuchtmayer, das Altarbild stammt von Franz Joseph Spiegler. Größter Schatz des Klosters aber ist ein ganz hervorragend gearbeitetes, spätromanisches Reliquienkreuz aus dem frühen 13. Jahrhundert.

Den Zugang zu unserer Seenplatte vermittelt von Engelberg aus die Seilbahn zum Titlis. Knapp unterhalb der auf 1796 m Höhe gelegenen Mittelstation blinkt der Trübsee, von dessen Südufer aus ein Sessellift zum 2207 m hohen Jochpaß hinaufführt. Von ihm bietet sich die Promenade vorbei am Engstlensee hinüber zum Tannen- und Melchsee an.

Die andere Zufahrtsmöglichkeit von Norden beginnt in Sarnen am Nordende des Sarner Sees. Dort gibt es nicht nur eine schöne Barockkirche sondern vor allem ein um 1500 errichtetes Beinhaus, das in seinem Inneren eine der schönsten spätgotischen Holzdecken der Schweiz birgt. Die 1505 von Peter Tischmacher aus Uri gefertigte Decke besteht aus 72 Feldern, von denen 48 mit bemalten Flachschnitzereien geschmückt sind.

Oberhalb von Sarnen verstecken sich am eigentlichen Eingang zum Melchtal gleich zwei Kostbarkeiten. Die eine ist die Kapelle St. Nikolaus, die mit gotischen Fresken und einer bemalten Barockdecke überrascht. Die zwischen 1370 und 1380 entstandenen Fresken bedecken fast die gesamten Wände, die fünffach gebrochene Holzdecke aus dem Jahre 1703 zeigt auf über 100 Medaillons in bäuerlicher Barockmalerei Szenen aus dem Alten und Neuen Testament. Im Chor kommen dazu noch 56 Szenen aus der Legende der Kaiserin Helena und des hl. Nikolaus.

Auf der gegenüberliegenden Talseite steht in Flüeli-Ranft noch das Geburtshaus des hl. Nikolaus von der Flüe. Es ist zugleich das älteste Holzhaus der Schweiz.

Durch das tief eingeschnittene Melchtal schlängelt sich die Straße an der 1075 m hoch gelegenen Stöckalp vorbei sehr abwechslungsreich über eine Steilstufte hinauf bis zum 1891 m hohen Melchsee. Bis zum Parkplatz sieht man nur die eindrucksvollen Nordwände von Hochstollen und Glogghüs. Erst die wenigen Meter zu Fuß hinauf zum See eröffnen den Panoramablick bis hinüber zum Titlis. Als Wanderung bietet sich der umgekehrte Weg bis hinüber zum Jochpaß und hinunter zum Trübsee an. Den besten Ausblick über die Seenplatte, den Titlis und die Riesen des Berner Oberlandes bietet das in nur 1 Stunde erreichbare Balmeregghorn (2255 m).

Die dritte Zufahrtsmöglichkeit beginnt zwischen Innertkirchen und Nessental und bietet als Schmankerl im Tal die Möglichkeit zum Besuch der weltberühmten Aareschlucht zwischen Innertkirchen und Meiringen. Die Klamm mit ihren über 200 m hohen Wänden ist an einigen Stellen so eng, daß man die gegenüberliegende Wand berühren kann!

Die Auffahrt zum 1850 m hoch gelegenen Engstlensee führt durch das etwas düstere Gental bis hinauf zur Engstlenalp wenige Meter unterhalb des Sees. Von ihm aus kann man nun wahlweise hinauf zum Jochpaß und hinüber nach Engelberg oder nach Westen zu Tannen- und Melchsee wandern.

Im Quellgebiet der Maggia

39

Dörfer im Maggiatal an den Bergflanken oder auf Geländerücken errichtet. Nur so konnte man früher den Bedrohungen des Wassers ausweichen. Um so widersinniger wirkt es heute, wenn sich die Maggia dank zahlreicher Kraftwerksbauten nur noch als mageres Rinnsal durch die breiten Kiesbänke ihres angestammten Bettes schlängelt.

Den Bedrohungen durch die Naturgewalten zum Trotz war das Maggiatal schon zur Römerzeit besiedelt. Gegen Ende des ersten Jahrtausends gab es die ersten Talkirchen und aus dem 12. Jh. ist die Gemeindeverfassung überliefert, deren Form der Selbstverwaltung eidgenössischer Einflußnahmeversuche bis heute in weiten Bereichen trotzt. Die Wurzeln dieser demokratischen Selbstverwaltung lassen sich bis in die Römerzeit zurückverfolgen.

Schon 1411 suchte das Tal bei den Eid-

„Leukara" (die weiß Schäumende) oder „Maggia" (die Große) nannten die Kelten, was aus dem oberen Val Sambuco nach Süden hinunter toste. Dabei machte das Wasser seinem Namen durchaus Ehre, denn geographische Lage und Größe des Einzugsgebietes sorgten dafür, daß heftige Wolkenbrüche immer wieder zu Katastrophen führten. Im September 1924 etwa zerstörten Wasser und Geröll mehr als die Hälfte des Dorfes Someo. Nicht umsonst also sind die

genossen Schutz vor den Mailändern. Dennoch bildeten das Val Lavizzara und das Verzascatal 1430 eine eigene „Comunitas", die Bestand hatte, bis das Maggiatal 1798 zum Kanton Lugano (dem heutigen Kanton Tessin) kam. Der von den Eidgenossen gestellte Landvogt dieser „Talregierung" residierte in Cevio, wo er auch Gericht hielt. Die Autonomie der Gemeinden beeinträchtigte er jedoch kaum.

Das bedeutendste Kunstdenkmal des Tales steht in Campagna bei Maggia. Die Kapelle Sta. Maria delle Grazie entstand als romanischer Apsidensaal und erhielt ihre heutige Ausmalung zwischen 1525 und 1528. Zu sehen sind in der Apsis die Krönung Mariens, eine Apostelreihe und die Verkündigung. Die Südwand enthält in zwei Reihen 17 Szenen aus dem Leben der Gottesmutter. Schätze ganz anderer Art bietet die Wallfahrtskirche Sta. Maria del Ponte in Rovana bei Cevio. Die direkt neben der malerischen Steinbogenbrücke über die Rovana gelegene Kirche entstand 1615 im Auftrag der Familie Franzoni, ist überreich mit qualitativ hochwertigem Stuck ausgestattet und enthält Bildfelder mit Szenen aus dem Marienleben.

Bei Cevio rauscht von Westen her nicht nur die Rovana als Wildbach ins Tal. Dahinter öffnen sich auch noch gleich zwei abgelegene Hochtäler, das Val di Campo und das Valle di Bosco. Im Val di Campo endet die Straße bei Cimalmotto auf 1405 m Höhe. Dahinter öffnet sich ein einziges, riesiges Wanderrevier mit hohen Graten und lockenden Gipfeln. Das fast ganz aus Holzbauten bestehende Dorf erinnert an ein Walliser Dorf. Dies ist nicht weiter verwunderlich, denn Bosco/Gurin im Nachbartal ist tatsächlich ein echtes Walserdorf. In der ersten Hälfte des 13. Jh. von Walliser Kolonisten gegründet, hat das Dorf nicht nur seine altertümliche deutsche Sprache sondern auch seine gesamte Walserkultur noch weitgehend unverfälscht erhalten.

Auf der Höhe von Bignasco beginnen die hochalpinen Nebentäler der oberen Maggia. Bei Cavergno zweigt das Bavonatal ab, bei Peccia das Val di Peccia, und das Maggiatal heißt nun plötzlich Val Lavizzara. Eine Welt für sich in seiner Unberührtheit ist das Bavonatal mit den altertümlichen Sommerdörfchen Fontana, Foroglio und Sonlerto. Den verhältnismäßig breiten Talboden, in

dessen Kastanienwäldern und Wiesen überall dunkle Felsbrocken von alten Bergstürzen herumliegen, säumen wilde Felswände, über die immer wieder Wasserfälle heruntertosen.

Letztes Dorf im Val Lavizzara ist Fusio. Obwohl es erst 1289 m hoch liegt, ist es nur über zahlreiche Kehren in dem jetzt eng und steiler werdenden Tal erreichbar. Danach führt die Straße endgültig hinauf in das Reich der gezähmten Wasser. Als erstes wird in 1461 m Höhe der langgestreckte Stausee Lago Sambuco erreicht. Seinem Nordostufer entlang schlängelt sich die Straße weit ins Tal, das nun Val Sambuco heißt. Nach der Überwindung einer weiteren Talstufe beginnt in knapp 1800 m Höhe bei Grasso di dentro der steile und kurvenreiche Anstieg zum Naret-Stausee. Vorbei an den Laghetti und dem kleinen Lago Scuro schlängelt sich die Straße schließlich

hinauf zur 2310 m hoch gelegenen Staumauer des Lago del Naret.

Da es zum 2438 m hohen Passo del Naret nur gut 30 Minuten Aufstieg sind, wird sich diesen prächtigen Aussichtspunkt wohl niemand entgehen lassen. Er bietet den schönsten Überblick über die Seen im Quellgebiet der Maggia und gleichzeitig die Aussicht nach Norden auf die Hauptgipfel des Gotthardmassivs. Die Superaussicht aber ist dem vorbehalten, der den zweistündigen Aufstieg zum 2912 m hohen Monte Cristallina nicht scheut. Von seinem Gipfel nämlich hat man nicht nur das gesamte Maggiagebiet zu Füßen sondern auch das Val Bedretto mit der Straße hinauf zum Nufenen und das Ameisengewühl auf dem Straßenwirrwarr an der Südrampe des Gotthard. Über die Kerbe des Nufenen lugen zudem die Ferner um das Finsteraarhorn.

Im Banne der Berner Eisriesen

40

Berge mit Weltruhm gibt es in den Alpen mehrere. Völlig konkurrenzlos aber ist das Dreigestirn Eiger, Mönch und Jungfrau. Ob es die überwältigenden Nordwände dieser Riesen des Berner Oberlandes, ob es ihre glitzernden Flanken aus Firn und Eis, ob es die rauschenden Wasserfälle, oder mehr der Kontrast zwischen unendlich fernen Gipfeln und warmen Holzhäusern oder gar der zweifelhafte Ruf der Nordwand des Benjamins im Dreigestirn sind, die letztlich den Ruhm ausmachen, mag jeder Besucher für sich entscheiden. Stets aber wird man feststellen, daß der Weltruhm nicht von ungefähr kommt und in vielen Beziehungen wohlverdient ist.

Nicht von ungefähr kam es denn auch, daß schon 1896 mit dem Bau einer dieser Berühmtheit würdigen Bahn begonnen wurde: der nicht weniger weltberühmten Jungfraubahn. Seit 1912 verbindet sie die Kleine Scheidegg (2061 m) mit dem höchsten Bahnhof Europas auf dem 3454 m hohen Jungfraujoch, dem Sattel zwischen Mönch (4099 m) und Jungfrau (4158 m). Auf immerhin 7,1 km Länge fährt dieses Wunderwerk der Technik im Tunnel durch die Nordwand des Eiger (3970 m), macht im Innern des Berges eine Schleife, quert dann auch noch den Mönch und kommt erst am Jungfraujoch wieder ans Tageslicht. Lediglich die Aussichtsstationen Eigerwand (2865 m) und Eismeer (3160 m) unterbrechen die Tunnelfahrt.

Talstation der Jungfraujochbahn ist die 2061 m hohe Kleine Scheidegg. Sie ist sowohl von Grindelwald als auch von Wengen aus per elektrischer Schmalspurbahn erreichbar. Mit ihrer Lage unmittelbar unter der 1800 m hoch in den Himmel ragenden Eigerwand, jenem Prüfstein für die besten Bergsteiger der Welt, bot sie oft genug das Schauspiel dramatischer Kämpfe um diese „Mordwand". Ihrem Schattenreich haben schon beinahe 100 der besten Bergsteiger ihr Leben geopfert. Erst im Juli 1938 gelang den Münchner Bergsteigern Anderl Heckmair, Ludwig Vörg, Fritz Kasparek und Heinrich Harrer die erste Durchsteigung.

Westlich neben der Eiger-Nordwand blinken jedoch auch die Gletscher von Mönch und Jungfrau, bis hinüber zur Blümlisalp reicht der Blick. Wer den Gletschern rasch näherkommen und die große Fernsicht erleben möchte, der vertraut sich den Zahnrädern der Jungfraujochbahn an und genießt vom Joch den

Tiefblick auf den größten Eisstrom der Alpen, den Aletschgletscher, und nach Norden die Fernsicht über die halbe Schweiz bis hinaus zu Vogesen und Schwarzwald.

Wer dagegen lieber seinen eigenen Füßen vertraut, der nimmt von der Kleinen Scheidegg aus den bequemem, nahezu ebenen Weg nach Norden zum 2229 m hohen Männlichen (1½ Stunden). Vom Weg aus gibt es beim Honegg den allerbesten Blick auf den Eiger, vom Männlichen selbst lohnende Tiefblicke ins Tal von Lauterbrunnen. Da damit allein der Tag ja noch nicht ausgefüllt ist, emp-

fiehlt sich der Abstieg in knapp 1½ Stunden hinunter nach Wengen, um von dort das kurze Stück mit der Bahn vollends nach Lauterbrunnen hinunterzufahren. Von dort gibt es einen Bus zur 3 km taleinwärts gelegenen Attraktion des Tales, dem Tümmelbachfall.

Die Mischung aus Höhle, Klamm und Wasserfall ist das Werk sämtlicher nordseitiger Gletscher des Berner Dreigestirns. Die Schleifwirkung des mit Sand und Steinen angereicherten Gletscherwassers ist so stark, daß für den Zugang ein beinahe 100 m hoher Schrägaufzug im Berg gebaut werden mußte. Ge-

Die Jungfrau, die Silbernörner und die Jungfraujochbahn, die zu Europas höchstem Bahnhof am Jungfraujoch führt (links).

Das Dreigestirn Eiger, Mönch und Jungfrau ist vom Schilthorn aus besonders eindrucksvoll zu überblicken (rechts).

schickte Beleuchtung rückt die schönsten Stellen des Wassertheaters ins rechte Licht.

Wer dagegen das Erlebnis des eisigen Dreigestirns aus der Distanz vorzieht, der sollte in die Berge nördlich von Grindelwald wandern. Bester Ausgangspunkt dafür ist die mit Bus erreichbare 1962 m hohe Große Scheidegg. Von dort aus schlängelt sich über die Grindel-Oberläger ein Steig durch die Südhänge des 2928 m hohen Schwarzhorns hinüber zur Bergstation First (auch direkt von Grindelwald aus mit Sessellift erreichbar). Wenig später trifft man auf den 2263 m hoch gelegenen Bachalp See. In ihm spiegeln sich malerisch die höchsten Berner Eisriesen, darunter auch ihr

höchster, das 4274 m hohe Finsteraarhorn. Nach der Bewältigung von weiteren 400 Höhenmetern ist dann mit dem 2681 m hohen Faulhorn die schönste Aussichtswarte vis-à-vis der eisigen Nordwände von Eiger, Mönch und Jungfrau erreicht. Außer der Idealsicht auf sämtliche Eisriesen gibt es zugleich auf der Nordseite die Sicht hinunter zum Brienzer und Thuner See (Gesamtgehzeit 3 Stunden, ab First 1½ Stunden).

Natürlich könnte man nun zurück zum First bummeln und von dort mit dem Sessellift nach Grindelwald hinunterfahren. Sehr viel schöner aber ist es, weitere 2 Stunden westwärts zu bummeln, nach und nach den Ausblick auf den Talschluß von Lauterbrunnen zu gewinnen

und schließlich zur 2101 m hohen Schynigen Platte zu kommen. Dieser Aussichtsbalkon liegt unmittelbar südöstlich über Interlaken und damit genau zwischen Thuner See und Brienzer See. Außer der prächtigen Aussicht gibt es als Dreingabe auf der Schynigen Platte noch den berühmten Botanischen Garten, in dem so ziemlich alles zu bestaunen ist, was auf Schweizer Bergen wächst. Ganz zum Schluß gibt es zur Belohnung die Fahrt mit der gemütlichen Zahnradbahn hinunter nach Wilderswil.

Blick vom Männlichen in die Schluchten des Lauterbrunnentales (links).

Das Aletschhorn mit dem Mittelahorngletscher gehört bereits zu Tour 41 (rechts).

Spaziergang überm Großen Aletschgletscher

41

Wo die junge Rhône noch Rotten heißt und die originalen Walliser Holzhäuser mit ihren „gestrickten" Kanten und schwarzbraun verwitterten Wänden die Dörfer zieren, ist der Talboden der jungen Rhône noch besonders eng. Entsprechend karg war das Auskommen der Gomser, wie die Einwohner des Tales oberhalb von Brig heißen. Noch ist es nicht allzu lange her, daß die „Normal-karriere" eines Gomsers als Geißen- und Schafhirt begann. Schon der Kuhhirte stand in der Hierarchie eine Stufe höher. Wer da nicht als Ältester einen Hof zu erwarten hatte, war arm dran.

Einer von diesen Besitzlosen war auch Cäsar Ritz aus dem Weiler Niederwald. Er zog dem Geißenhüten das Pfannenputzen in einem Pariser Restaurant vor, wurde mit Fleiß und Geschick Direktor des Hotels National in Luzern und schuf schließlich zusammen mit dem Menü-künstler Escoffier eine neue Kategorie Grandhotel: das „Ritz" an der Place

Vendôme in Paris und wurde so zum Inbegriff mondänen Lebens. Rom, Madrid, Cannes und Kairo waren die nächsten Stationen des Hirtenbuben...

Ehemaliger Hauptort des Goms ist Ernen südwestlich oberhalb von Fiesch. Es gilt sicher nicht zu unrecht als schönstes Dorf im Wallis und glänzt mit einem besonders stilrein erhaltenen Dorfplatz. Hier steht noch das alte Zendenrathaus aus dem Jahre 1770 und das Tellenhaus von 1576. Noch aus seinem Baujahr stammt an der sonnseitigen Außenwand die älteste in der Schweiz erhaltene Malerei der Apfelschußszene. Noch 10 Jahre älter ist das daneben stehende Wirtshaus „Zum hl. Georg". Seine Drachendarstellung geht immerhin ins 16. Jh. zurück. Auch die Pfarrkirche am Westrand des Haufendorfes wurde bereits 1518 von Ulrich Ruffiner vollendet.

Aus dem engen und einst so armen Talboden des unteren Goms, zwischen Brig und Fiesch, reihen sich heute die Seilbahnen. Die Erklärung dafür ist ein riesiges Almgelände, das sich in durchschnittlich 1900 m Höhe und damit 1000 m über der Rhône als ausgedehnte Hochterrasse über gut 10 km Länge erstreckt. Die Namen Riederalp, Greicheralp, Bettmeralp und Kühboden

verraten schon, daß hier einst Hütebuben wie Cäsar Ritz ihren sommerlichen Arbeitsplatz hatten. Heute ist das gesamte Hochplateau eine riesige, von nicht weniger als vier Seilbahnen erschlossene Ferienregion, die dank ihrer hervorragenden Aussichtslage natürlich auch ein besonders schönes Wandergebiet ist.

Ihren ganz besonderen „Pfiff" erhält die Almregion dadurch, daß sich hinter ihrem vor rauhen Winden schützenden Nordrücken mit dem Großen Aletschgletscher der größte Gletscher der Alpen versteckt. Über ihm thront mit dem 2927 m hohen Eggishorn der höchste Punkt über dem Kühboden und der idealste Aussichtsplatz sowohl für den Blick nach Norden auf die Berner wie für den nach Süden auf die Walliser Eisriesen. Den von nirgendwo zu übertref-

---

Detail aus der Apfelschußszene am Tellenhaus in Ernen (oben).

Über dem Großen Aletschgletscher thronen Eiger, Mönch und Jungfrau, dazwischen das Jungfraujoch (rechts).

fenden Tiefblick auf den Aletschgletscher gibt es als Dreingabe.

Die „Eroberung" des Eggishorns ist dank der Seilbahn von Fiesch aus denkbar einfach. Nach kaum ¼-stündiger Fahrt landet man in 2893 m Höne am Gipfelgrat des Hornes und hat nur noch wenige Meter zum Gipfel. Einem Paukenschlag nicht unähnlich, öffnet sich da eine im wahrsten Sinne umwerfende Sicht. Zahllose Viertausender geben sich aus allen Himmelsrichtungen die Ehre, auf der Südseite des Grates schlängelt sich tief unten die junge Rhône, auf der Nordseite der unendlich anmutende Eisstrom des Aletschgletschers. Bei einer durchschnittlichen Breite von über 2 km zieht er sich als riesiger Eisstrom über mehr als 25 km. An seiner mächtigsten Stelle ist das Eis auch heute noch gut 800 m dick. Mit 180 m im Jahr schafft

der Eisstrom eine Marschgeschwindigkeit von fast genau 0,5 m pro Tag!

Da Horn und Almböden viel zu schön sind, um einfach nur mit der Seilbahn wieder hinunterzufahren, sollte man nach der notwendigen Schaurast den Steig zum Horn nach Osten hinunter versuchen und bei der ersten Verzweigung den Weg nach links nehmen. Er führt in einer Stunde hinüber zur Märjelenalp und zum sagenumwobenen Märjelensee (2324 m). Glaubt man der Sage, war hier einst der Rollibock zu Hause, der in unregelmäßigen Abständen dafür sorgte, daß sich der See mit riesiger Flut talauswärts entleerte. Heute gibt es längst einen künstlichen und damit regelbaren Abfluß. Damit sind zwar die Überschwemmungen vorbei, vorbei sind aber auch die Zeiten, als der Märjelensee noch ein großer Eissee war.

Bequem, weil stetig abwärts, geht es in etwa 1 ½ Stunden zurück zur Seilbahnstation Kühboden (Mittelstation der Seilbahn zum Eggishorn), von wo aus man nach Fiesch zurückfahren kann. Sehr viel schöner allerdings ist es, vom Kühboden aus in weiteren 2 ½ Stunden über die Bettmeralp und den Blausee hinüber zur Riederalp zu wandern. Während der gesamten Strecke hat man voraus den Fernblick in die weite Welt der Walliser Viertausender – und das Ganze aus der Perspektive grüner Almwiesen. Auf der Riederalp gibt es als ganz besondere Dreingabe noch den Tiefblick auf den Aletschwald, den in dieser Ausdehnung einzigen Wald der Alpen oberhalb eines Gletschers. Aufgrund der besonderen Wuchsbedingungen stehen hier zahlreiche über 1000-jährige Zirben (Talfahrt mit der Seilbahn).

Rebenstöck' und Gletschereis

42

Keine Region der Alpen vereint so viele Gegensätze wie das Wallis und seine südlichen Seitentäler. Auf knapp 30 km Luftlinie ermöglichen sie das Durchfahren aller Klimastufen von der beinahe subtropischen Garten- bis zur eisstarrenden Gletscherlandschaft. Wohl eindrucksvollstes Beispiel dafür ist das Vispertal mit seinen von der Saaser und der Matter Vispa gegrabenen Seitenarmen. Auf nur 26 bzw. 37 km präsentieren die Täler der beiden Vispen auf engstem Raum das Schönste, was unsere Alpen zu bieten haben.

Den eindrucksvollsten Auftakt bilden die fast senkrecht anmutenden Rebgärten von Visperterminen, auf denen die Heidenreben in der Sonne kochen. Aus den kleinen weißen Beeren, entfernten Verwandten der Traminerrebe, wird der wasserklare Heidenwein gekeltert. Durch die kunstvoll angelegten Terrassen dieses höchsten Weinbergs Europas zu steigen, die geschickt konstruierten Bewässerungsanlagen zu studieren und dann von oben über die Reben in den riesigen Rhônegraben hinaus und hinüber zu den Fernern der Mischabelgruppe zu schauen – das ist schon ein guter Anfang für die Reise von den Reben zum Eis.

Bei Stalden gabelt sich das Vispertal, um gleich zu zwei Weltberühmtheiten zu führen. Durch das rechte Tal und entlang der Matter Vispa kommt man nach Zermatt und zum weltberühmten Matterhorn (siehe Tour 45). Durch das linke Tal und entlang der Saaser Vispa erreicht man Saas Fee und damit die Wahlheimat von Carl Zuckmayer. Natürlich kann man bis vor das Dorf zu Füßen des riesigen Feegletschers auch direkt mit dem Auto fahren. Sehr viel schöner jedoch ist es, bis zum 1619 m hoch gelegenen Grächen zu fahren und dort die Seilbahn hinauf zur Hannigalp (2114 m) zu nehmen. Von dieser Alm am vordersten Zipfel der Mischabelgruppe ist der Tiefblick ins Saas- und Vispertal ebenso atemberaubend wie das Panorama nach Westen, Norden und Osten. Einmal

---

Der Purpur Enzian liebt die Westalpen.

Die Südostwand des Allalinhorns (links).

Die Südwand des Monte Rosa (rechts).

mehr stehen die „Hörner" der Berner Alpen Parade.

Von der Alm schlängelt sich einer der ganz besonders schönen Höhenwege der Schweiz als angemessener Zugang hoch über der Saaser Vispa hinüber bis nach Saas Fee. Auf dem gesamten Weg gibt es die ungehinderte Aussicht nach Osten und natürlich hinunter ins tief eingeschnittene Tal der Saaser Vispa bis hinauf an ihr vom Stausee Mattmark dominiertes Ende. Als Höhepunkt zum Schluß gibt es an der letzten Wegecke zur Belohnung die Sicht auf die heimelig braunen Holzhäuser von Saas Fee, das blaue Schimmern des Feegletschers und die Gipfelwelt der Viertausender der Mischabelgruppe und dem 4545 m hohen Dom (Gesamtgehzeit 4 Stunden).

Mittaghorn (3143 m) und Egginer (3367 m) sind die Hausberge im Süden von Saas Fee. Um sie herum gibt es eine besonders schöne Rundwandermöglichkeit, die auf der Ostseite die schönsten Tiefblicke ins Saastal, auf der Südseite den Weitblick auf Allalin-, Rimpfisch- und Strahlhorn und im Westen den Idealblick auf die Mischabelgruppe bietet. Der Anstieg zu dieser insgesamt 7 Stunden langen Rundtour beginnt in Chalbermatten, führt durch den Wald hinauf nach Plattjen und zieht sich dann als prächtiger Bergsteig über die Schulter des Mittaghorns hinauf ins Meiggertal. Zuletzt quert der Steig die untere Zunge des Chessjengletschers und erreicht in 3029 m Höhe die berühmte Britannia Hütte. Als würde man einen Bühnenvorhang zur Seite ziehen, so öffnet sich mit einem Schlag dort oben der Tiefblick auf den Hohlaub- und Allalingletscher, ins hintere Saastal und auf den Stausee von Mattmark sowie die Fernsicht auf den Grenzgrat nach Italien und auf das Allalin-, das Rimpfisch- und das Strahlhorn.

Auch der Abstieg beginnt wieder über den Chessjengletscher, allerdings quert man ihn nun höher, um das 2991 m hoch gelegene Egginerjoch auf der Westseite des Egginer zu erreichen. Nördlich des Jochs streben die Markierungen der Seitenmoräne des Feegletschers zu, über die der Steig unterhalb der Bahn zum Felskinn talwärts strebt. Während des gesamten Abstiegs bis hinunter zur Waldgrenze ist der Abstieg ein einziges Schaufestival auf den Feegletscher, auf den Alphubel, den Dom und die gesamte Mischabelgruppe. Durch den lichten Lärchenwald gewinnt der Steig schließlich wieder Chalbermatten.

Die Gletscherwelt zwischen Dom, Alphubel und Allalinhorn ist notfalls auch per Seilbahn erreichbar, nicht aber der

Blick auf die Wand der Wände, auf die Ostwand des höchsten Schweizer Berges, des Monte Rosa und seiner höchsten Spitze, der 4634 m hohen Dufourspitze. Für dieses Erlebnis muß man von Saas Grund zum 2197 m hohen Stausee Mattmark hinauffahren und dem Westufer des Staussees entlang zum Monte Moropaß (2868 m) hinaufwandern (2 ½ Stunden). Ein grandioser Blick auf die höchste Steilwand der Alpen ist die Belohnung, die Sicht auf weitere zehn Viertausendergipfel fast eine Dreingabe. Bei einer Wandbreite von 8 km bilden sie ein riesiges Amphitheater, in dem von drei Seiten her die Hängegletscher in wilden Eiskaskaden herunterdrängen – Grandiosität der Berge fast zum Anfassen und doch weit genung entfernt, um allzu bedrohlich zu wirken.

Die Berghauswurz wächst bis an den Gletscherrand (oben).

Mattmarksee, Allalingletscher und Egginer (links).

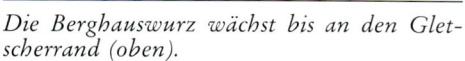

Alpen über Leuk und Lötschental

43

Zwischen Rhôneknie und Grimselpaß gibt es bis heute keinen einzigen Straßenübergang aus dem Wallis nach Norden. Nur für die Eisenbahn wurde mit dem knapp 15 km langen Lötschbergtunnel zwischen Goppenstein und Kandersteg eine Verbindung geschaffen. Warum das

Die Almhütten von Gletscherstafel sind von Wind und Wetter gegerbt (ganz oben).
Der Langgletscher führt hinauf zur Lötschenlücke (oben).

so ist, hat wohl nicht nur geographische Gründe. Zwar wäre der Lötschenpaß mit seinen 2690 m sicher eine nicht ganz leichte Nuß für die Straßenbauer, doch wäre da ja auch noch der Gemmipaß mit seinen „nur" 2314 m. Auch dort reichte es jedoch nur zu einem Saumpfad. Immerhin waren beide Pässe schon im Mittelalter viel begangen, und 1698 bauten die Berner sogar einen Saumpfad bis zum Lötschenpaß hinauf. Die Bewohner des Lötschertales jedoch verweigerten

die Fortsetzung in ihr Tal, weil sie ihre ertragreichen, sonnseitigen Almen in Gefahr sahen. Durch Jahrhunderte hindurch hatte es immer wieder Kämpfe zwischen Walliser und Berner Bergbauern um die Almen gegeben – kein Wunder also, daß es nie zu einem richtigen Wegebau gekommen ist. Wohl kann man heute von Leukerbad aus mit der Seilbahn hinauf zum Gemmipaß fahren, der Lötschenpaß jedoch ist nach wie vor nur zu Fuß zu erreichen.

Der Saumpfad über den Gemmipaß ins Berner Oberland wurde von Leuk aus kontrolliert. Die seit 515 zum Besitz der Abtei St. Maurice gehörende Stadt weckte deshalb schon früh die Begehrlichkeit der Bischöfe von Sitten, denen es 1138 endgültig gelang, den Mönchen ihren Besitz abzunehmen. Bis 1411 übten dann die Freiherren von Raron im Auftrag der Bischöfe das Vizedominat aus. Sie hatten ihren Sitz auf dem ausgesetzten Kirchhügel von Raron, wo heute noch eines der eigenwilligsten und schönsten spätgotischen Bauwerke des Wallis steht und auf dessen Friedhof sich Rainer Maria Rilke begraben ließ.

In Leuk selbst erinnern noch zwei Bauwerke an die bischöfliche Herrschaftszeit. Zum einen ist es das bischöfliche Schloß, dessen viereckiger Turm noch teilweise aus der Romanik stammt. Zum anderen ist es der ehemalige Turm der Viztume, der ursprünglich aus dem 13. Jh. stammt, um 1415 jedoch zerstört wurde und seine heutige Gestalt bis 1543 durch Ulrich Ruffiner erhielt. Der mit Treppengiebeln geschmückte fünfeckige Bau enthält einen Gerichtssaal mit Kassettendecke aus dem 16. Jahrhundert.
Gerade weil es nie zum Ausbau verkehrsträchtiger Paßstraßen kam, sind zwar die Ausgangspunkte gut erreich-

bar, ansonsten aber kann man das ehemalige bischöfliche Herrschaftsgebiet in aller Ruhe genießen. Vom 1402 m hoch gelegenen Leukerbad aus lockt im Norden der per Seilbahn erreichbare Gemmipaß. Weitaus schöner aber ist es, mit der Seilbahn zur 2310 m hoch gelegenen Rinderhütte hinaufzufahren und das die 3000 m-Marke um ganze 2 m verfehlende Torrenthorn in Angriff zu nehmen. Über einen guten Steig ist sein aussichtsreicher Gipfel in gut 2 Stunden erreichbar. Dank der besonderen Lage des Horns reicht seine Höhe für eine umfassende Übersicht über die gesamten Walliser Alpen, das Montblanc-Massiv und Teile der Berner Alpen.
Das Lötschental hat seine eigene Zufahrt bei Gampel, Endpunkt für das Auto ist die 1788 m hoch gelegene Fafleralp. Natürlich könnte man nun diese Alp einfach mit dem Auto anfahren. Sehr viel schöner allerdings ist es, in Gampel die Bergbahn zu nehmen und ins 1504 m hoch gelegene Jeizinen hinaufzufahren. Über die Untere Feselalp (1933 m) geht es dann in gut 2 Stunden hinauf zur 2221 m hoch gelegenen Oberen Feselalp. Dort ist dann die Entscheidung fällig, ob der 2769 m hohe Niwen erklommen (weitere 1 ½ Stunden) oder ob der Höhenweg über die Südhänge des Lötschentales in Angriff genommen werden soll. Er schlängelt sich in einer durchschnittlichen Höhe von 2000 m von Alm zu Alm, bis er schließlich bei der Fafleralp am Straßenende des Lötschentales mündet. Dieser Panoramaweg ist zwar lang (insgesamt 8 ½ Stunden), kann aber bei jeder Alm durch einen Talabstieg unterbrochen werden. Zudem gibt es auf der Lauchernalp, der Kummenalp und der Faldumalp Unterkunftsmöglichkeiten, so daß einzelne Etappen nach Belieben eingeteilt werden können.
Der Reiz dieses Weges jedenfalls besteht darin, daß sich die eisigen Nordseiten von Wilerhorn, Bietschhorn, Breithorn und Schinhorn aus der optimalsten Perspektive präsentieren. Als krönenden Abschluß kann man schließlich noch die Wanderung ab der Fafleralp taleinwärts zum Langgletscher in Angriff nehmen. Über Guggistafel geht es dort zum Guggisee und bis zum Rand des Gletschers. Über ihm lockt die bei den Freunden der Frühjahrsskitouren so beliebte Lötschenlücke. Zu ihr hinauf führt der Weg jedoch nur mit kompletter Eisausrüstung. Wer die nicht im Rucksack hat, wandert zu den romantischen Holzhütten von Gletscherstafel hinaus und schaut bei Kühmad vielleicht auch noch in die alte Wallfahrtskapelle hinein (Rückfahrt mit Bus ab Fafleralp nach Gampel).

Das Großhorn mit dem Jägigletscher (links).

Von der Gugginalp zeigt das Bietschhorn stolz seine steilen Flanken (rechts).

Bella Tola und Corne de Sorebois

44

Wer die Dolomiten liebt, kennt das Phänomen: während ihr deutschsprachiger Teil fest in deutscher Hand ist, reduziert sich der Besucherstrom östlich der Sprachgrenze zu einem dünnen Rinnsal. Gleiches ist an der deutsch-französischen Sprachgrenze zwischen Leuk und Sierre zu beobachten. Während Saas Fee und Zermatt von Deutschen nur so wimmeln, findet man sie in den Nachbartälern Val d'Anniviers und Val d'Hérens kaum noch. Dabei gehören diese beiden Täler zum Schönsten, was die Westschweiz zu bieten hat.

Ausgangspunkt für eine Fahrt ins Val d'Anniviers ist Sierre, das wie Leuk einst zum Besitz der Bischöfe von Sitten gehörte. Allerdings lag das bischöfliche Sierre westlich vom heutigen Städtchen auf dem Hügel Géronde, wo auch schon das römische Castrum Sirri gelegen hatte. Im ausgehenden Mittelalter hatte sich Sierre schließlich auf die vier Hügel Géronde, Goubing, Plantsette und Alt-Siders ausgedehnt, wobei jeder Hügel mit einem bescheidenen Schloß befestigt war. Geblieben sind davon außer Schloß Goubing südöstlich von Sierre nur geringe Reste.

Das Val d'Anniviers schuf die vom Zinalgletscher herunterkommende wilde Navisence. Ihr gelang es zwar, ein sehr tief eingeschnittenes, dafür aber auch nur sehr schmales Tal zu schaffen. Dies wird schon am Taleingang spürbar, wo die Straße gleich in Kehren zur Umgehung der tief eingeschnittenen, unzugänglichen Schlucht von Pontis den ostseitigen Hang hinaufklettern muß. Auf immerhin rund 8 km Luftlinie kann die Straße nicht den Talboden benutzen. Erst nach 12 km wird das Tal bei Vissoie etwas freundlicher. Der schon 1260 m hoch gelegene Hauptort des Tales ist von einem mächtigen, fünfgeschossigen Wehrturm aus dem 13. Jh. beherrscht. Er gehörte einst zum Sitz des bischöflichen Kastellans. In Vissoie zweigt auch die Stichstraße nach St-Luc und Chandolin (1934 m) ab. Vor allem das Adlernest Chandolin bietet eine großartige Aussicht auf die Berner Alpen.

Wer diese Aussicht noch steigern möchte, muß auf den besten Aussichtsberg der gesamten Umgebung, auf die 3025 m hohe Bella Tola. Von St-Luc aus hilft ein Sessellift bis nach Tignosa (2200 m) hinauf. Knapp 3 Stunden sind es dann noch bis zum Gipfel und zur „Schmankerl-Aussicht". Weißhorn, Zinalrothorn, Obergabelhorn und Dent Blanche (dazwischen das Matterhorn) stehen ebenso Parade wie der Dom oder die Jungfrau. Manchmal gibt sich sogar der Mont Blanc die Ehre. Vergessen sei auch nicht das Rhônetal, das selbst aus dem Flugzeug nicht schöner sein könnte.

Am Dorfplatz von Grimentz, dem schönsten Dorf im Val d'Anniviers (unten).

Zinalrothorn und Dent Blanche vom Corne de Sorebois (rechts oben).

Moirygletscher und Grand Cornier vom Moirygletschersee (rechts unten).

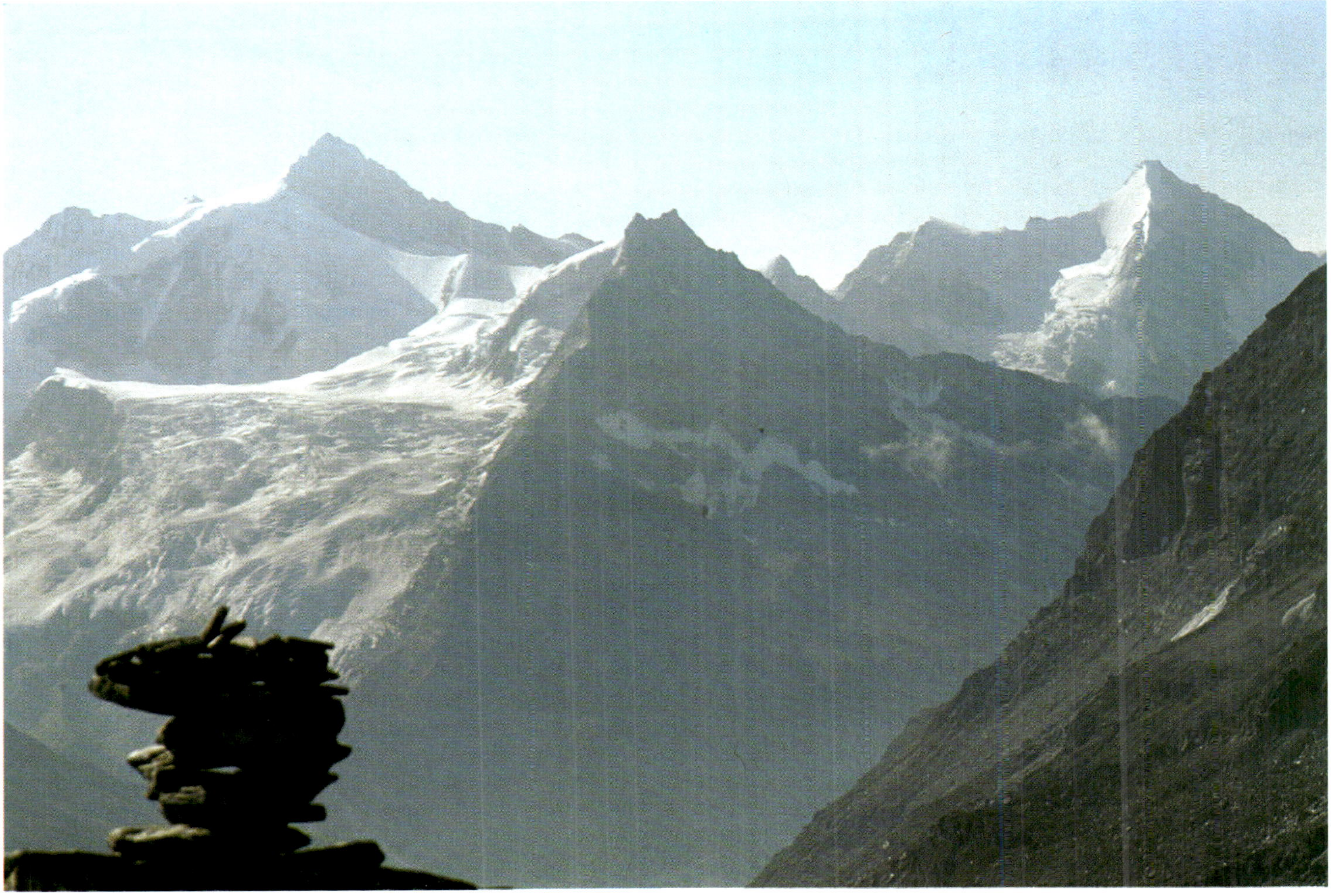

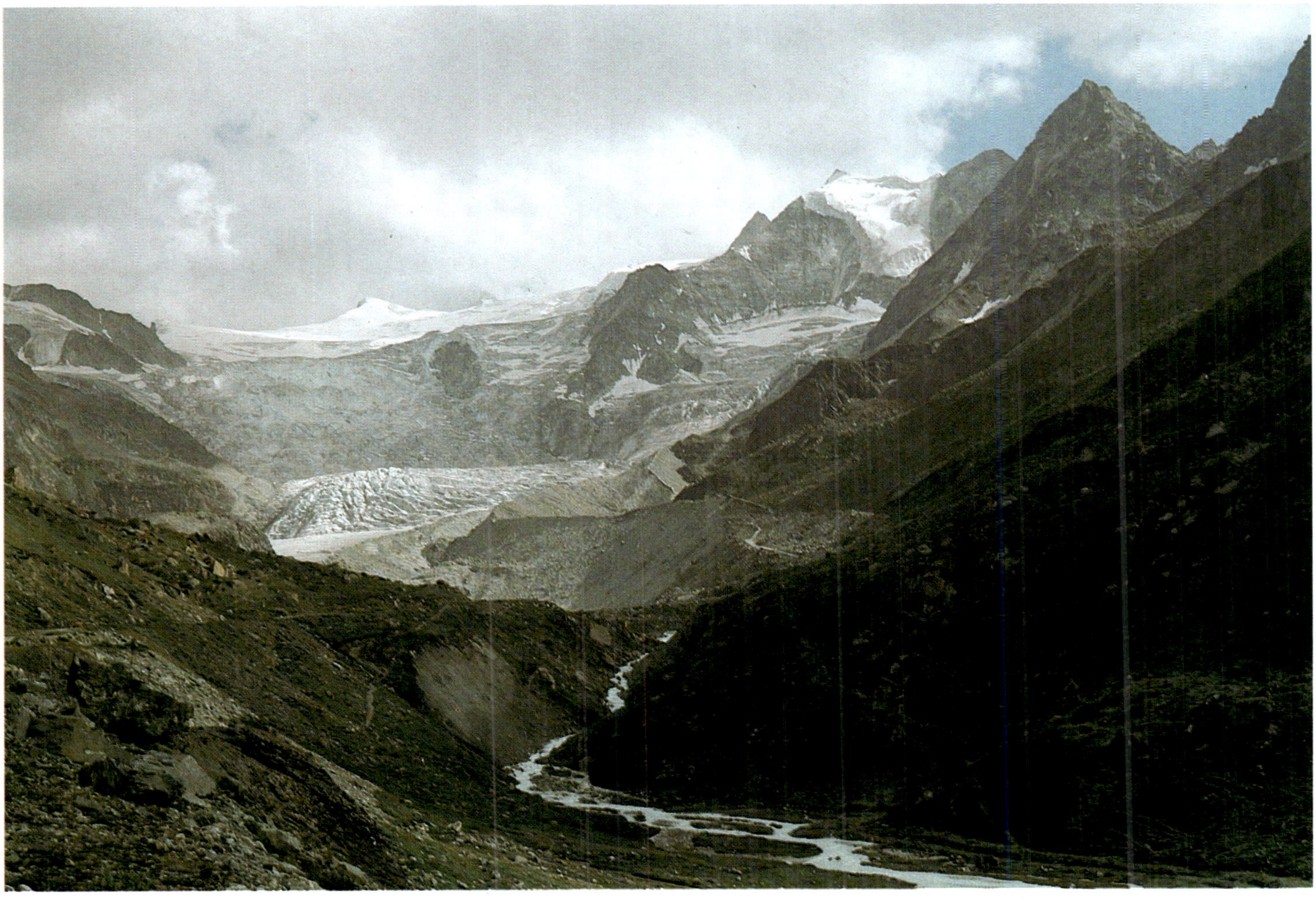

Wer erst auf der Bella Tola steht, wird auch verstehen, warum die Gemeinde St-Luc vor gut 100 Jahren ihrem aus Genf stammenden Ehrenbürger Griolet die Bella Tola zum Geschenk machte. Der so Beschenkte ließ knapp unter dem Gipfel eine Hütte bauen, der Gipfel selbst aber erhielt einen Tisch mit zwölf Sitzplätzen. So konnte der Ehrenbürger seine Gäste nicht nur mit Speis' und Trank sondern auch noch mit der Aussicht auf Weißhorn, Mont Blanc und Berner Alpen bewirten.

Bei Vissoie aber ist das Tal noch keineswegs zu Ende. Zwar sind es nur noch 12 km hinauf bis zum 1678 m hoch gelegenen Zinal, doch sind dies außerordentlich lohnende 12 km. Zum einen nämlich sorgt der Zinalgletscher für den eindrucksvollen Vordergrund. Zinalrothorn (4221 m), Besso (3668 m), Gebelhorn (4063 m) und Dent Blanche (4375 m) bilden eine faszinierende, eisige Zinnenmauer gegen den Himmel. Zum

anderen ist Zinal der beste Ausgangspunkt zur Besteigung des 2896 m hohen Corne de Sorebois. Da die Seilbahn zum 2428 m hohen Soreboisplateau den Löwenanteil des Anstiegs abnimmt, sollte sich niemand diesen 500 m Spaziergang entgehen lassen, bietet er doch den denkbar schönsten Logenplatz zum Studium der riesigen Gletscherwelt um den Dent Blanche.

Vom Corne de Sorebois aus ist auch zu sehen, daß sich das Val d'Anniviers südlich von Vissoie in zwei Äste teilt, und daß der westliche Ast in einem großen Stausee, dem Lac de Moiry unmittelbar am Nordfuß des Moirygletschers endet. Für die Rückfahrt kann dies nur bedeuten, in Vissoie die Abzweigung nach Grimentz und ins Val de Moiry zu nehmen. In Grimentz selbst präsentiert sich in 1570 m Höhe das wohl malerischste Bergdorf im ganzen Wallis. Seine Dorfstraße mit von Wind und Wetter braunschwarz gegerbten Holzhäusern ist

hangwärts von den Wohnhäusern, talwärts von den Stadeln gesäumt.

Ganze 5 km sind es nun noch auf zwar schmaler aber guter Straße zum Lac de Moiry in 2249 m Höhe. An seinem Ostufer entlang kann man sogar noch 4 km weiter bis zum Moirygletschersee in 2350 m Höhe fahren. Zur Belohnung gibt es den ungetrübten Blick auf den Moirygletscher und den 3962 m hohen Grand Cornier. Ohne Eisausrüstung ist eine weitere Steigerung von hier aus nur noch mit der Wanderung hinauf zur 2825 m hohen Moiryhütte (1 ½ Std.) möglich. Sie allerdings bietet einen ganz außergewöhnlichen Blick auf den gewaltigen Eisstrom des Moirygletschers zu ihren Füßen.

Lac de Moiry vom Corne de Sorebois, überragt von den Aiguilles Rouges.

Zum Horn der Hörner

45

Das spitzigste, eckigste und steilste Horn der Alpen ist das Matterhorn, auch „Löwe von Zermatt" genannt. Wie ein besonders steiler Eckzahn sticht es mit seinen 4478 m geradezu ein Loch in den Himmel und degradiert all die vielen Viertausender der Umgebung zur bloßen Kulisse, vor der die eigene Schönheit besonders augenfällig wird. Entsprechend attraktiv war das Matterhorn im vorigen Jahrhundert für die Elite der damaligen Bergsteiger.

Das zunächst als unbesteigbar geltende Horn wurde ab der Jahrhundertmitte Ziel zahlreicher Expeditionen, deren Mißerfolge zunächst allerdings nur die These von der Unbesteigbarkeit des Berges zu beweisen schienen. Vor allem Engländer waren es, die mit allen Mitteln den Löwen zu bändigen versuchten. Der gleichermaßen draufgängerische wie zähe Edward Whymper sollte ihnen allen schließlich den Rang ablaufen. Seit 1861 belagerte er das Horn, zunächst gemeinsam mit dem aus der Valtournanche stammenden Führer Jean Antoine Carrel. Immer wieder mußten beide umkehren, immer wieder versuchte es der zähe Whymper dazwischen im Alleingang – und stets von der Südseite her, da sich in Zertmatt überhaupt kein „Führer" fand. Nach insgesamt sieben Versuchen mit Carrel kam Whymper im Sommer 1865 nach Breuil zurück, nur um dort zu erfahren, daß Carrel sich mit einem Italiener zusammengetan hatte, um Italien den Ruhm der Erstbesteigung zu sichern.

Whymper, sofort nichts Gutes ahnend, kehrte nach Zermatt zurück, traf dort den jungen Führer Peter Taugwald und hörte von dem, daß sein Vater die Besteigung des Horns von der Schweizer Seite aus für möglich hielte. Allerdings hatte sich der junge Taugwalder bereits den drei Engländern Douglas, Hadow und Hudson verpflichtet, ohne deren Fähigkeiten zu kennen. Aus der Not wurde dennoch flugs eine Tugend gemacht. Whymper engagierte noch den Zermatter Führer Michel Croz sowie den Vater von Peter Taugwald, gemeinsam ging es los. Alle Sieben erreichten denn auch am 14.7.1865 den Gipfel über den Hörnligrat und kamen damit Jean Antoine Carrel um die berühmte Nasenlänge zuvor. Der nämlich hörte ihre Hurra-Schreie vom Gipfel, als er selbst bereits knapp darunter war. Das Ende allerdings kam wie es beinahe kommen mußte: der unsichere Hadow rutschte beim Abstieg aus und riß drei seiner Kameraden mit in die Tiefe. Nur Whymper und die beiden Taugwalder kehrten am Tag darauf nach Zermatt zurück.

Mit der Erstbesteigung des Horns begann auch der unaufhaltsame Aufstieg

Castor, Polux und Breithorn spiegeln sich im Eissee.

von Zermatt – und das, obwohl seine Bewohner zunächst damit überhaupt nichts im Sinn hatten. Als die ersten Fremden kamen, mußte sich der Pfarrer dafür verbürgen, daß die Gäste keine Diebe seien. Noch Ende des 18. Jh. liest man, daß es die Zermatter erst langsam lernen würden, „Botaniker von Schafdieben zu unterscheiden". Als der Naturforscher de Saussure im Jahre 1789 über den Theodulpaß nach Zermatt kam, verwehrte ihm der Pfarrer noch Unterkunft und Verpflegung…

Erst 1839 begann der junge Arzt Dr. Lauber, sein Haus Touristen zu öff-nen. Daraus entstand das Gasthaus „du Mont-Cervin", das erste und einzige Gasthaus Zermatts bis 1852. Danach allerdings sorgte die beginnende Leidenschaft für die Berge für einen mehr als rasanten Aufstieg. Bis 1865 wurden sämtliche Viertausender um Zermatt herum bestiegen, die Zahl der Sommergäste stieg bis auf 80 Personen! Einen Eindruck von dieser Pionierzeit bietet heute das kleine Zermatter Alpinmuseum.

Aus der unendlichen Zahl möglicher Touren von Zermatt aus seien zwei herausgegriffen: zum einen ist es beinahe ein „Muß", mit der berühmten Gornergratbahn per Zahnrad auf 3131 m Höhe hinaufzufahren und den Gornergletscher von oben zu bestaunen. Wer höhenfest ist, darf mit der Seilbahn zum Stockhorn (Bergstation 3405 m) weiterfahren und von dort oben einen der großartigsten, ohne Seil und Pickel erreichbaren Aussichtspunkt der Alpen genießen. Von der Bergstation der Zahnradbahn aus führt ein reizvoller Wanderweg hinunter zum Rand des Gornergletschers und über die Riffelalp hinunter nach Zermatt (2 ½ Stunden).

Wer dagegen dem Matterhorn näher-

kommen möchte, sollte zum wunder-schönen Schwarzsee (2582 m) hinauf-fahren und zur berühmten Hörnlihütte (3260 m, 2 Stunden) wandern. Über den gut ausgebauten Steig müssen auch all die hinauf, die am Folgetag über den Hörnligrat dem Horn zu Leibe rücken möchten. Dazu gibt es eine mehr als ein-drucksvolle Aussicht von dem zwischen Furg- und Matterhorngletscher aufstei-genden Hörnlirücken. Unmittelbar ge-genüber ragen Gabelhorn, Zinalrothorn und Weisshorn in den Himmel, in der Mitte öffnet sich das weite Tal von Zer-matt und darüber glitzert die eisige Glet-

scherwelt um den Monte Rosa und den Weissgrat.

Beim Abstieg zweigt nach einiger Zeit ein Steig nach links gegen die Nordwand des Matterhorns ab. Er führt hinunter zur Stafelalp, von der aus sich die ganze Wildheit der Matterhornnordwand vor dem Beschauer aufbaut. Nach dem Er-reichen des Talbodens folgt der Steig dem Zmuttbach bis hinaus zum Som-merdörfchen Zmutt (1880 m) mit seinen verwitterten, braunschwarzen Holzsta-deln. Nach insgesamt 2 ½ Stunden ist man auch über diesen Weg wieder in Zermatt.

Matterhorn von Süden

46

Schon ein kurzer Blick auf die Karte zeigt, daß der obere Teil des Tales der Dora Baltea und sein Hauptort Aosta von Grenzen und hohen Gebirgszügen eingerahmt sind wie ein Blinddarm. Im Norden und Westen grenzt die Talschaft an Frankreich, was den überall spürbaren französichen Kultureinfluß erklärt. Noch heute spricht ein Teil der Bevölkerung Französisch – immerhin hatte man früher zu Savoyen gehört. Eine gewisse Autonomie gibt es deshalb bis auf den heutigen Tag.

Die strategisch wichtige Lage am Fuße so bedeutender Pässe wie dem Großen und dem Kleinen St. Bernhard brachte es mit sich, daß nicht nur Aosta selbst son-

dern auch das ganze Tal früh befestigt waren. Eindrucksvollste Zeugnisse davon sind die Burganlagen Issogne und Fenis. Beide stammen aus dem 12. Jh., beide erhielten ihre heutige Gestalt im 15. Jh. und beide sind heute wohlerhaltene, wichtige Zeugnisse aus der Übergangszeit von der Spätgotik zur Renaissance.

Schloß Issogne war bereits vor 1151 Wohnturm der Bischöfe von Aosta. Ab 1399 erfolgte die Erweiterung zur gotischen Talburg, auf der 1414 Kaiser Sigismund Station machte. Zur heutigen dreiflügeligen Anlage wurde die Burg bis 1506 ausgebaut. Berühmt ist das Schloß heute vor allem wegen seiner freskierten

Der hl. Georg ist in der Burg Fenis zu finden (oben).

Die Ostwände von Les Jumeaux und Dent d'Hérens über Cervinia (unten).

Das Matterhorn überm Lago Bleu (rechts).

Wandlünetten mit kulturhistorisch bedeutsamen Berufsbildern. In perspektivisch richtig wiedergegebenen Gewerberäumen sind Metzger, Bäcker und Spezereihändler zu sehen. Im Saal der Barone sind die Wände mit illusionistischen Ausblicken in die Landschaft, mit Jagdszenen und dem Motiv „Urteil des Paris" bemalt.

Burg Fenis war ursprünglich eine savoyische Lehensburg, die schon ab 1337 ausgebaut wurde und heute als der besterhaltene Bau höfischer Gotik im Piemont gilt. Von der ursprünglichen Ausstattung sind zahlreiche Fresken in der Art Südtiroler Burgen erhalten. Sie sind allesamt ein Werk des Turiner Hofmalers Giacomo Jaquerio. Schon der Innenhof der Burg ist reich geschmückt. Auf der unteren Galerierückwand sind Philosophen und Heilige auf schwarzweißen Rautensockeln gereiht, die Doppelarkade des Eingangs ziert ein hl. Christophorus, den Raum darüber eine Verkündigung. Das eindrucksvollste Fresko dürfte das über der Treppe zum ersten Geschloß mit dem hl. Georg als Drachentöter sein. Sein Pferd allein beweist die ganze Kunst des Malers.

Weitere Fresken befinden sich in der ehemaligen Burgkapelle, die heute in den Thronsaal übergeht. Zwischen Rautensockeln und figürlichen Medaillons sind eine Kreuzigung, eine Schutzmantelmadonna und Apostel dargestellt. Besonders gelungen ist hier die hl. Katharina an der linken Wand, die ohne weiteres auch von Botticelli stammen könnte.

Der oberen Teil des Tals der Dora Baltea ist vor allem das Tal der Kontraste. Zwischen dem sonnendurchglühten Talknie bei St-Vincent und Châtillon sind es bis zum 2006 m hoch gelegenen Cervinia gerade 20 km Luftlinie. Unmittelbar darüber schwebt bereits der noch einmal 2500 m höhere Riesenfinger des Matterhorns. Die beiden Extreme verbindet das tiefeingeschnittene, aber landschaftlich großartige Valtournanche, das bei Châtillon vom Tal der Dora Baltea nach Norden abzweigt.

Die Fahrt ins Valtournanche sollte man jedoch nicht schon in Châtillon sondern erst in Chambave, 5 km weiter westlich, beginnen. Von dort nämlich geht es zwar kehrenreich, dafür aber mit um so schöneren Ausblicken hinauf zum völlig unbekannten, 1645 m hohen Col de St-Pantaléon. Er bietet eine außergewöhnlich schöne Sicht über die gesamte Valtournanche und ihren Talschluß mit dem majestätisch darüber thronenden Matterhorn. Über Torgnon geht es dann hinunter nach Antey-St-André und damit auch hinunter auf die Talstraße im Valtournanche.

Hinter der Ortschaft Valtournanche bieten die Gouffres des Busserailles noch eine weitere Attraktion. Die riesigen Auswaschungen eines Wasserfalls machen die eindrucksvolle Schlucht attraktiv, die man auch in rund 30 Minuten zu

Fuß durchwandern kann. Über dieser Talstufe weitet sich der Talboden von Cervinia mit seinem so eindrucksvollen Talschluß. Die Grandes Murailles, der Dent d'Hérens, der Furggrat, der Corno del Teodulo und natürlich das alles dominierende Matterhorn bieten hier eine Kulisse, die niemand so schnell vergessen wird.

Um von Cervinia aus der Welt der Gipfel näherzukommen, gibt es natürlich die einfache Möglichkeit, mit der Seilbahn zum 3480 m hohen Plateau Rosa oder zum 3491 m hohen Furggrat hinaufzufahren. Vor allem das Plateau Rosa erschließt die großartige Gletscherwelt zwischen Theodulhorn und Breithorn an der Westseite des Monte Rosa Massivs. Der schönste Blick auf das großartige Talschlußpanorama von Cervinia mit Blick auf Les Jumeaux (3872 m), Dent d'Hérens (4171 m) und Matterhorn (4478 m) erschließt sich jedoch nur dem Wanderer, der zum 2516 m hohen Lago Goillet (1 ½ Std.) hinaufwandert. Wer weitere 2 Stunden Ausdauer beweist, erreicht über den Colle Superiore delle Cime Bianche (2982 m) die 3166 m hohe Gran Sometta und damit der Aussichtspunkt sowohl für das gesamte Valtournanche als auch für den Alpenhauptkamm links und rechts des Matterhorns.

Verwunschene Plaine Morte

47

Die imposanteste mittelalterliche Kirchenburg der Schweiz steht auf dem Felsriff Valeria oberhalb vom heutigen Sion, der früheren keltischen Hauptstadt Seduni. Sions neuere Geschichte begann, als der Walliser Bischof zwischen 565 und 585 im Rückzug vor den Langobarden seinen Sitz von Octodurus (Martigny) nach Sion verlegte und dort den Ausbau seiner Kirchenburg in Angriff nahm. Nach und nach wurde Valeria dann zum festungsartigen Sitz des Domkapitels ausgebaut, Sion wuchs zur Hauptstadt des Wallis.

Die einmalige Lage vom Kirchen- und Burgberg Valeria wird im Tiefblick am einprägsamsten sichtbar. Auf dem zweihöckrigen Hügel hatte es schon ein keltisches Oppidum gegeben, bereits 1049 ist eine ausgedehnte Festung mit einer Kirche darin bezeugt. Noch heute stehen dort Wehrmauern aus dem 12. und 13. Jh. Die heutige Stiftskirche Notre Dame ist ein bedeutendes romanisch-gotisches Baudenkmal aus dem 12. und 13. Jh.

Im Inneren von Notre Dame trennt noch heute ein Lettner aus dem 13. Jh. das Schiff vom Chor und bezeichnet damit gleichzeitig die Grenze zwischen dem romanischen und gotischen Teil der Kirche. Kostbarstes Stück der Ausstattung aber ist zweifellos die Ende des 14. Jh. entstandene Schwalbennestorgel. Ihr dreiteiliges Werk mit 19 Pfeifen ist eine der ältesten noch spielbaren Orgeln

Aus den Wurzeln des Gelben Enzians wird der Enzianschnaps gemacht, auch wenn auf allen Flaschen der Blaue Enzian abgebildet ist.

Das Panorama reicht vom Zinalrothorn bis zum Grand Combin am rechten Bildrand (unten).

Die Kirchenburg Valeria oberhalb von Sion wurde in der zweiten Hälfte des 6. Jahrhunderts gegründet (oben).

Das Panorama setzt sich mit dem Mont Blanc fort. Sein weißer Gipfel schwebt volle 4000 Höhenmeter über den Häusern von Sion.

der Welt. Ihr geschnitztes Gehäuse mit Maßwerkschleiern und krabbenbesetztem Mittelgiebel stammt aus der 1. Hälfte des 15. Jh. Bemalt wurde es 1435 von Peter Maggenberg, von dem auch die übrigen spätgotischen Malereien auf Valeria stammen.

Hinter der trutzigen Gottesburg mit ihren direkt vom Fels bis zu den Schiffsfenstern aufsteigenden Bruchsteinmauern, mit ihrem Zinnenkranz über der Chormauer und dem trutzigen Bergfried des Glockenturms ragen die Dreitausender der nordwestlichen Walliser Berge in den Himmel. Von den Diablerets im Westen über das Wildhorn, das Wetzsteinhorn, das Tothorn und das Schwarzhorn reicht die Spannweite bis zu dem im Osten hinter dem Tothorn versteckten Wildstrubel mit seinem großen Gletscherplateau, dem sagenumwobenen Glacier de la Plaine Morte.

Zwischen Sion im Westen und Sierre im Osten erstreckt sich ein sonniges Plateau hoch über dem Rhônetal. Montana, Vermala und Crans haben sich längst zur bedeutendsten Fremdenregion des Mittelwallis entwickelt. Seilbahnen und Sessellifte erschließen die gesamten Hänge. So kann man etwa von Vermala über die Cabane des Violettes direkt mit der Seilbahn zur Plaine Morte hinauffahren (Bergstation in 2880 m Höhe). Eine Besteigung des immerhin 3244 m hohen

Wildstrubels reduziert sich damit auf die Querung des 4 km breiten Gletscherplateaus und die Bewältigung der verbleibenden 350 Höhenmeter über den Südgrat des Wildstrubel.

Sehr viel reizvoller ist es da schon, den Seilbahnen und ihrem Trubel ganz aus dem Weg zu gehen und dem Wildstrubel im Rahmen einer Zwei-Tagestour „konventionell" zu Leibe zu rücken. Ausgangspunkt dafür ist der 1777 m hoch zwischen Wildhorn und Wetzsteinhorn eingebettete Lac de Tseuzier. Der Stausee ist über eine eigene, in St. Romain oberhalb von Sion abzweigenden Zufahrtsstraße gut erreichbar. Entlang der Westseite des Sees zieht sich der Weg gegen den 2429 m hohen Rawilpaß, dem Übergang hinunter ins Simmental und nach Lenk. Hinter der weitläufigen und etwas duster wirkenden Paßregion zweigt in 2280 m Höhe der Steig zur heimeligen Wildstrubelhütte (2793 m) nach rechts ab.

Der ab See insgesamt rund 4-stündige Hüttenanstieg lohnt sich allein schon wegen der Großartigkeit der Landschaft, dem Reichtum der Flora und nicht zuletzt wegen der Einsamkeit. Die aussichtsreich gegenüber vom Wildhorn gelegene Hütte ist am nächsten Morgen der ideale Ausgangspunkt für die genußvolle Bewältigung des Wildstrubel. Während im Tal noch alle Seilbahnbergsteiger ruhig schlafen, quert man als Hüttengast längst die Plaine Morte und erreicht den Gipfel bevor die Seilbahngondel überhaupt zur ersten Bergfahrt startet. Der frühe Aufstieg hat nicht nur den Vorteil des einsameren Gipfelglücks sondern auch den Vorzug, daß Hin- und Rückmarsch über den ansonsten völlig harmlosen Glacier de la Plaine Morte (gefährlich nur bei Nebeleinfall) im noch nicht zu sehr aufge-

weichten Firn absolviert werden können.

Hat man sich am überwältigenden Gipfelpanorama des Wildstrubels sattgesehen, empfiehlt es sich, nicht den Weg zurück zur Hütte sondern am Ende der Gletscherebene die Seilbahnstation Pointe de la Plaine Morte anzusteuern. Von dort geht es entweder mit der Seilbahn hinunter nach Montana oder zu Fuß zurück zum Lac de Tseusier.

Über der grauen Gletscherebene der Plaine Morte baut sich der Gipfel des Wildstrubels auf (oben).

Auch der Gletscher der Diablerets westlich des Wildstrubels ist im Spätsommer nur noch ein kläglicher Eisrest (unten).

Besuch beim Grand Combin

48

Die riesige Ostwestfurche, die die Rhône dem Granit über Jahrmillionen hinweg abtrotzte, endet bei Martigny abrupt, weil die Gletscher der Eiszeit dort einen Durchbruch nach Norden fanden. Da es von diesem Knick mitten im Hochgebirge nur wenige Kilometer hinaus zum Genfer See sind, liegt es auf der Hand, daß Martigny zu allen Zeiten ein wichtiger Verkehrsknotenpunkt für den transalpinen Verkehr war. Trotz seiner imposanten Höhe von 2469 m spielte dabei der Große St. Bernhard eine bedeutende Rolle.

In Martigny saßen die keltischen Veragrer in einem Oppidum und kontrollierten den Paßzugang, bis sie von den Römern vertrieben wurden. Bereits unter Kaiser Claudius (41–54) wurde aus dem ersten Vicus Octodurus das Forum Claudii Vallensium im Rang eines kaiserlichen Marktfleckens. Aus dieser Zeit stammen noch die Reste eines Amphitheaters und die Fundamente eines gallo-römischen Tempels, die heute den Kern eines Römermuseums bilden. Daß mehr von Kelten oder Römern übriggeblieben wäre, das verhinderte die stürmische Drance, die immer wieder für Zerstörung sorgte. Auch von der einst stolzen, schon vor 1259 erbauten Bischofsburg La Bâtiaz ist nur eine Ruine erhalten, die zu erklettern sich aber dennoch lohnt, weil man von ihrem Felsen einen guten Blick in beide Richtungen des Rhônetales hat.

Nach 13 km im Val d'Entremont, in Sembrancher, zweigt das Tal ab, dem dieser Tourenvorschlag gilt: das Val de

Der dreigehörnte Stierkopf wurde schon von den Römern in Bronze gegossen (oben).

Der Lac de Mauvoisin mit Combin de Corbassière (links).

Bagnes. Sein Zentrum ist die weite Streusiedlung Bagnes mit ihren zahlreichen Dörfern und Weilern. Das ganze Tal gehörte ab 1150 der Abtei St. Maurice. Aus diesem Grund ist auch die Pfarrkirche am Westende des Dorfes diesem Heiligen geweiht. Die heutige spätgotische Stufenhalle wurde bis 1524 erbaut, der polygonale Turm mit seiner hohen Steinpyramide als Dach entstand schon 1488 zur Vorgängerkirche.

Alternativ zur Fahrt durch den Talboden des Val d'Entremont nach Bagnes gibt es auch noch die Möglichkeit, von Martigny-Bourg über den Höhenrücken zwischen Rhônetal und Val d'Entremont ins Val de Bagnes zu fahren. Diese Entdeckungsfahrt durch die im unteren Teil bewaldeten Hänge wird schnell zur aussichtsreichen Panoramafahrt, sobald

nämlich die Straße bei Chemin (1157 m) den Rücken erreicht. Über den Col des Planches (1411 m) geht es hinauf zum immerhin schon 1623 m hohen Pas du Lin, der rund 900 Höhenmeter über Sembrancher liegt und eine entsprechende Aussicht nicht nur hinunter ins Rhônetal sondern auch ins Val d'Entremont und gegen den Großen St. Bernhard hin bietet. Auch der Grand Combin gibt sich erstmals die Ehre, auch wenn man noch nicht so richtig in das riesige Becken des Glacier de Corbassiere hineinschauen kann.

Am Pas du Lin gibt es nun zwei Möglichkeiten. Zum einen kann man die gleichermaßen serpentinen- wie aussichtsreiche Panoramastraße nach Sembrancher hinunterfahren. Zum anderen gibt es aber auch die Möglichkeit, sich nord-

wärts zu halten, nach Sapin Haut hinunterzufahren und von dort den 2174 m hohen Croix de Coeur zu gewinnen. Da das letzte Stück jedoch nicht gerade in bestem Zustand ist, ist es empfehlenswerter, vom Pas du Lin hinunter nach Sembrancher zu fahren und über Verbier den Croix de Coeur von Süden aus anzufahren. Nach Westen ist über einige Kehren sogar die 2354 m hohe Kuppe von Savoleyres zu erreichen. Von ihr zeigt sich der Grand Combin zum ersten Mal in seiner vollen Schönheit. Dents du Midi und Mont Blanc stehen ebenso Parade wie der Westteil der Berner Alpen.

Das Ganze läßt sich noch steigern, wenn man bei der Talfahrt die Abzweigung nach Les Ruinettes zur Mittelstation der Seilbahn zum Mont Gelé (3023 m) wählt. Von seinem Gipfel aus zeigt die grandiose Nordseite des Grand Combin all ihre Geheimnisse. Selbst wer die Fahrt mit der Seilbahn spart, bekommt mit der Weiterfahrt die schönste Panoramastrecke präsentiert. Fast horizontal schlängelt sich der Weg den steilen Hang entlang zu den Almen von La Chaux (2237 m). Von der Alm geht es in zahllosen Kehren direkt hinunter ins Val de Bagnes, das man bei Les Morgnes wieder erreicht.

Taleinwärts bleibt die Straße dem engen Talboden treu und steigt mit ihm stetig bis zum 1840 m hoch gelegenen Fuß der Staumauer des Lac de Mauvoisin. In einer knappen ½ Stunde Fußweg ist die Staudammkrone und damit die Sicht auf den rund 5 km langen fjordartig eingeschnittenen See erreicht. Mit dieser Aussicht allein sollte sich allerdings niemand zufrieden geben. Wenigstens den einstündigen Spaziergang hinauf zur 2115 m hoch gelegenen Alm La Lia sollte man unternehmen. Noch besser allerdings wäre es, bis zum See-Ende und dann vollends hinüber bis zur Cabane de Chanrion (2462 m, 3 ½ Std.) zu wandern.

Diese fast von allen Seiten von Gletschern umrahmte Hütte am Westfuß des Otemma, ist ein wichtiger Stützpunkt für die bei den Skitourenfahrern so beliebte Haute Route, bei der man die gesamte Strecke zwischen Argentière und Saas Fee immer auf Skiern entlang dem Alpenhauptkamm bewältigt. Die Skifahrer kommen dabei von Westen über den Glacier du Mont Durand herunter und steigen am nächsten Morgen über den Glacier d'Otemma ostwärts weiter. Die Hütte selbst bietet den schönsten Blick auf den Grand Combin de Grafeneire. Dieser mit 4314 m höchste Gipfel des Grand Combinmassivs schwebt immerhin 1800 Höhenmeter über der Terrasse der Cabane de Chanrion.

Den See von Fionnay überragt die Tête du Sarschlau (links).

Das Val de Bagne wird dominiert vom Grand Combin (rechts).

Empfang beim „Monarchen" der Alpen

49

Berge haben nicht nur Namen – Berge sind Persönlichkeiten mit ausgeprägtem Eigencharakter. Bester Beweis dafür ist der „Monarch" der Aplen, der Weiße Berg, der Mont Blanc. Nur Banausen würden seine Gletscher zählen wollen, wo er doch seinen Eismantel trägt wie ein König seinen Hermelin. Seine Majestät hat sich sogar so geschickt mit ihrem Mantel verhüllt, daß er teilweise bis zu den Füßen reicht: bis zu 3500 Höhenmeter überwinden seine Gletscher vom Gipfel bis ins Tal!

Wie es sich für Majestäten gehört, hat sich auch der Mont Blanc seine Untertanen lange vom Hals gehalten. Läßt man die Seilbahnen außer Acht, ist das sogar bis heute so geblieben: nur bis auf

1461 m (Col des Montets) können ihm Autofahrer zu Leibe rücken. In Chamonix, der Metropole der Bergsteiger, ist man nur 1034 m hoch und damit 3773 Höhenmeter vom Gipfel entfernt. Um Vergleichbares in den Ostalpen zu finden, müßte man in Meereshöhe unter den Großglockner fahren können! Kommt man aus den Aprikosen- und Pfirsichplantagen des Wallis, ist der Gipfel 4340 m über dem Reisenden! Von Chamonix aus, dieser wohl einmaligen und nur in Frankreich denkbaren Mischung aus Grandhotel und Zeltplatz, Spielcasino und Schnellimbiss, muß man einfach in die Höhe hinauf, heraus aus der beklemmenden Talenge, um nicht das Entscheidende zu versäumen. So-

wohl Nord- wie Südseite bieten sich dafür an – zu jeweils eigenen Bedingungen. Während die Südseite den Zugang mitten hinein in die Eisarena bietet, schafft die Nordseite des Arvetales die nötige Distanz zum Monarchen und gewährt die große Übersicht.

Den schnellsten und besten Überblick bietet die Seilbahnfahrt auf den 2524 m hohen Le Brévent. Allerdings muß man dabei in Kauf nehmen, daß er nicht gerade Bergeinsamkeit bietet. Sie läßt sich jedoch durchaus mit einer Bergwanderung Richtung Nordosten zum Plateau von La Flégère (1877 m) und zum Lac Blanc (2352 m) gewinnen. Gestartet werden kann entweder von der Mittelstation der Seilbahn zum Le Brévent oder von

Das Edelweiß, die „Königsblume" der Berge (links oben).

Das Panorama vom Lac Blanc reicht von der Grand Jorasse bis zum Monarchen selbst (unten).

Am Abend leuchten die Aiguilles (Nadeln) oberhalb von Chamonix (rechts oben).

dessen Gipfel. Wer die von ihm gebotene Aussicht auf das Gesamtmassiv des Mont Blanc nicht versäumen möchte, fährt bis zum Gipfel und wandert dann auf gutem Steig zurück zur Mittelstation. Von dort schlängelt sich ein gut gepflegter Steig oberhalb der Waldgrenze weitgehend horizontal hinüber nach La Flégère (2 Stunden ab Gipfel Le Brévent).

Ist schon der gesamte Panoramaweg ein natürlicher Aussichtsbalkon für das Mont Blanc-Gebiet, so steigert sich dessen Angebot mit dem Anstieg zum Lac Blanc erneut mit jedem Meter. Vor allem der malerisch zwischen glattgeschliffenen Felsblöcken eingebettete See liefert der Aussicht hinüber zur Aiguille Verte

den besonderen Pfiff dadurch, daß er der „Grünen Spitze" die Möglichkeit besonders hübscher Spiegeleffekte liefert. Rechts von der Aiguille Verte öffnet sich das riesige Gletscherbecken, das von den Franzosen nicht umsonst Mer de Glace genannt wird. Weiter nach Westen folgt das Pfeiler- und Türmelabyrinth der Aiguilles de Chamonix, dahinter türmt sich die weiße Haube des Monarchen. Im Abstieg vom Lac Blanc in Richtung Montroc tauchen noch weitere Seen auf, darunter die malerischen Lacs des Chésery. Bis hinunter ins Tal sind es insgesamt 3 Stunden ab La Flégère.

Ein ganz anderes Mont Blanc-Abenteuer wartet in La Fayet, wenig westlich von Chamonix. Dort kann man sich unter

das Häuflein internationaler Gipfelaspiranten mischen und ein wenig von der Atmosphäre schnuppern, die Bergsteiger verbreiten, wenn sie sich kurz vor der Verwirklichung ihres Lebenstraumes sehen. Ermöglicht wird das von der „Tramway du Mont Blanc", der von Le Fayet zum Nid d'Aigle (2386 m) hinaufführenden Zahnradbahn. Mit ihr fahren sie alle, aus welchem Erdteil sie auch angereist sind, mit ihren riesigen Rucksäcken und ihren noch riesigeren Erwartungen, lautstark redend oder mehr still in sich gekehrt, die Ungewißheit überspielend. Der nicht so ambitionierte Bergfreund hat den Vorteil mit seiner Leistungsfähigkeit nicht auf den Prüfstand zu müssen (nicht einmal jeder

Zweite schafft den Aufstieg) und kann deshalb in aller Ruhe die Aussicht bei der Auffahrt genießen.

An der Endstation läßt man ruhig den ganzen Tatzelwurm losmarschieren, denn je mehr Zeit man sich läßt, desto sicherer erreicht man trotz der großen Höhe in knapp 3 Stunden die Tête Rousse Hütte in immerhin 3167 m Höhe. Zum Gipfel des Monarchen fehlen immerhin noch 1640 Höhenmeter, doch steht man andererseits immerhin fast 200 m höher als die Zugspitze. Da macht

es dann schon fast nichts mehr aus, daß der weitere Weg ab Hütte den entsprechend ausgerüsteten Könnern vorbehalten bleiben muß.

Wer dennoch unbedingt noch höher hinaus möchte, für den gibt es die knapp 2800 Höhenmeter bewältigende Seilbahn zum 3795 m hohen Nordgipfel der Aiguille du Midi. Sie bringt den staunenden Passagier mitten hinein in die denkbar grandioseste Hochalpenszenerie und bis auf ganze 967 Höhenmeter unter den höchsten Punkt der Alpen. Die letzte

Steigerung bringt schließlich die Télécabine de la Vallée Blanche, mit der man über das Vallée Blanche und den Glacier du Géant, vorbei an den Granitnadeln des Mont Blanc du Tacul und hinüber zur Pointe Helbronner (3462 m), auf den Grenzgrat zwischen Frankreich und Italien hinüberfährt.

_____

Der Dent du Géant (Zahn·des Riesen) über dem Mer du Glace.

140

Unter die Südwände des Monarchen

50

Courmayeur im oberen Aostatal ist nicht nur einer der ältesten Luftkurorte der Alpen. Es ist auch der Ort, wo kaum 100 m neben dem Gletscher das erste Getreide wächst und wo die berühmtesten Bergführer zu Hause sind. Es ist aber auch der Ort, über den sich die Südwände des Mont Blanc-Massivs als eine bis zu 3500 m hohe und volle 25 km breite Riesenmauer in den Himmel aufschwingt. So weltberühmte Aufstiege wie der Peuterey Grat oder die Brenva Flanke sind hier zu finden – permanente Herausforderung an die Elitebergsteiger, die das Eis genauso sicher beherrschen wie den Fels.

Der früher von Norden her nur sehr umständlich erreichbare oberste Zipfel des Aostatales ist heute durch den genau unter der Aiguille du Midi durchführenden 12 km langen Basistunnel von Chamonix aus leicht erreichbar. Nach der Tunnelfahrt von Nord nach Süd kommt man bei Entrèves wieder ans Tageslicht und damit in eine Welt rostbrauner Felsenwildnis mit einem ganz eigenen Reiz. Sie näher kennenzulernen ermöglichen gleich zwei Seitentäler, die hier nach Südwesten und Nordosten abzweigen: das Val Veni und das Val Ferret. Beide zusammen bilden die riesige Südostmauer des Mont Blanc-Massivs und ermöglichen deshalb die interessantesten Einblicke in bis zu 3500 m hohe Wandabstürze aus Fels und Eis.

Den Abstürzen des östlichen Teils des Mont Blanc-Massivs kommt man durch eine Fahrt ins Val Ferret näher. Bestimmend ist hier im Vorblick eine gewaltige Felsbastion der 4208 m hohen Grandes Jorasses, flankiert von Aiguille du Géant (4013 m), Dome de Rochefort (4015 m) und Aiguille de Leschaux (3759 m). Vom 1642 m hoch gelegenen La Vachey gibt es dann einen besonders eindrucksvollen Rückblick auf die weiße Haube des eigentlichen Mont Blanc-Gipfels (4807 m) sowie auf den wild zerrissenen Peuterey Grat.

Die Autofahrt ins Val Ferret endet zu Füßen des Glacier de Triolet, bei den Almen von Arnouva. Den Kaskaden des

Das Schusternagl ist der kleinste Enzian.

Der Lac de Miage unter den Südwänden des Mont Blanc (rechts).

20 m über den See aufragt. Entsprechend dem Vorschub des Gletschers brechen immer wieder Scheiben von der Eiswand ab, die dann wie Eisberge in arktischen Gewässern auf dem See treiben. Daß man nicht in der Arktis ist, daran erinnern nur die Lärchen am Seeufer. Ganz genau nördlich des Sees ragt der Hauptgipfel des Mont Blanc in den Himmel, der jedoch nicht von diesem sondern von der gewaltigen Felsenburg Aiguille Noire de Peuterey dominiert wird. Die 3772 m hohe, wie geschliffen wirkende Spitze, die gewaltigen zerklüfteten Grate und die furchterregenden Kaskaden von Frêney- und Brouillardgletscher bilden ein Hochgebirgsszenario, das in den gesamten Alpen ohne Beispiel ist.

Den 2020 m hoch gelegenen Lac du Miage erreicht man über eine bis Visaille (1659 m) ganz gut ausgebaute Straße mit überraschend schöner Aussicht. Der erste Paukenschlag ist der Brenvagletscher, der von den Südwänden des Mont Maudit kommt und sich aus 3600 m Höhe als wilder Eiskatarakt ins Tal hinunterwälzt. Den zum Schluß etwas holprigen Weg verläßt man am Lac de Combal, einem sumpfigen Wiesenboden, auf dem einst ein ziemlich großer, heute allerdings fast ganz verlandeter See stand. Knapp 20 Minuten sind es dann noch zu Fuß hinauf zum Lac du Miage und seinen schwimmenden Eisbergen.

Die Attraktivität des Gletschersees sorgt an manchen schönen Tagen für gar nicht so geringen Andrang. Da mag es dann durchaus verlockend sein, das Ganze aus etwas höherer Warte zu betrachten. Dafür wandert man von den Sumpfwiesen des Lac de Combal in 1 ½ Studen hinauf zum 2516 m hohen Col de la Seigne und gewinnt damit die schönste Aussicht über die Tarantaise. Vom Paß schlängelt sich der Weg südostwärts auf die Nordseite der südlichen Talflanke des Val Veni, berührt den 2603 m hohen Col de Chavannes und erreicht schließlich in 2758 m Höhe den Gipfel des Mont Fortin.

Er ist der wohl beste Logenplatz für das Studium der Mont Blanc-Südabstürze. 700 m tiefer glänzt das winzige Auge des Lac du Miage, schräg von links wälzt sich der riesige Miagegletscher hinunter und genau im Norden blinkt der weiße Hut des höchsten Alpengipfels. Genau 8 km Luftlinie ist er entfernt, gut 2000 Höhenmeter ist der Gipfel noch höher als der eigene Standort. Der Abstieg erfolgt schließlich direkt nach Norden hinunter zum Lac de Combal.

Trioletgletschers kann man mit einer Wanderung hinauf zum Rifugio Dalmazzi (2584 m) näher kommen. Eher noch schöner aber ist die ebenfalls 2 ½ stündige Wanderung hinauf zum 2537 m hohen Col Ferret, von dem sowohl das italienische wie das schweizerische Val Ferret zu überblicken sind. Die Einblicke in die Südostabstürze des Mont Blanc-Massivs sind vor allem vormittags besonders instruktiv und von großartiger Schönheit.

Das nach Südwesten von der Hauptstrecke abzweigende Val Veni steht dem Val Ferret in nichts nach. Als Dreingabe bietet es sogar eine echte Rarität: einen natürlichen Gletschersee, wie man ihn sonst allenfalls auf Grönland findet. Der Lac du Miage ist ein Kind des Miagegletschers, dessen letzte Bruchkante rund

Glacier de la Lée Blanche und Aigiulle de Tré la Tête (links).

Der Südabbruch des Mont Blanc überragt den Lac de Miage um 2750 Höhenmeter (rechts).

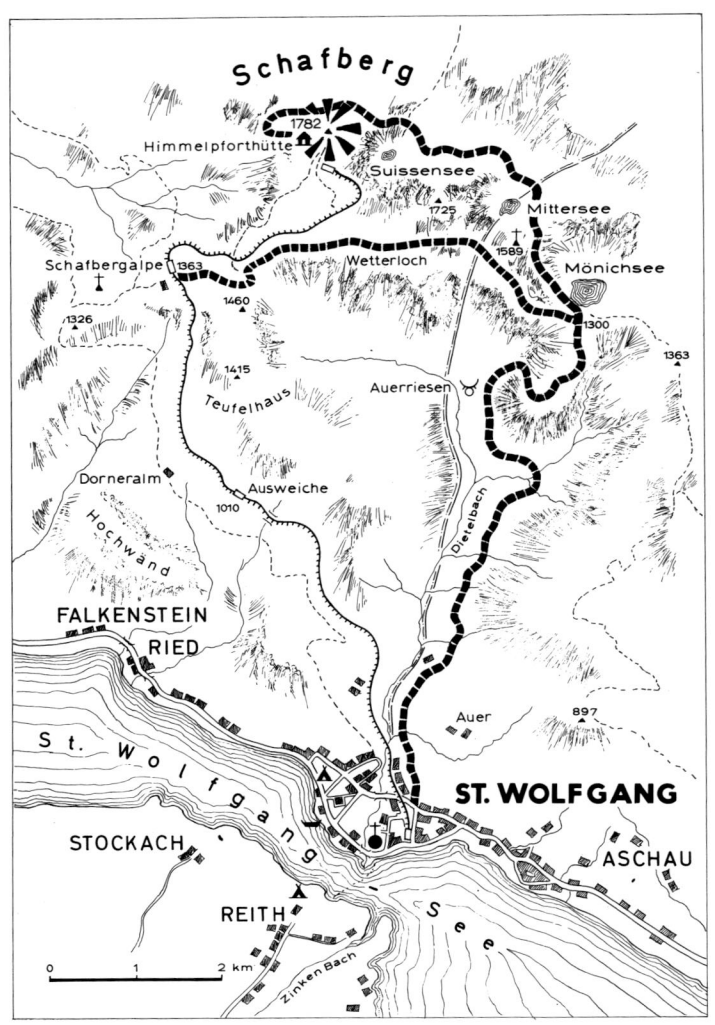

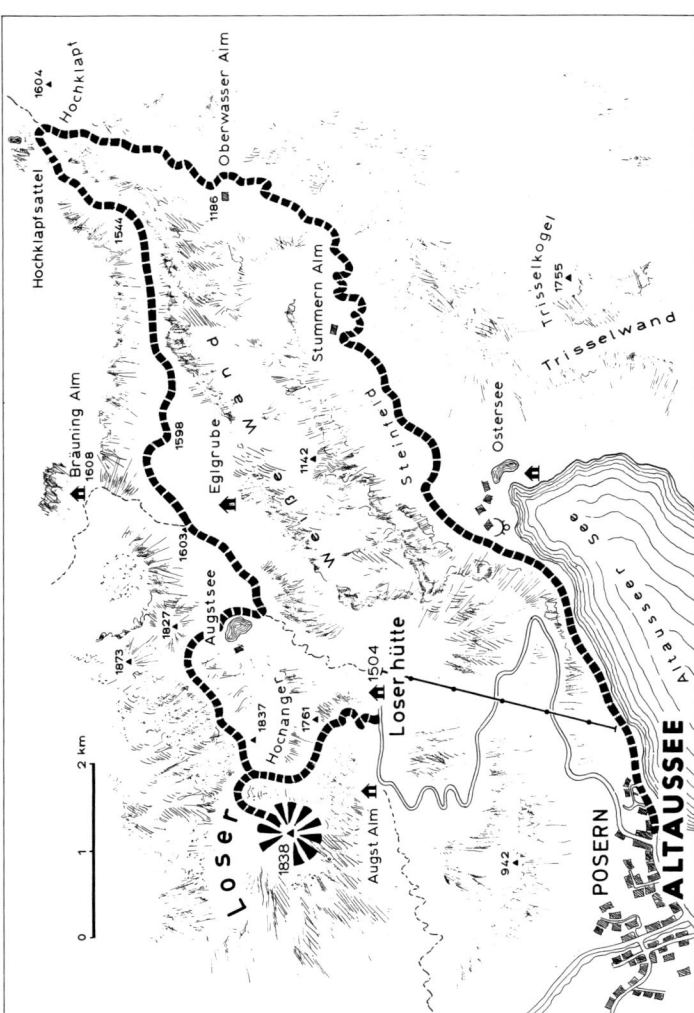

1 Mit der Schnauferlbahn auf den Schafberg

St.-Wolfgang-See, durch die Operette »Im Weißen Rößl« weltbekannt gewordener See, der ursprünglich Abersee hieß. Der freundliche, zwischen sanften Wald- und Wiesenhügeln eingebettete See ist ein äußerst beliebtes Ziel für Ferien und Wassersport. Mit 13,5 qkm Fläche und einer Tiefe bis zu 114 m gehört er zu den größeren Seen des Salzkammergutes.

St. Wolfgang liegt malerisch auf einem schmalen, sonnigen Uferstreifen zwischen den Westhängen des Schafberges und dem See. Das Gasthaus »Weißes Rößl« gibt es noch, allerdings längst in erneuerten Räumen. Eine einmalige Kostbarkeit enthält die spätgotische Pfarrkirche mit dem Wandelaltar von Michael Pacher (1481). Kaum weniger sehenswert ist der Doppelaltar Schwanthalers, der für sich ein Meisterwerk barocker Plastik ist. In der Wolfgangkapelle frühbarocke Deckenfresken und eine Orgel von 1626.

St. Gilgen liegt am Nordwestende des Wolfgangsees, bietet die schönste Aussicht über den See gegen die höheren Berge im Süden und hat eine Seilbahn zum 1525 m hohen Zwölferhorn.

Schafberg ist die Aussichtskanzel im Zentrum des Salzkammergutes. Er ist seit 1893 mit einer dampfbetriebenen Zahnradbahn erschlossen.

Stützpunkte

Schafbergalpe, 1365 m, privat, am Südhang des Schafberges, von St. Wolfgang 2 Stunden, Zahnradbahn zum Haus.

Schafberghotel, 1782 m, privat, am Gipfel des Schafberges

Zu erreichen

Anfahrt nach St. Wolfgang von Salzburg – Fuschl = 45 km.

Gehzeiten

Schafberg – Himmelspforte – Mönichsee = 1½ Stunden.

Mönichsee – St. Wolfgang = 2 Stunden.

Mönichsee – Station Schafbergalpe = 1½ Stunden.

2 Ins Herz des Salzkammergutes

Ausseerland, der weite Wald- und Wiesengrund zwischen den mächtigen Gebirgsstöcken des Toten Gebirges und des Dachsteins. Zentraler Ort ist Bad Aussee.

Bad Aussee verdankt Existenz und Reichtum dem Salz. Noch um 1500 gab es hier 15 Salzwerke. Die wichtigsten Bauten der »Hallinger« (der Salzfamilien) und der Salzverwaltung sind am alten Markt noch erhalten: der Kammerhof aus dem 14. Jh., das Hoferhaus mit Fresken aus dem 16. Jh., das Sgraffitohaus, ebenfalls aus dem 16. Jh., und das Geburtshaus Anna Plochls, der späteren Gemahlin von Erzherzog Johann. Die Pfarrkirche hat ein romanisches Schiff aus dem 13. Jh. und ein vierjochiges Seitenschiff aus dem 15. Jh. Die Marienkapelle birgt das schönste Stück des Ausseerlandes: eine Madonna aus Stein, von einem unbekannten Meister um 1420 geschaffen.

Altaussee, hier lag ursprünglich das landesfürstliche Salzwerk, das erst 1290 nach Bad Aussee verlegt wurde. Von Mai bis Oktober ist das Salzbergwerk zu besichtigen.

Loser, einer der schönsten Aussichtsberge weit und breit, der steil überm Nordufer des Altausseer Sees aufragt. Bis zum Parkplatz Augstsee in 1600 m Höhe kann man dem 1838 m hohen Loser mit dem Wagen über die aussichtsreiche Panoramastraße zu Leibe rücken. In 1300 m und in 1600 m Höhe gibt es je einen offiziellen Startplatz für Drachenflieger.

Stützpunkt

Loser Hütte, 1504 m, AV, südlich unterm Losergipfel, von Altaussee 2 Stunden,

Zu erreichen

Anfahrt nach Altaussee von Salzburg – Bad Ischl = 89 km. Anfahrt von Linz – Westautobahn – Gmunden – Bad Ischl = 133 km.

Gehzeiten

Parkplatz Augstsee – Loser – Augstsee – Hochklapf – Altaussee = 5½ Stunden

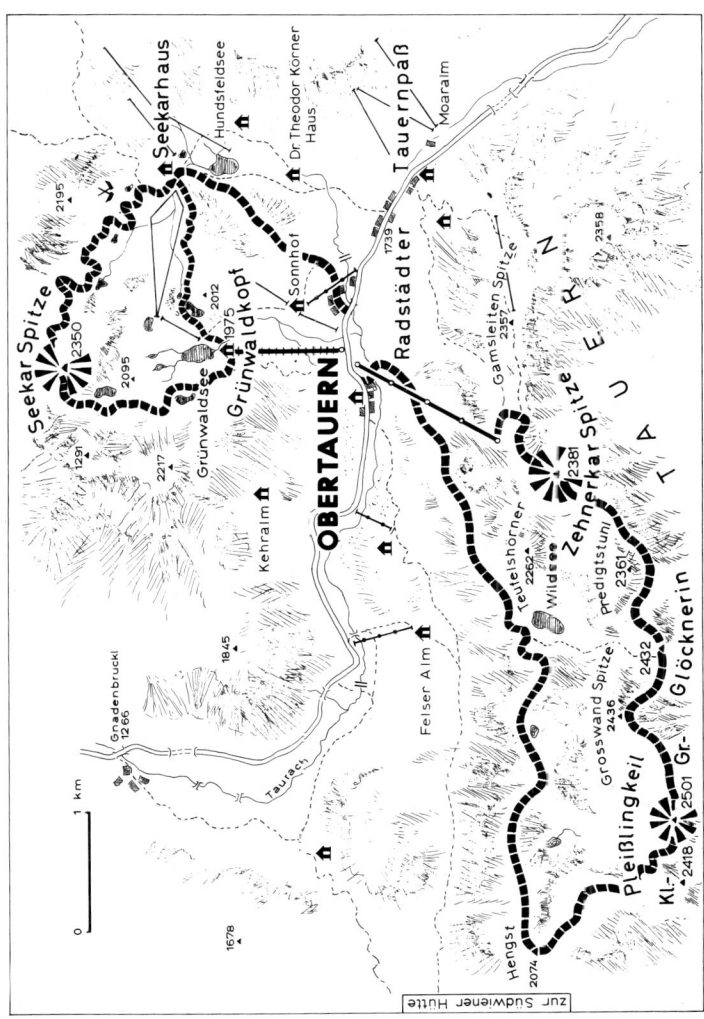

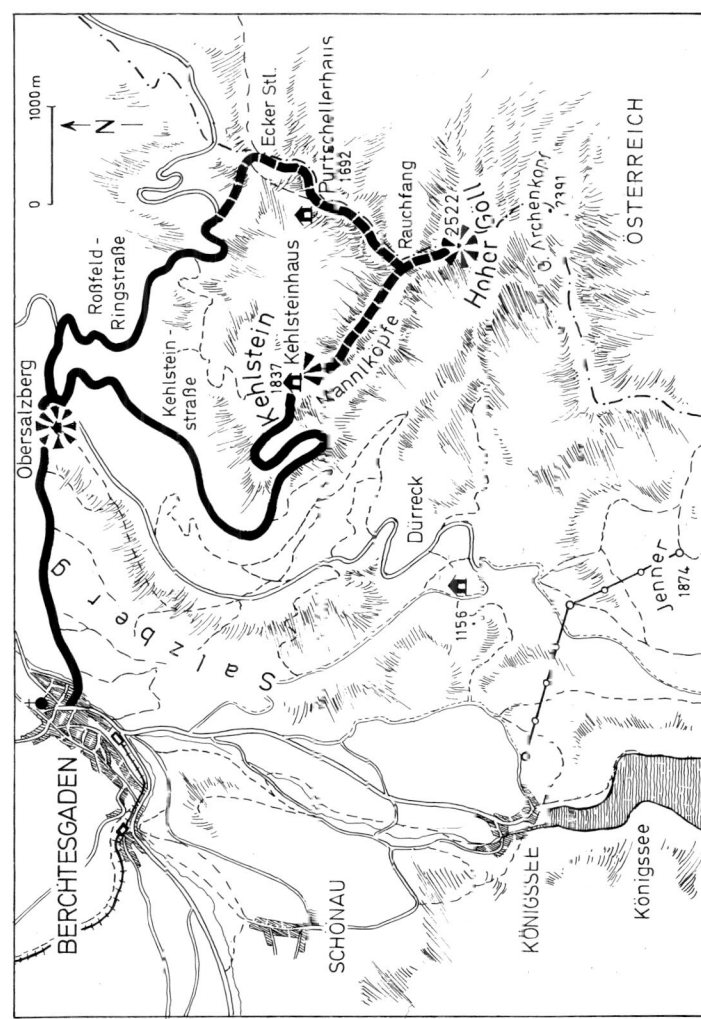

3 Zackenkämme überm Radstätter Tauernpass

Radstätter Tauernpaß, uralte Verbindungsstraße zwischen Salzburg und Venedig. Zur Römerzeit wurde der Paß als Militärstraße ausgebaut, im Mittelalter diente er als Salzweg. Die nördliche Rampe zwischen Radstatt und dem 1738 m hohen Sattel führt durch das waldreiche Tauerntal. Entlang der Straße, die meist noch der alten Trasse folgt, finden sich immer wieder römische Meilensteine. Kurz vor der Scheitelhöhe steht eine kleine Kirche aus dem Jahr 1619. Auf der Südseite geht es gemächlich durch das ebenfalls sehr waldreiche Tal der Lungauer Taurach nach Mauterndorf hinunter.

Radstatt, altes Städtchen im oberen Ennstal mit Resten der Befestigungsanlagen aus dem 13. Jh.

Mauterndorf, kleiner Marktflecken am Südfuß des Tauernpasses im Wiesenhochtal der Lungauer Taurach.

Obertauern, Hotelsiedlung entlang der Paßhöhe. Nach beiden Seiten zahlreiche Liftanlagen, die zum größten Teil für die Skifahrer errichtet wurden und im Sommer stillstehen.

Stützpunkte

Südwiener Hütte, 1802 m, AV, auf der Oberen Pleißlingalm, von Untertauern 2¹/₂ Stunden.
Seekarhaus, 1797 m, AV, nördlich des Radstätter Tauernpasses, von Obertauern ¹/₂ Stunde.

Zu erreichen

Anfahrt nach Obertauern von Salzburg – Werfen – Radstatt = 94 km.
Anfahrt von Villach – Spittal – Mauterndorf = 108 km.

Gehzeiten

Grünwaldkopf – Seekar Spitze – Seekarhaus – Obertauern = 2¹/₂ Stunden.
Zehnerkar – Zehnerkar Spitze – Glöcknerin – Hintere Großwandspitze – Hengst = 4¹/₂ Stunden.
Hengst – Talstation der Zehnerkar Bahn = 2 ¹/₂ Stunden.

4 Luftiges über Berchtesgaden

Berchtesgaden verdankt Existenz und Reichtum zunächst einem Augustiner Chorherrenstift und später dem Salz. Die Kirche des Stiftes wurde 1122 geweiht, der heutige frühgotische Chor entstand zwischen 1283 und 1303. In ganz Bayern hat er kein Gegenstück. Wertvollstes Stück der Ausstattung ist das Chorgestühl mit Tiergestalten an den Wangen (1436 - 43) Aus den einstigen Konventsgebäuden wurde eine fürstpröpstliche Residenz, heute ist hier das Schloßmuseum untergebracht. Der spätromanische Kreuzgang ist das älteste Bauwerk Berchtesgadens.

Maria Gern, wenig nördlich von Berchtesgaden, entstand bis 1724 als Wallfahrtskirche und ist ein kleines Rokokojuwel. Das Gnadenbild selbst wurde 1666 von Wolf Hueber geschnitzt. Die Längsellipse des Innenraumes ist mit einem zauberhaften Rokokohimmel überwölbt.

Schloß Adelsheim birgt als Heimatmuseum, was das Berchtesgadener Land an Kostbarkeiten produziert hat, Einen Schwerpunkt bildet die Holzschnitzkunst.

Kehlstein, mit 1835 m hervorragender Aussichtspunkt oberhalb von Berchtesgaden. Das Kehlsteinhaus war einst Hitlers "Adlerhorst".

Ramsau, liebliches Hochtal zwischen Reiteralpe, Hochkalter und Watzmann. Am Hintersee und im Zauberwald ausgedehnte Spazier- und Wandermöglichkeiten.

Stützpunkte

Kehlsteinhaus, 1835 m, am Nordwestgrat zum Hohen Göll, Buszufahrt zum Haus.
Purtschellerhaus, 1692 m, auf dem Eckerfirst, von Berchtesgaden 3 Stunden.

Zu erreichen

Anfahrt von Salzburg = 25 km.

Gehzeiten

Kehlstein - Hoher Göll = 3 Stunden.
Hoher Göll - Purtschellerhaus = 2 Stunden.
Purtschellerhaus - Roßfeldstraße = 1 Stunde.

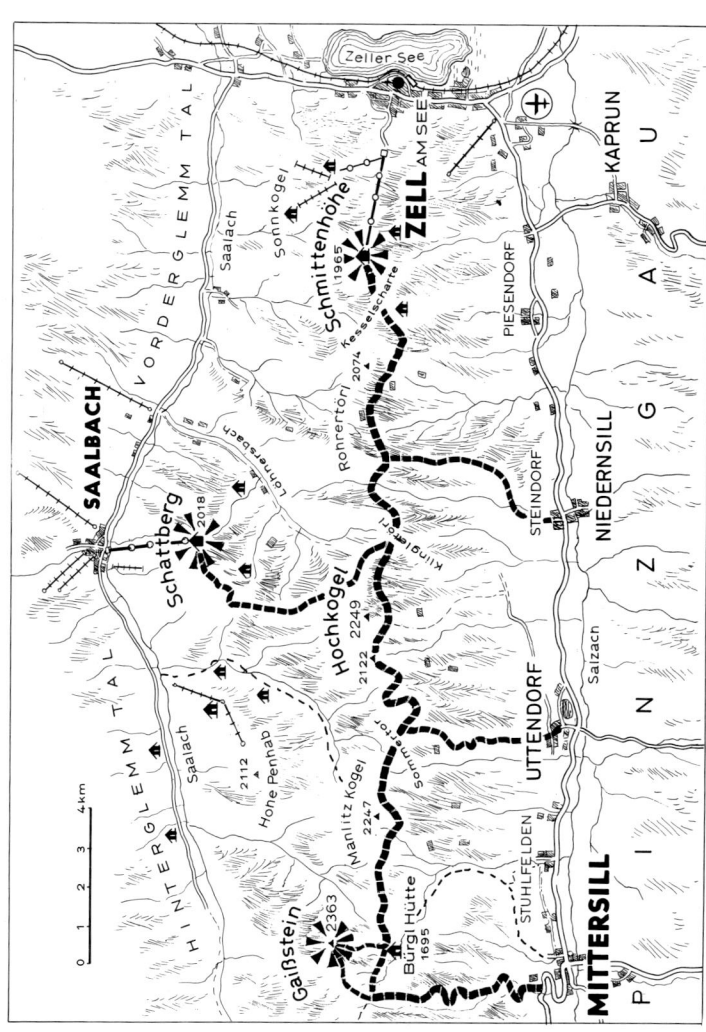

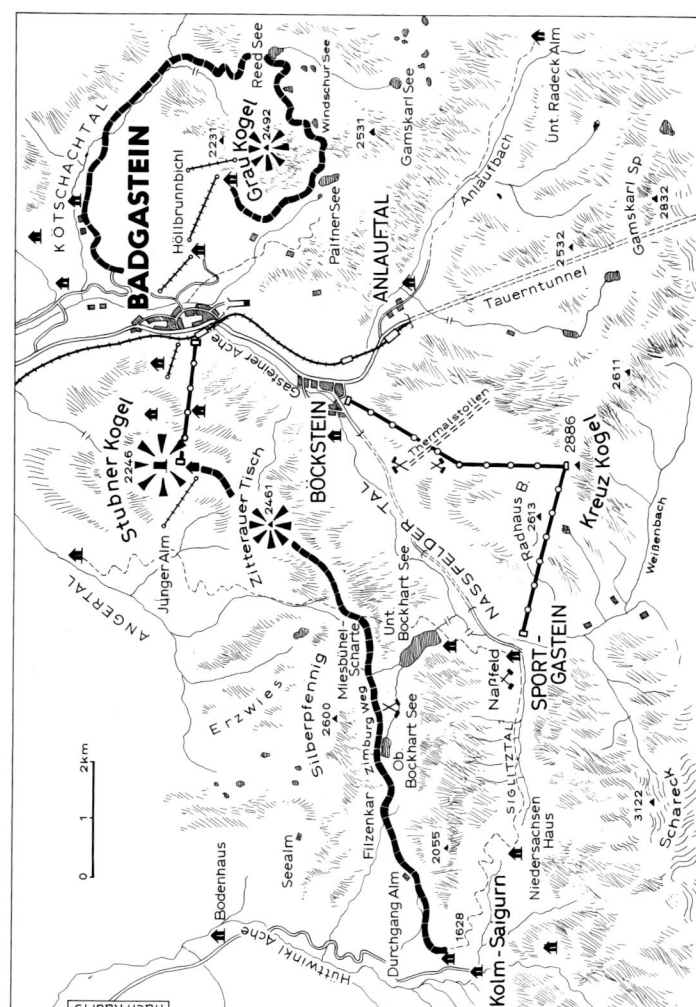

5 Pinzgauer Spaziergang

Zeller See, der 750 m hoch gelegene, 4 Kilometer lange, 1¹/₂ Kilometer breite und bis zu 69 m tiefe See, liegt wunderschön zwischen Schmittenhöhe im Westen und Hundstein im Osten.

Zell am See liegt reizvoll am Westufer des Zeller Sees am östlichen Fuß der Schmittenhöhe. Schon um 740 wurde es als »Cella in Bisoncio« (= Pinzgau) von Salzburger Mönchen gegründet. Zahlreiche alte Bauwerke.

Schmittenhöhe, trotz ihrer nur 1968 m Höhe mit Abstand der schönste Aussichtsberg der gesamten Kitzbüheler Alpen. Nach Norden übersieht man die Nördlichen Kalkalpen vom Wilden Kaiser bis zum Dachstein, nach Süden bauen sich über dem Staubecken des Kapruner Tales die Hohen Tauern mit dem Großglockner und dem Großvenediger auf. Von hier starten wir zum Pinzgauer Spaziergang.

Saalbach, Hauptort des Glemmtales, das von der Saalach durchflossen wird. Im Winter ist das gesamte Glemmtal eine einzige Skiarena, im Sommer kann man vom Schattberg aus den Pinzgauer Spaziergang beenden und mit der Bahn nach Saalbach hinunterfahren.

Stützpunkte
Pinzgauer Haus, 1695 m, Naturfreunde, südlich der Schmittenhöhe, von der Bergstation ¹/₂ Stunde.
Viertalalm, 1564 m, privat, am Abstieg nach Uttendorf.
Bürglhütte, 1699 m, privat

Zu erreichen
Anfahrt nach Zell am See von Salzburg – Bischofshofen = 103 km.
Anfahrt von Salzburg – Lofer – Saalfelden = 89 km.

Gehzeiten
Schmittenhöhe – Gernkogel – Schattberg – Saalbach (Abstieg mit der Bahn) = 4¹/₂–5 Stunden.
Schmittenhöhe – Bürglhütte = 6–7 Stunden.
Bürglhütte – Gaißstein – Mittersill = 4 Stunden.

6 Über den großen Gasteiner Höhenweg

Gasteiner Tal steigt in zwei Stufen über dem Salzachtal nach Süden zur Nordkette der Hohen Tauern an. Der streckenweise malerische Talboden wird von der Ache durchflossen. Die Erschließung brachte die 1901–1909 gebaute Tauernbahn.

Badgastein, das »Wolkenkratzerdorf« zwischen Stubner und Grau Kogel, ist der 1000–1100 m hoch gelegene Hauptort des Gasteiner Tales. Seine 18 radonhaltigen Thermalquellen mit Temperaturen zwischen 28° und 47° C haben den Kurort weltberühmt gemacht.

Sportgastein, das 1600 m hohe Naßfeld unter Schareck (3122 m) und Geisel Kogel (2974 m), wurde vor allem für die Skifahrer erschlossen. Die Mautstraße zur Valerie Hütte (1588 m), der Sessellift zum Schideck (2150 m) und die Seilbahn zum Schareck (3104 m, im Bau) bieten aber auch im Sommer zahllose Möglichkeiten.

Böckstein liegt auf der obersten Talstufe des Gasteiner Tales, wo Anlauftal und Naßfelder Tal zusammentreffen. Hier mündet der Tunnel der Tauernbahn.

Stützpunkte
Reedseehütte, 1832 m, AV, am Reedsee, nicht bewirtschaftet.
Bockhartseehütte, 1917 m, privat, am Bockhartsee, von Böckstein 2¹/₂ Stunden.
Valerie Haus, 1588 m, privat, im oberen Naßfeld, Kfz zum Haus.
Ammerhof, 1650 m, privat, in Kolm-Saigurn im Talschluß des Rauriser Tales, Kfz zum Haus.

Zu erreichen
Anfahrt nach Badgastein von Salzburg – Bischofshofen – Lend = 105 km.

Gehzeiten
Bergstation der Grau-Kogel-Bahn – Reedsee – Badgastein = 4 Stunden.
Stubner Kogel – Zitterauer Tisch – Zimburg Weg – Bockhart Scharte – Kolm-Saigurn = 5–6 Stunden.

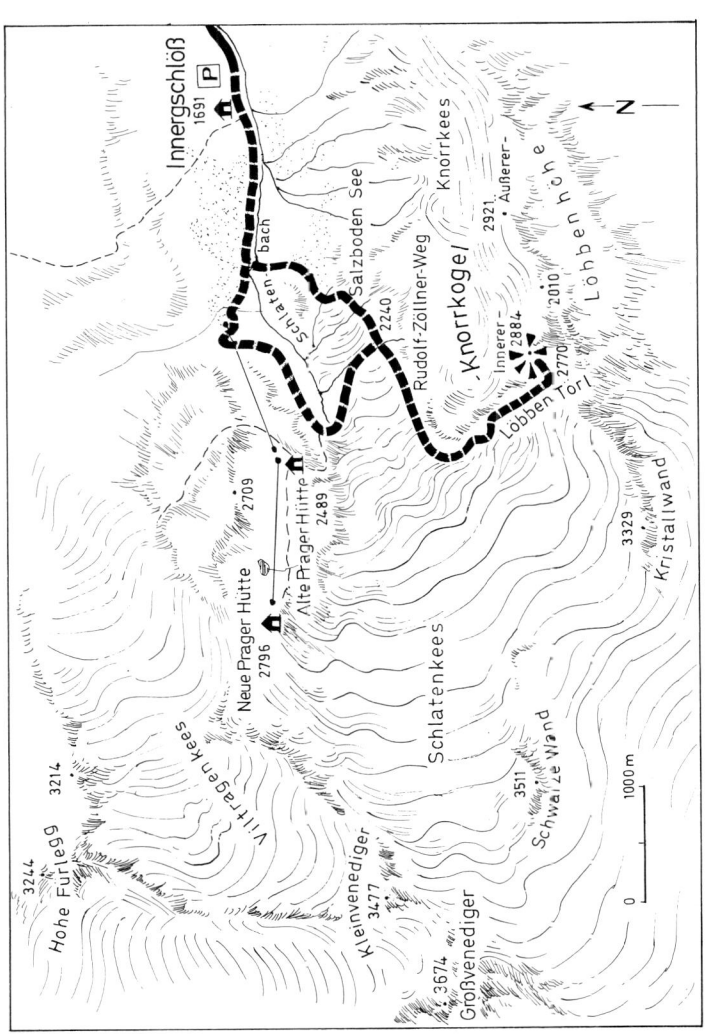

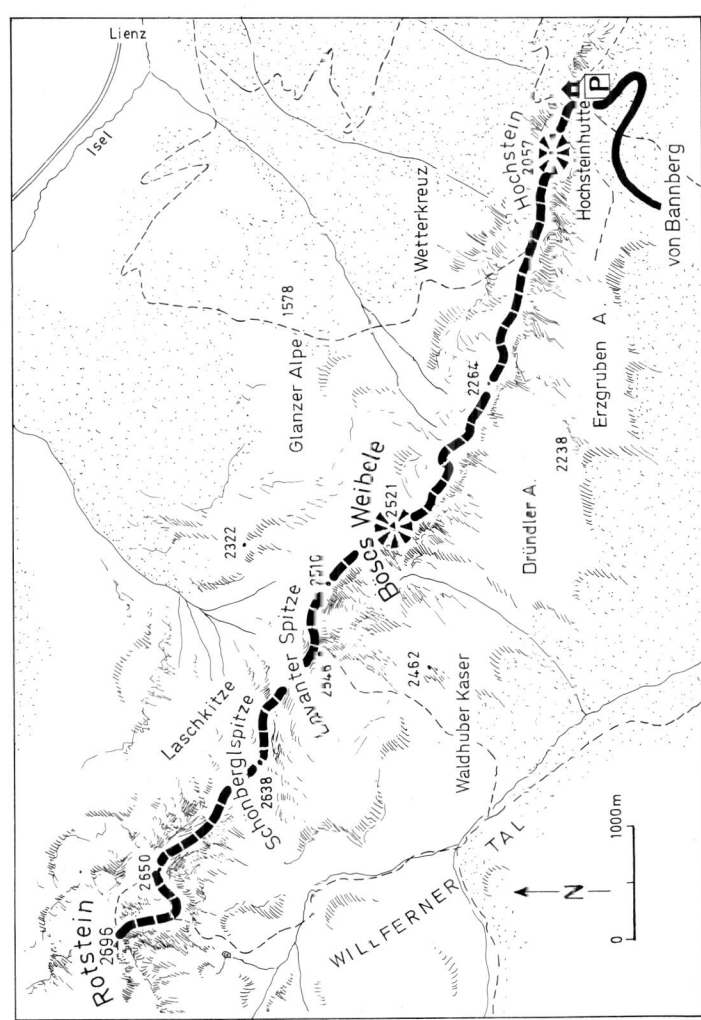

7 Gletscher über Matrei

Felbertauernstraße, der erste direkte und wintersichere Übergang nach Osttirol.

Matrei liegt auf der Südseite der Hohen Tauern. Schon in vorgeschichtlicher Zeit gab es hier Siedlungen. Sehenswert sind die Pfarrkirche mit dem gotischen Fassadenturm und die Kirche St. Nikolaus.

Zedlach ist mit Welzelach im Virgental die älteste Siedlung im ganzen Gebiet und liegt wunderschön überm Eingang ins Virgental.

Gletscherweg, vom österreichischen Alpenverein und der Nationalpark-Kommission Hohe Tauern errichteter Lehrpfad im hintersten Gschlöß-Tal, an der Zunge des Schlatenkees. Der Lehrpfad ist vom Matreier Tauernhaus aus auf gutem Weg leicht zu erreichen.

Wasserschaupfad Umbalfälle beginnt und endet bei der Pebelalm (1513 m) im obersten Iseltal und bietet auf 3 km Länge alles Wissenswerte um wilde Wasser im Gebirge.

Stützpunkte

Matreier Tauernhaus, 1512 m, privat, südlich des Felber Tauern, Kfz zum Haus.

Innergschlöß (Venedigerhaus), 1725 m, privat, im Tauerntal, vom Matreier Tauernhaus 1½ Stunden.

Neue Prager Hütte, 2796 m, AV, an der Ostseite des Großvenedigers, von Innergschlöß 3½ Stunden.

St. Pöltner Hütte, 2481 m, AV, auf dem Felber Tauern, von der Bergstation des Venedigerliftes 2½ Stunden.

Zu erreichen

Anfahrt nach Matrei von Zell am See – Mittersill – Felbertauernstraße = 60 km.

Gehzeiten

Matreier Tauernhaus – Innergschlöß = 1½ Stunden.
Gletscherweg = 4 Stunden.

8 Übers Böse Weibele auf den Rotstein

Lienzer Dolomiten, ein Teil der Gailtaler Alpen, die erst der Altbürgermeister Rohracher vor kaum einem Menschenalter auf ihren heutigen Namen getauft hat. Das dreieckige Massiv, dessen Nordspitze in das Lienzer Becken vorstößt, wird im Norden von der Drau, im Osten vom Gailbergsattel und im Süden von der Gailtalfurche begrenzt. Den neuen Namen verdankt das Massiv hauptsächlich der Vielzahl einzelner Gipfelgestalten, die steil in hohe Tröge oder auch unmittelbar bis ins Tal abbrechen und so an die Südtiroler Dolomiten erinnern.

Tristacher See ist der größte See Osttirols. Trotz seiner Höhe von 826 m erreicht er Temperaturen bis zu 22° C.

Lavant, das kleine Dorf im Osten von Lienz am Fuße der Lienzer Dolomiten, ist bekannt durch seine seit 1948 ausgegrabene frühchristliche Kirchenanlage. Die Anlage war zeitweise die Residenz des Bischofs von Aguntum und dürfte im 4. Jh. n. Chr. entstanden sein. Zu Beginn des 6. Jhs. wurde sie durch einen Felssturz zerstört.

Stützpunkte

Lienzer Dolomitenhütte, 1620 m, privat, am Weg zur Karlsbader Hütte.

Karlsbader Hütte, 2260 m, AV, südlich der Laserz Wand, von der Lienzer Dolomitenhütte 2½ Stunden.

Kerschbaumeralm-Schutzhaus, 1902 m, ö. Touristenklub Wien, auf der Kerschbaumer Alm, von Leisach 4 Stunden.

Zu erreichen

Anfahrt nach Lienz von Zell am See – Mittersill – Felbertauernstraße = 90 km.

Gehzeiten

Hochstein – Böses Weibele = 2 Stunden.
Böses Weibele – Rotstein = 2½ Stunden.

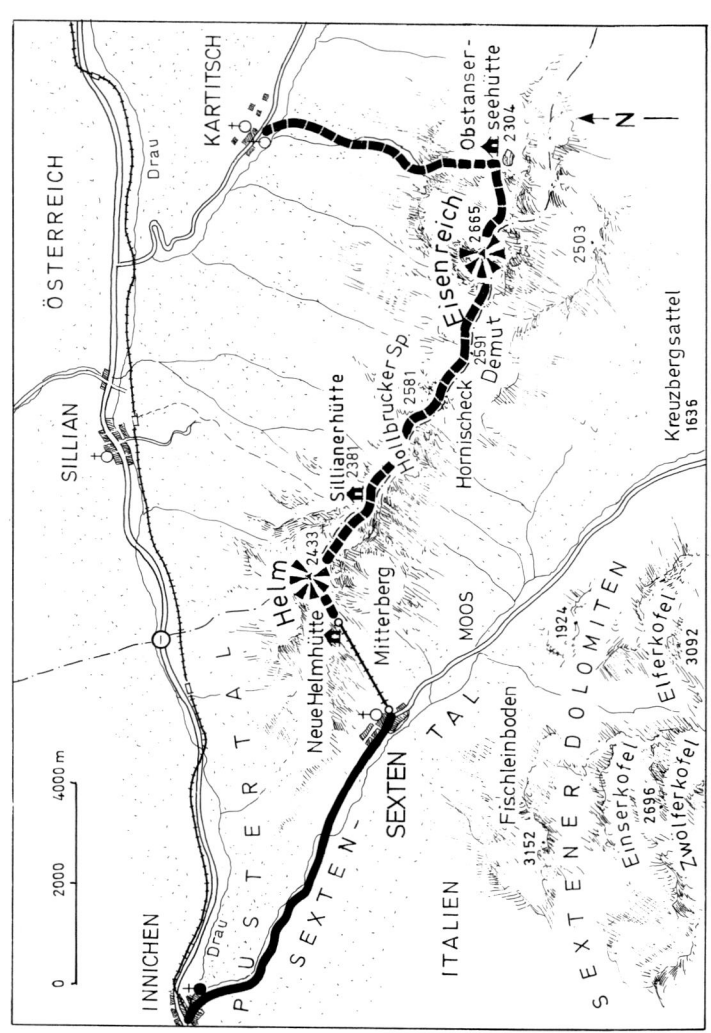

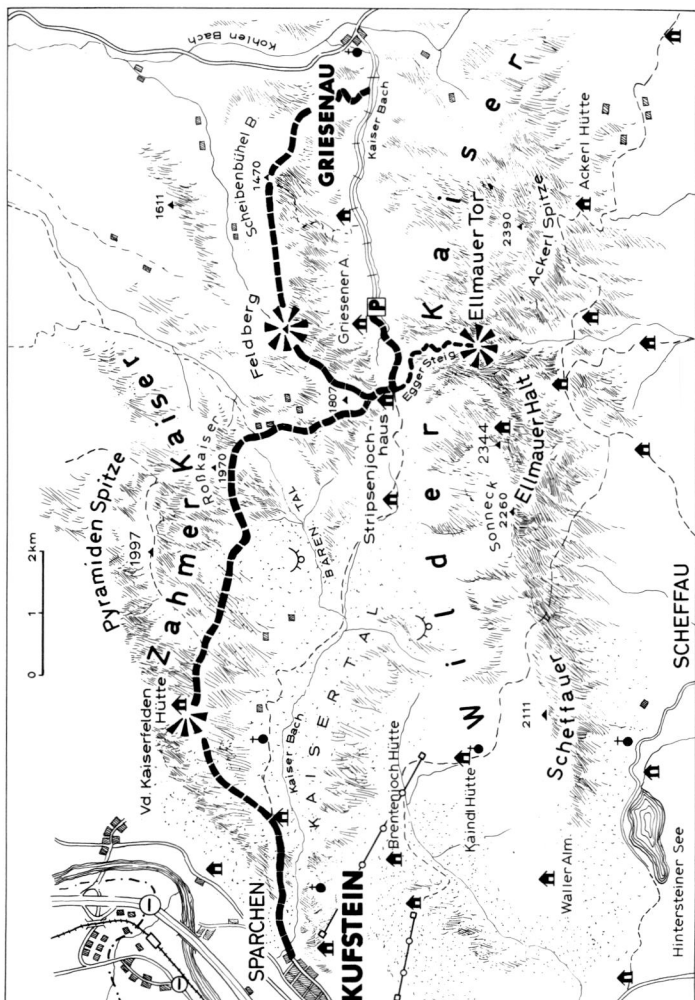

9 Zur Sextener Sonnenuhr

Innichen, die Stiftskirche St. Candidus und Korbinian ist neben dem Dom von Trient das bedeutendste romanische Denkmal von ganz Tirol. Kostbarstes Stück der Innenausstattung ist das Innicher Kreuz, eine um 1200 im Pustertal geschnitzte Kreuzigungsgruppe, die den Sieg über den Tod zeigt. Die Fresken in der Vierungskuppel entstanden um 1280 und zeigen die Erschaffung der Welt als Sechs-Tage-Werk sowie die Vertreibung von Adam und Eva aus dem Paradies. Das Fresko an der südlichen Außenwand malte M. Pacher um 1480. Dargestellt sind Kaiser Otto I. und die hll. Candidus und Korbinian. Das ausgezeichnete Kreuzigungsfresko auf der Orgelempore malte Meister Leonhard von Brixen um 1468.

Fischleinboden, das malerische Wiesental liegt im Herzen der Sextener Dolomiten. Neuner-, Zehner-, Elfer-, Zwölfer- und Einserkofel ergeben von Sexten aus gesehen die berühmte Sextener Sonnenuhr.

Helm, der nordwestliche Eckpfeiler des karnischen Hauptkammes bietet mit seinen 2433 m Höhe eine Aussicht wie aus dem Flugzeug. Sie reicht von den Karnischen Alpen im Osten bis zu den Zillertaler und Stubaier Gletschern im Westen.

Stützpunkte

Neue Helm Hütte, 2140 m, an der Nordschulter des Helm, Sessellift bis zum Helm Restaurant.

Obstansersee Hütte, 2300 m, am Obstanser See, von Kartitsch 2 1/2 Stunden.

Hinterberger Hütte, 2418 m, von der Leckfeldalm 1 Stunde.

Zu erreichen

Anfahrt von Lienz = 45 km.

Gehzeiten

Neue Helm Hütte - Helm = 1 Stunde.

Helm - Hinterberger Hütte = 1/2 Stunde.

Hinterberger Hütte - Obstansersee Hütte = 3 1/2 Stunden.

Obstansersee Hütte - Kartitsch = 2 Stunden.

10 Zahmes im Wilden Kaiser

Wilder Kaiser, eines der beliebtesten alpinen Gebiete, das bis heute die besten Kletterer herausfordert.

Kufstein ist eine alte Tiroler Grenzstadt am Westrand des Wilden Kaisers. Die Burganlage wird schon 1205 erwähnt. Maximilian I. hatte die Stadt 1504 den Bayern abgenommen und anschließend stark befestigt. Der 90 m hohe Kaiserturm entstand 1518–1522. Im Bürgerturm steht die Heldenorgel, der man jeden Mittag 12 Uhr lauschen kann. Außerdem gibt es in der Feste ein sehenswertes Heimatmuseum. Als »Revanche« für den kaiserlichen Erfolg von 1504 brannten die Bayern die Stadt 1703 nieder. Das mittelalterliche Stadtbild ging dabei verloren.

Kaisertal, das tief eingeschnittene, waldreiche Tal teilt das Massiv in den nördlichen Zahmen Kaiser und den südlichen Wilden Kaiser. In der Tischofer Höhle im Kaisertal weisen Funde darauf hin, daß Steinzeit-

jäger schon vor 10 000 Jahren das Tal durchstreiften.

Hintersteiner See, leicht von Scheffau erreichbar, in 883 m Höhe malerisch gelegener See, in dem sich die schroffen Wände des 2111 m hohen Scheffauer spiegeln.

Stützpunkte

Stripsenjoch Haus, 1580 m, AV, auf dem Stripsenjoch, von der Griesner Alm 1 1/2 Stunden.

Vorderkaiserfelden Hütte, 1384 m, AV, südlich der Naunspitze, von Kufstein 3 Stunden.

Zu erreichen

Anfahrt nach Griesenau von Innsbruck – Wörgl – St. Johann = 107 km.

Gehzeiten

Griesner Alm – Stripsenjoch Haus = 1 1/2 Stunden.

Griesner Alm – Steinerne Rinne – Stripsenjoch Haus = 4 Stunden.

Stripsenjoch Haus – Vorderkaiserfelden Hütte = 3 Stunden.

Vorderkaiserfelden Hütte – Sparchen = 2 Stunden.

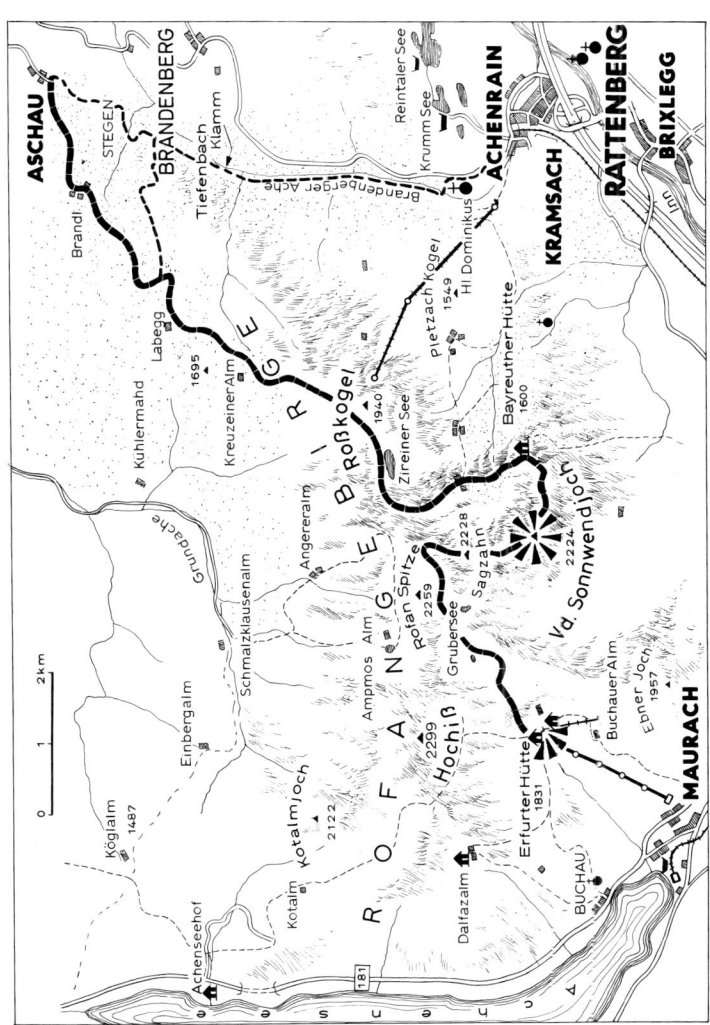

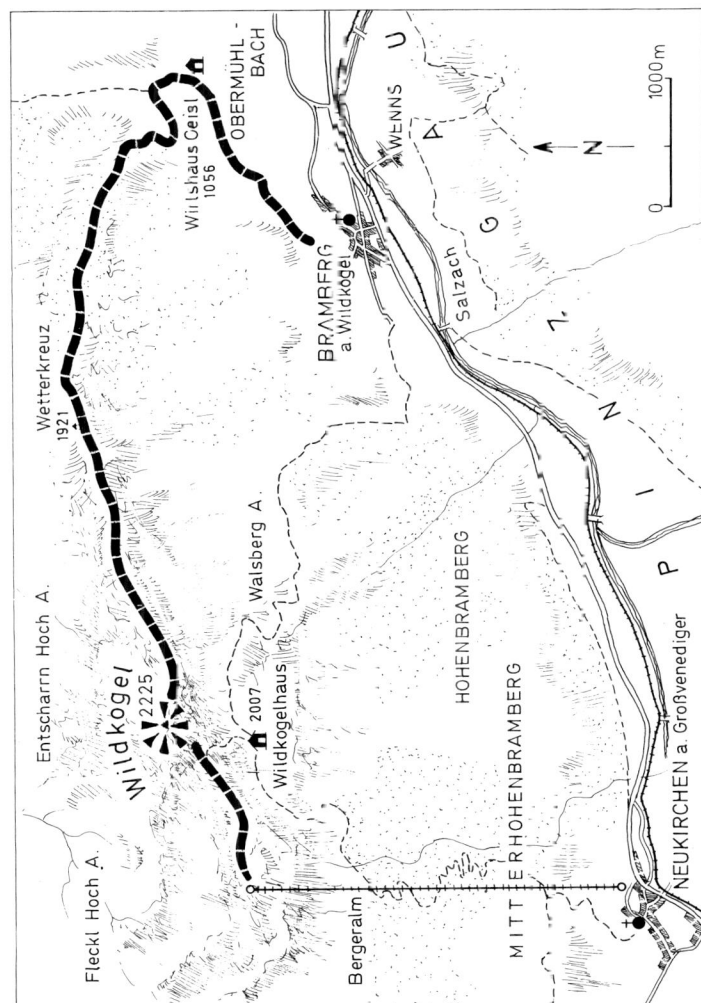

11 Aussichtsnest über Inn- und Zillertal

Rofan, ein »Minigebirge« zwischen Achensee im Westen, dem Inntal im Süden, dem Tal der Brandenberger Ache im Osten und dem Steinberger Tal im Norden. Der geringe Durchmesser von nur etwa 10 Kilometer darf aber nicht darüber hinwegtäuschen, daß es sich um ausgewachsenes Hochgebirge handelt. Aus dem Inntal sind es immerhin 1750 Höhenmeter zur Spitze des Vorderen Sonnwendjoches hinauf.

Achensee, das hellgrüne, 929 m hoch gelegene, 9 km lange und etwa 1 km breite Wasser, ist nicht nur Tirols größter, sondern auch schönster See. Er liegt wie ein nordischer Fjord zwischen dem Rofan im Osten und dem Karwendel im Westen.

Maurach, am südlichen Ende des Achensees und am Westfuß des Rofans gelegen. Von hier führt die Rofanseilbahn zur 1834 m hohen Erfurter Hütte, die einen prächtigen Ausblick über den See und hinüber ins Karwendel bietet.

Rattenberg liegt unterm Südostzipfel des Rofans im Inntal und ist mit knapp 800 Einwohnern die kleinste Stadt Tirols. Es zeigt mit seinen gut erhaltenen Bürgerhäusern aus dem 15. und 16. Jh. noch ein ganz mittelalterlich anmutendes Stadtbild.

Kramsach, an der Einmündung des Brandenberger Tales in das Inntal. Von hier Sessellift zum 1788 m hohen Roßkopf am östlichen Ende des Rofans.

Stützpunkte

Erfurter Hütte, 1834 m, AV, auf dem Mauritzköpfl neben der Bergstation der Rofanseilbahn.

Bayreuther Hütte, 1600 m, AV, südöstlich vom Vorderen Sonnwendjoch, von Kramsach 3 Stunden, von der Bergstation des Sesselliftes auf den Roßkopf 1 Stunde.

Gehzeiten

Erfurter Hütte – Schafsteigsattel = 2½ Stunden.

Schafsteigsattel – Bayreuther Hütte = 2 Stunden.

Bayreuther Hütte – Zireiner See – Aschau = 3½ Stunden.

12 Besuch beim Großvenediger

Neukirchen, an der Nordseite des Großvenedigers im oberen Pinzgau, entstand anstelle des im Mittelalter von einer Mure verschütteten Dorfes Mitterdorf. Seine spätgotische Pfarrkirche birgt eine Marienstatue aus der Zeit um 1500 sowie eine ganz vorzüglich gearbeitete Marmorgrabplatte mit dem Relief des Ritters Georg von Neunkirchen.

Wildkogel, der 2225 m hohe Hausberg der Neukirchner, erhielt seinen Namen durch einen Hörfehler und ist keineswegs nur ein beliebter Skiberg. Das ganze Jahr bietet er eine hervorragende Aussicht über die gesamten Kitzbüheler Alpen sowie nach Süden auf den Alpenhauptkamm mit Großglockner und Großvenediger.

Bramberg, wenig westlich von Neukirchen gelegen, ist das älteste Kirchdorf des gesamten oberen Salzachtales. Schon Mitte des 12. Jh. gab es hier eine Kirche, die heutige wurde 1511 fertiggestellt. Sie birgt eine um 1425 in einer Salzburger Werkstatt gefertigte

eindrucksvolle Marienklage aus Steinguß. Im Bramberger Lehrerhaus entstand Ende des 18. Jh. der erste Atlas des Erzbistums Salzburg.

Krimmler Wasserfälle, östlich unterhalb der Gerlos. Mit 395 m Fallhöhe gelten sie als die grandiosesten der gesamten Alpen. Über drei große Kaskaden stürzt das Gletscherwasser von gleich zwölf Gletschern zu Tal.

Stützpunkt

Wildkogel Haus, 2007 m, am Kamm des Wildkogel, von der Bergstation des Sesselliftes ½ Stunde, von Neukirchen 3 Stunden.

Zu erreichen

Von Zell am See - Mittersill = 45 Km. Von Innsbruck - Zell am Ziller - Gerlos = 95 Km.

Gehzeiten

Bergstation Wildkogel Bahn - Wildkogel = 1 Stunde.

Wildkogel - Wirtshaus Geisl = 2 ½ Stunden.

Wirtshaus Geisl - Bramberg = ½ Stunde.

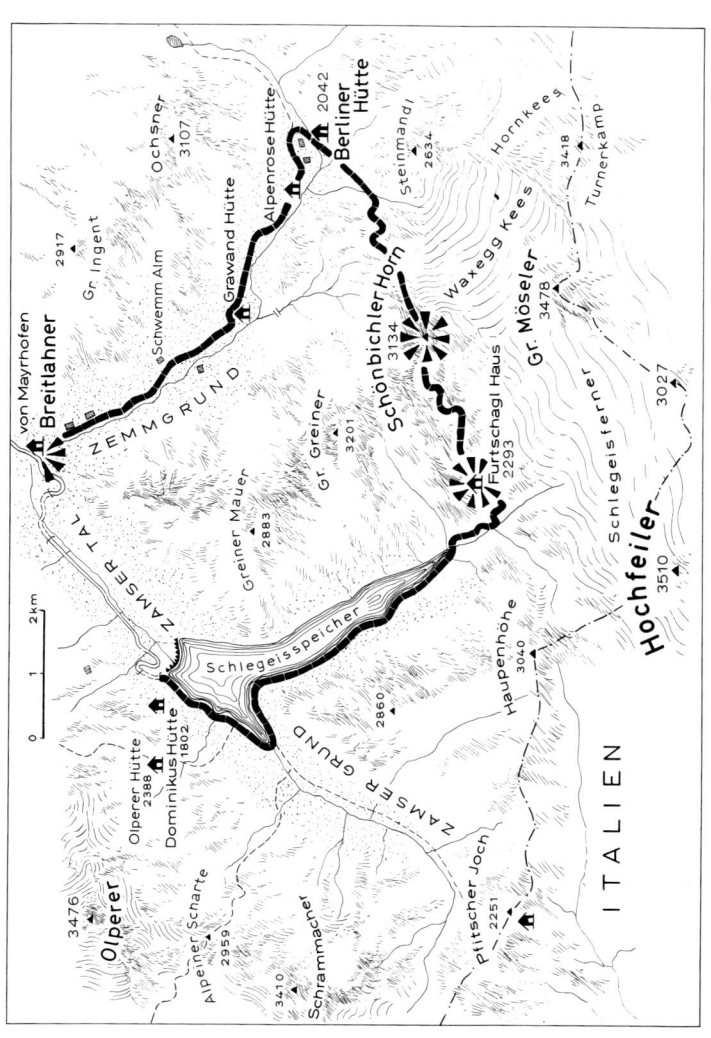

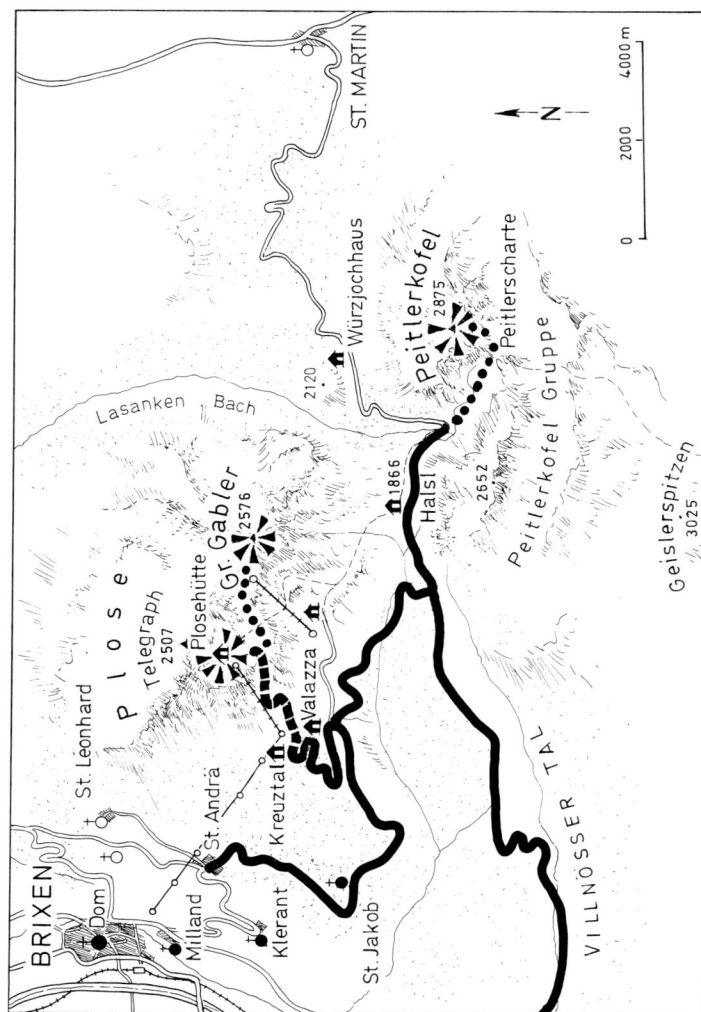

13 Zillertaler Kees-Erlebnis

Zillertal, das größte, breiteste und fruchtbarste Seitental des Inntales. Sein mildes Klima und die anziehende Umgebung bieten vielerlei Möglichkeiten.

Zillergrund zieht von Mayrhofen 14 Kilometer südostwärts bis zum Gasthaus Bärenbad (1433 m), ist von der Ziller durchflossen und erfreut durch seine Einsamkeit. Mit dem eigenen Pkw Fahrt nur bis Brandberg gestattet, dahinter nur noch Kleinbus.

Stillupptal ist das am tiefsten eingeschnittene und am wenigsten besiedelte der vier Hochtäler, in die sich das Hauptal teilt.

Zemmgrund führt ins Herz der Zillertaler Alpen. Dank des Baues des Schlegeis-Speichers gibt es eine gute Fahrstraße bis zur neuen Dominikus Hütte, bis Breitlahner Bus. Ab Breitlahner heißt der Grund Zamser Tal.

Tuxer Tal ist am leichtesten zugänglich, hat die meisten Bewohner und ist bei den Skifahrern besonders beliebt, weil die Hintertuxer Gletscher bis weit in den Sommer hinein gute Skimöglichkeiten bieten (Gletscherbahn).

Stützpunkte

Dominikus Hütte, 1685 m, privat, überm Westufer des Schlegeis-Stausees, Kfz zum Haus.

Furtschagl Haus, 2295 m, AV, im Schlegeisgrund, von der Dominikus Hütte 2½ Stunden.

Berliner Hütte, 2040 m, AV, auf der Schwarzensteinalm im obersten Zemmgrund, von Breitlahner 3 Stunden.

Grawandhaus, 1640 m, privat, im Zemmgrund, von Breitlahner 1½ Stunden.

Zu erreichen

Anfahrt nach Mayrhofen von Innsbruck – Straß = 69 km.

Gehzeiten

Dominikus Hütte – Furtschagl Haus = 2½ Stunden.

Furtschagl Haus – Schönbichler Horn – Berliner Hütte = 5 Stunden.

Berliner Hütte – Breitlahner = 2½ Stunden.

14 Stolzes über der Brixener Dolomitenstraße

Brixen, die alte Bischofsstadt am Eisack, birgt Kunstwerke aus acht Jahrhunderten. Der Domkreuzgang wurde um 1200 errichtet und um 1360 mit Kreuzrippen gewölbt. Er enthält gotische Fresken aus der Zeit zwischen 1330 und 1509. In der Liebfrauenkirche, an der Westseite des Kreuzganges, sind romanische Fresken von 1215, in der Johanneskirche, an der Südseite des Kreuzganges, sind frühgotische Fresken aus dem 13. und 14. Jh. erhalten. Den Dom zieren barocke Deckenfresken von 1750. Reicher Domschatz.

Klerant, das Kirchlein St. Nikolaus des kleinen Weilers oberhalb von Brixen, enthält einen großartigen Freskenzyklus aus der Zeit um 1475. Zu sehen sind Passionsszenen mit alttestamentarischen Vorbildern. Berühmt ist der gepanzerte Elefant in der Szene vom Tod von Eleazar.

Karnol, in dem frei auf einem kleinen Hügel stehenden Kirchlein St. Johann, das bereits um 1113 geweiht wurde, entstanden die Fresken im Chor um 1500. Das Langhaus wurde im 16. und 17. Jh. ausgemalt.

Plose Gipfelstraße, die mautfreie, 26 km lange Straße zur 2446 m hoch gelegenen Plose Hütte überwindet rund 1900 Höhenmeter, ist bis zum Gasthof Kreuztal (2012 m) asphaltiert und darüber als Naturstraße gut gepflegt.

Würzjoch, der 1987 m hohe Übergang im Zuge der Brixener Dolomitenstraße, ermöglicht die direkte Verbindung zwischen dem Eisack- und dem Gadertal.

Stützpunkt

Plose Hütte, 2446 m, am Gipfel der Plose, Pkw zum Haus.

Zu erreichen

Anfahrt von Innsbruck - Brixen = 80 km.

Gehzeiten

Lasankenbach - Peitlerscharte = 2 Stunden.

Peitlerscharte - Peitlerkofel = 2 Stunden.

Peitlerkofel - Lasankenbach = 3 Stunden.

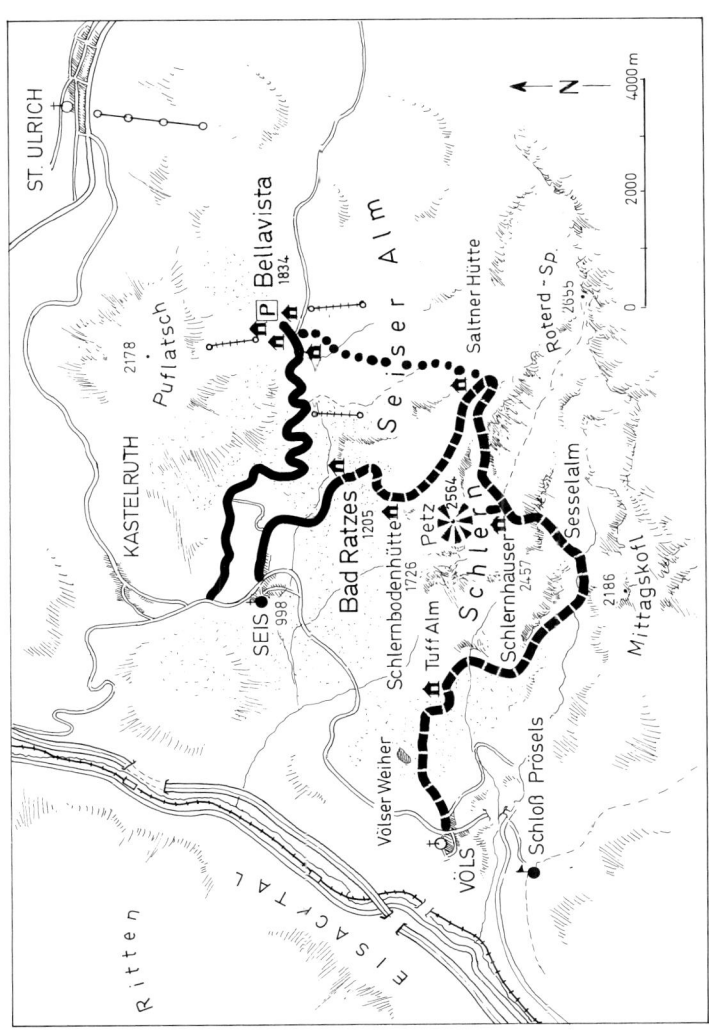

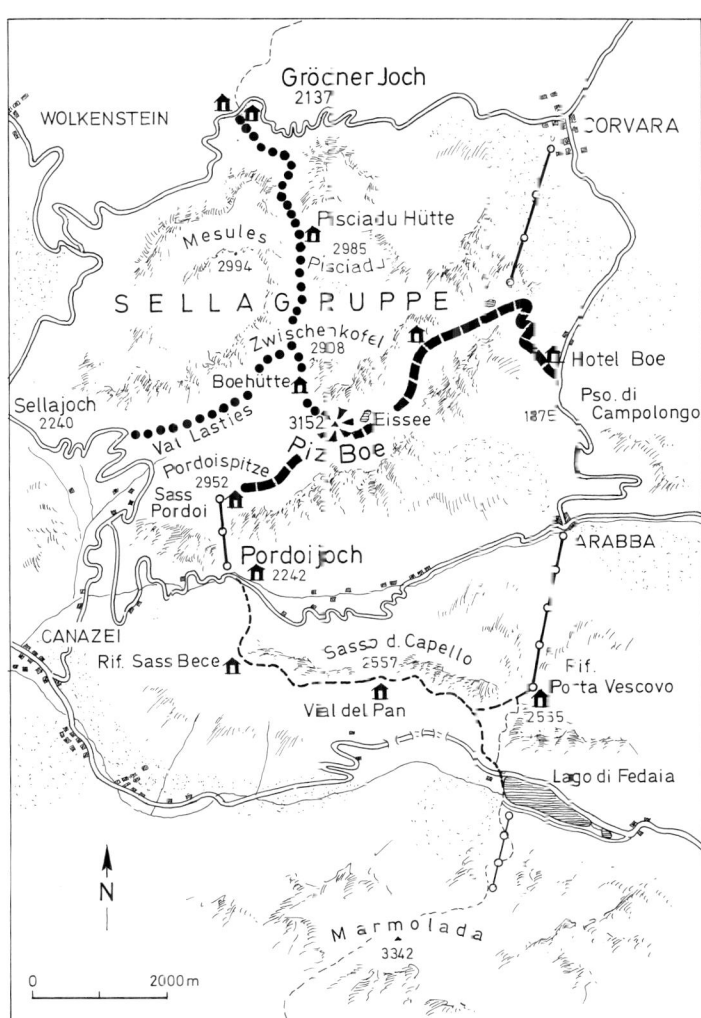

15 Reise über den Schlern

Kastelruth besticht mit einem schönen alten Dorfbild, hat eine klassizistische Pfarrkirche und zwei in den Bergfried der ehemaligen Burg Kastelruth eingebaute Kofelkapellen.

Seis liegt unmittelbar unter den Westabbrüchen des Schlern und besitzt im Kirchlein St. Valentin ein Kunstjuwel ersten Ranges. Seine Innen- und Außenfresken an der südlichen Langhausmauer stammen aus dem 14. Jh. und zeigen die handelnden Personen vor einem weitläufigen Landschaftshintergrund. Unmittelbar zu Füßen der Santnerspitze liegt hoch oben im Wald die Burgruine Hauenstein, auf der um 1400 Sabine Jäger, die große Liebe des Minnesängers Oswald von Wolkenstein, lebte. Sie schickte ihren Oswald zwar zum Kreuzzug ins Heilige Land, um während seiner Abwesenheit einen reichen Kaufmann heiraten zu können, doch konnte all das die Liebe des Minnesängers nicht brechen. Noch 20 Jahre später ließ er sich von ihr in die

Folterkammer von Herzog Friedrich locken.

Seiser Alm liegt zu Füßen der gewaltigen Langkofelgruppe, des Schlern und der markanten Santnerspitze. Gut 60 qkm Almwiesen präsentieren alles, was alpine Flora zu bieten hat.

Prösels, das Schloß wenig südlich von Völs, entstand in seiner heutigen Form zu Beginn des 16. Jh. aus einer schon um 1200 errichteten Ministerialenburg der Brixener Bischöfe. Die weitläufige Zwingeranlage vermittelt einen hervorragenden Eindruck vom Burgenbau in spätgotischer Zeit.

Stützpunkt

Schlernhaus, 2457 m, am Plateau des Schlern, vom Parkplatz Bellavista 3 1/4 Stunden.

Zu erreichen

Anfahrt von Bozen = 25 km.

Gehzeiten

Bad Ratzes - Schlernhaus = 4 Stunden.

Schlernhaus - Petz = 1/2 Stunde.

Schlernhaus - Sesselalm - Völs = 3 Stunden.

16 Biz Boè - Krone der Dolomiten

Arabba, das 1602 m hoch an der Ostrampe des Pordoijoches gelegene Dorf ist ganz vom Massiv des Piz Boè beherrscht. Besonders lohnend ist von Arabba aus die Fahrt mit der Seilbahn hinauf zur Porta Vescovo (2546 m). Von ihr hat man einen besonders schönen Blick auf den Piz Boè.

Colfuschg ist der letzte Ort an der Ostrampe des Grödner Joches auf der Nordseite des Sellamassivs. Dort gibt es die alte Dorfkirche aus dem Jahre 1419 zu besichtigen. Sie gehörte zur Pfarrei Lajen, was den Colfuschgern einen eigenen Friedhof verwehrte. Im Winter Verstorbene wurden deshalb in den Felshöhlen der Gardenazza bis zur Schneeschmelze aufbewahrt und erst dann zur Beerdigung nach Albeins gebracht.

Sellajoch, die tiefe Einsattelung zwischen Sellamassiv und Langkofelgruppe. Am Joch gibt es die Möglichkeit, mit einer der gelben Minigondeln der Seilbahn auf die Langkofelscharte (2679 m) hinaufzufahren.

Via del Pan, der auch als Bindelweg bekannte, 13 km lange Weg vom Pordoijoch zum Fedaia See bzw. zur Porta Vescovo ist ein uralter Saumweg, der ursprünglich "Brotweg" hieß, weil über ihn ursprünglich Waren und vor allem Brot aus dem Agordino ins Fassatal gebracht wurden. Über den gesamten Weg hat man die prächtigste Aussicht auf die Marmolata.

Stützpunkte

Boèhütte, 2871 m, auf dem Plateau des Sellamassivs, vom Sass Pordoi = 1 Stunde.

Pisciadu Hütte, 2585 m, auf dem Plateau des Sellamassivs, von der Boèhütte = 1 1/2 Stunden.

Sellajoch Haus, 2214 m, am Sellajoch, Pkw zum Haus.

Zu erreichen

Anfahrt von Bozen = 60 km.

Gehzeiten

Sass Pordoi - Piz Boè = 1 1/2 Stunden.

Biz Boè - Lago Gelato - Campongo Paßstraße = 2 1/2 Stunden.

Boèhütte - Pisciadu Hütte - Grödner Joch = 3 Stunden.

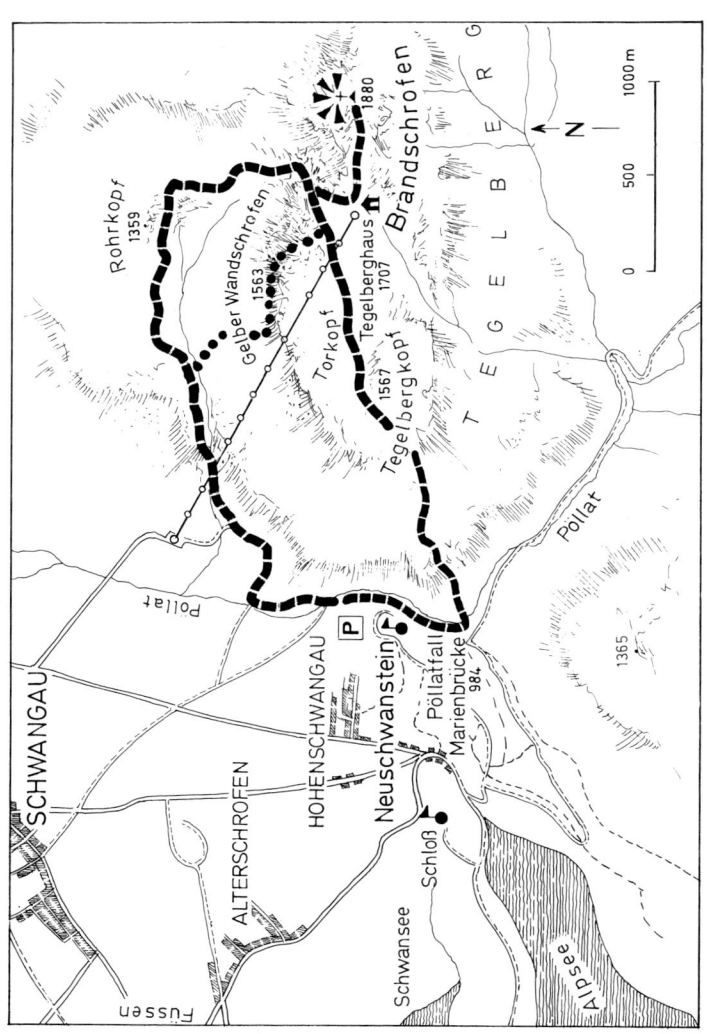

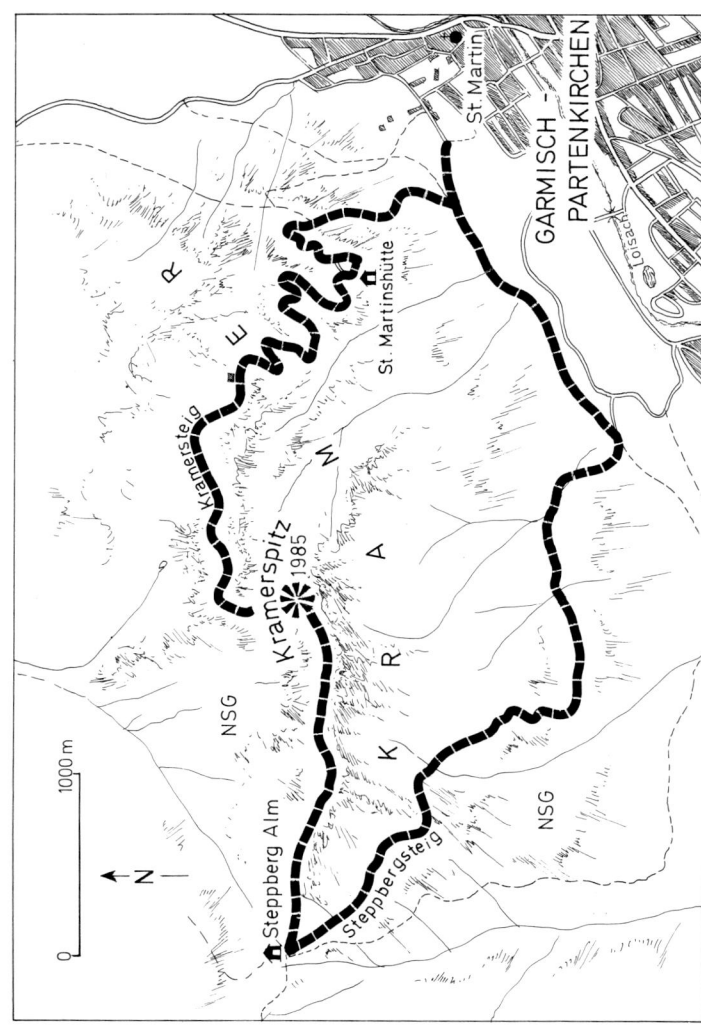

17 Besuch beim Märchenkönig

Hohenschwangau, der Sommersitz der bayerischen Könige, ist im Kern ein Bau aus dem 13. Jh. Erst 1832 wurde aus den Ruinen das Schloß vom Theatermaler und Bühnenarchitekten Quaglio für Kronprinz Maximilian von Bayern als Sommersitz im englischen Tudorstil neu errichtet und im romantischen Geschmack der Zeit ausgestattet.

Neuschwanstein, König Ludwigs Märchenschloß, entstand hoch über dem Alpsee gegenüber von Schloß Hohenschwangau anstelle alter Ruinenreste ab 1869 nach einem Entwurf des Theatermalers Christian Jank, der in München schon die Bühnenbilder zum "Tannhäuser" entworfen hatte. In dreijähriger Planung wurde aus der ursprünglich vorgesehenen kleinen Raubritterburg die monumentale, romantische Burg als bayerisches Gegenstück zur Wartburg. Als "würdiger Tempel für den göttlichen Freund (=Richard Wagner)" wurden die Räume mit Szenen aus Tristan, Lohengrin und anderen Wagneropern ausgemalt. Der Sängersaal im Dachgeschoß wurde der Sängerhalle aus dem Tannhäuser nachgebaut und mit Bildern zum Parzifal ausgeschmückt.

Tegelberg, der Gipfel oberhalb von Ludwigs Märchenschloß Neuschwanstein hatte es Ludwig II. von Kind an angetan. Schon damals gab es die Marienbrücke über die Pöllatschlucht, und Ludwigs Vater hatte auf dem Gipfel bereits eine Berghütte errichten lassen.

Zu erreichen

Anfahrt von München - Weilheim - Schwangau = 95 km.

Stützpunkte

Einkehrmöglichkeit bei der Bergstation der Seilbahn und im Abstieg auf halber Höhe von der Skiabfahrt.

Gehzeiten

Schwangau - Pöllatschlucht - Marienbrücke - Tegelberg = 3 1/2 Stunden.

Tegelberg - Branderschrofen = 1/2 Stunde.

Tegelberg - Talstation der Seilbahn = 1 1/2 Stunden.

18 Der Kramer - Konkurrent der Zugspitze

Garmisch-Partenkirchen war einst das Zentrum des Germarisgave, aus dem im 16. Jh. das heutige Garmisch wurde. Ältester Bau ist die alte Pfarrkirche St. Martin, die in Teilen noch von 1280 stammt. Ihr beinahe quadratischer Zentralraum wurde 1446 fertiggestellt, der Chor 1462. Ihr Zentralraum entstand nach dem Vorbild der alten Ettaler Rotunde und zeichnet sich durch bedeutende Fresken aus dem 15. Jh. aus. Die Wallfahrtskirche St. Anton im Ortsteil Partenkirchen wurde 1704 begonnen und 1739 fertiggestellt. Ihr älterer Teil ist achteckig, der Erweiterungsbau ist elliptisch. Die barocken Deckenfresken wurden 1739 vom Tiroler Maler Johann Holzer gemalt. Die neue Pfarrkirche St. Martin wurde von Josef Schmuzer bis 1734 errichtet. Von ihm stammt auch der Stuck, die Deckenfresken schuf Matthias Günther .

Jagdhaus Schachen, 1866 m hoch gelegenes Refugium von König Ludwig II. Das 4 Gehstunden südlich von Garmisch im Wetterstein gelegene, von außen relativ unscheinbare Holzhaus birgt in seinem Inneren eine Welt von 1001 Nacht. Im Türkischen Saal saß der König in türkischer Tracht, während seine Diener als Moslems verkleidet auf Teppichen und Kissen herumliegen mußten.

Stützpunkte

Einkehrmöglichkeiten bieten die St. Martinshütte und die Steppberg Alm.

Zu erreichen

Anfahrt von München = 90 km.

Gehzeiten

Garmisch - Martinshütte = 1 Stunde.

Martinshütte - Kramergrat = 1 3/4 Stunden.

Kramergrat - Kramer = 1 1/4 Stunden.

Kramer - Steppberg Alm = 1 1/4 Stunden.

Steppberg Alm - Kramerplateau = 1 1/4 Stunden.

Kramerplateau - Garmisch = 1/2 Stunde.

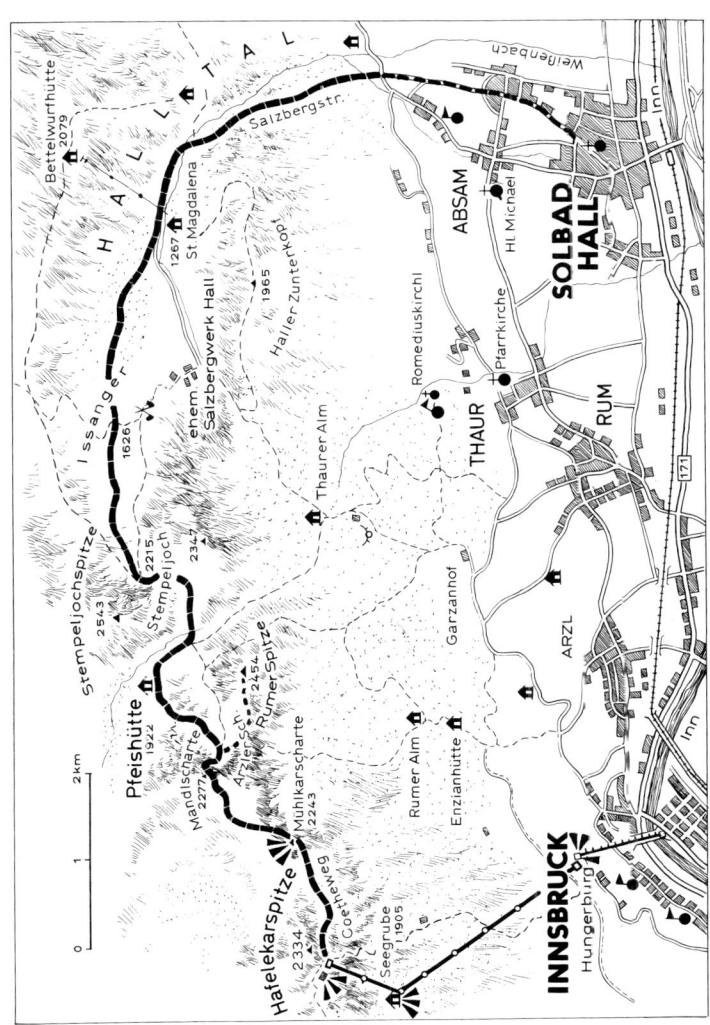

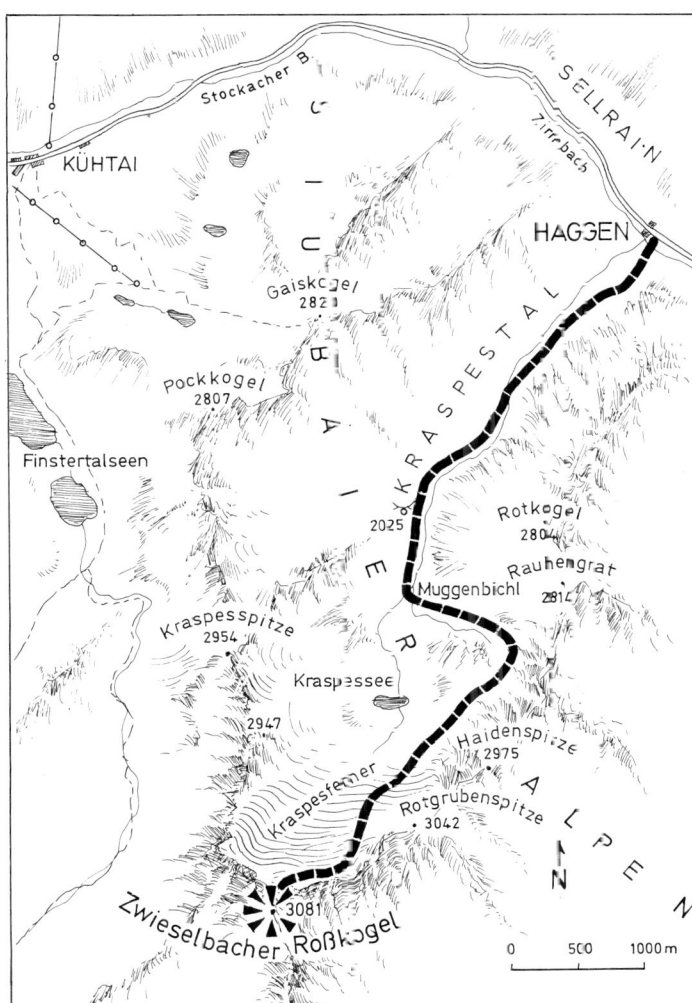

19 Grate über Innsbruck

Innsbruck, neben Salzburg die schönste Alpenstadt Österreichs, für viele die schönste Stadt der Alpen überhaupt. Die spätgotische Altstadt, die von Lauben eingesäumte Herzog-Friedrich-Straße und das Goldene Dachl muß liebgewinnen, wer es jemals mit offenen Augen gesehen hat. Das *Goldene Dachl* deckt einen spätgotischen Prunkerker, den Kaiser Maximilian I. im Jahre 1500 als Zuschauerloge bauen ließ. Schräg gegenüber steht das ebenfalls spätgotische Helblinghaus, das aus dem Jahre 1560 stammt und Barockverzierungen von 1730 hat. Der Goldene Adler ist das älteste Gasthaus. Es stammt aus dem 16. Jh. Das heutige Weinhaus Ottoburg entstand um 1495, die *Hofburg* im 15. und 16. Jh. (Führung). Die *Hofkirche* wurde 1553–1563 zur Aufnahme des Grabmals von Kaiser Maximilian I. errichtet. Der Sarkophag aus schwarzem Marmor, die Bronzefigur des Kaisers (1584) und 28 Bronzestandbilder von Zeitgenossen und Vorfahren des Kaisers bilden das bedeutendste Werk österreichischer Renaissanceplastik.

Solbad Hall hat als Wahrzeichen den Münzturm, weil in der Burg Hasegg von 1566 bis 1809 aus Schwazer Silber Münzen geprägt wurden.

Stützpunkte
Pfeishütte, 1920 m, AV, im obersten Samertal, von Solbad Hall 5 Stunden, von der Bergstation der Innsbrucker Nordkettenbahn 2 Stunden.

Zu erreichen
Innsbruck ist aus allen vier Himmelsrichtungen bestens zu erreichen, das Hafelekar über die Nordkettenbahn mit ihren Zwischenstationen Hungerburg (868 m) und Seegrube (1905 m).

Gehzeiten
Bergstation Hafelekar – Goetheweg – Pfeishütte = 2 Stunden, mit Rumer Spitze = 4 Stunden.
Pfeishütte – Stempeljoch – Halltal – Solbad Hall = 4 Stunden.

20 Im kaiserlichen Jagdrevier

Kühtai, im Winter Tummelplatz für die Skifahrer, im Sommer ein freundlicher, 2017 m hoch gelegener Wiesensattel, zwischen dem Sellrain im Osten und dem Ötztal im Westen. Schon 1288 ist hier der Schwaighof Chutay im Besitz der Herren von Freundsberg bezeugt. Der Name kommt also keineswegs einfach nur von Kuhtal. Aus dem Schwaighof wurde Anfang des 16. Jh. im Auftrag von Kaiser Maximilian ein fürstlicher Jagdsitz in Form eines großen Oberinntaler Bauernhofes (heute Hotel).

St. Sigmund, kleines Dorf im oberen Sellraintal, östlich des Kühtaier Sattels. Hier gab es schon 1138 eine kleine hölzerne Kapelle und 1350 eine erste richtige Kirche. Sie ist heute der Eingang zur 1496 fertiggestellen Hauptkirche mit Freskenresten aus der Bauzeit. Den Flügelaltar für den Neubau stiftete kein Geringerer als Erzherzog Sigmund (heute im Stift Wilten).

Sellrain, das Dorf das dem ganzen Tal den Namen gab, besitzt im Bergkirchlein St. Quirin und St. Veit ein kleines Juwel. Bereits 1391 gab es hier ein Gotteshaus, und aus dieser Zeit stammen auch noch die zwölf hölzernen Apostelfiguren, die später durch eine Madonna mit Kind ergänzt wurden. Den Altar zieren die beiden Figuren der Kirchenpatrone, zwei Holzplastiken aus der Zeit um 1515. Die Pflanzenornamente in den Rippenzwickeln wurden 1516 gemalt.

Stützpunkte
Gasthaus Haggen, 1657 m, an der Mündung des Kraspestales, Pkw zum Haus.
Neue Pforzheimer Hütte 2308 m, am Ostfuß des Zwieselbacher Roßkogels, von St. Sigmund 2 1/2 Stunden.

Zu erreichen
Anfahrt von Innsbruck = 30 km.

Gehzeiten
Haggen- Zwieselbacher Roßkogel = 4 Stunden.
Zwieselbacher Roßkogel - Haggen = 3 Stunden

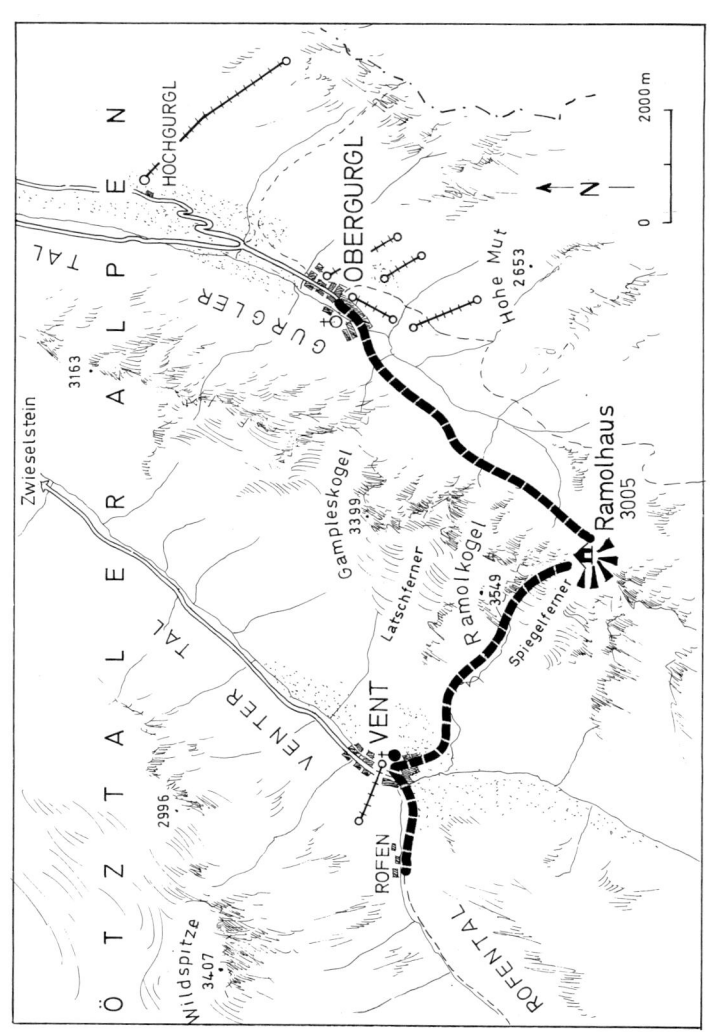

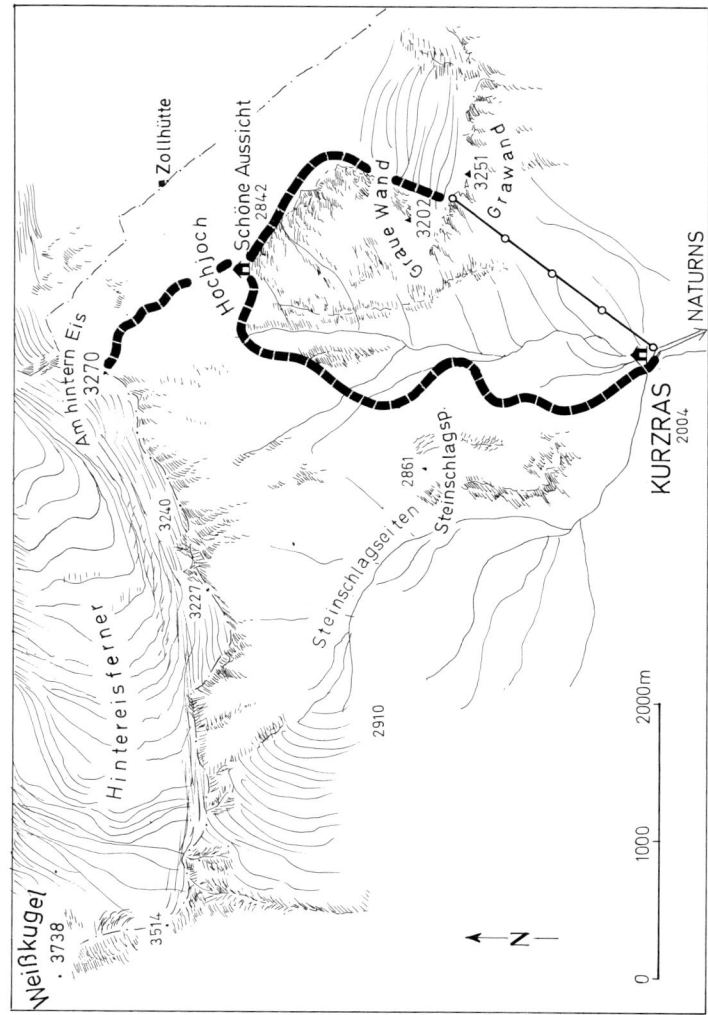

21 Unter die Ötztaler Eisriesen

Längenfeld ist dank seiner Schwefelquellen der bedeutendste Kurort des Ötztales. Mit 74 m Höhe steht hier auch der höchste Kirchturm des Tales. Die Pfarrkirche selbst erhielt ihr spätgotisches Äußere bis 1518. Auf der anderen Seite der Ache thront auf dem Kropfbühel die 1661 errichtete Pestkapelle.

Sölden ist mit 1377 m Höhe bereits ganz auf den Wintersport zugeschnitten. Sowohl das 700 m höher gelegene Hochsölden wie die Gletscherstraße zum Rettenbachferner locken die Skifahrer bis weit in den Sommer hinein.

Vent zieht vor allem die Bergsteiger an. Nur von dort nämlich lassen sich viele Ötztaler Dreitausender auf kürzestem Weg erreichen. Die Höfe von **Rofen**, wenig oberhalb von Vent, boten Herzog Friedrich Unterschlupf, als er vom Kaiser auf dem Konzil von Konstanz mit Acht und Bann belegt worden war. Im kleinen, barock ausgestatteten Kirchlein von Vent wirkte Franz Senn, der

große Erschließer der Tiroler Berge und Mitbegründer des Alpenvereins als Pfarrer.

Obergurgl und **Hochgurgl** sind wieder ganz auf den Skifahrer ausgerichtet. Nach allen Himmelsrichtungen gehen von hier aus die Seilbahnen in die Gipfelregionen. In Hochgurgl beginnt die Mautstraße zum Timmelsjoch, der Verbindung hinunter nach Südtirol. Ihr aussichtsreichster Punkt ist das 2080 m hoch gelegene Windegg, an dem sich ein herrliches Panorama auf das gesamte Gurgltal und einen Teil des großen Gurgler Ferners bietet.

Stützpunkt
Ramolhaus, 3006 m, unterhalb des Ramoljoches, von Obergurgl 3 1/2 Stunden.
Zu erreichen
Anfahrt von Innsbruck = 95 km.
Gehzeiten
Obergurgl - Ramolhaus = 3 1/2 Stunden.
Ramolhaus - Vent = 3 Stunden.
Vent - Rofenhöfe = 1/2 Stunde.

22 Spaziergang zu den Gletschern der Weißkugel

Naturns besitzt die ältesten Fresken des gesamten deutschsprachigen Raumes. Die Innenwände des kleinen Kirchleins St. Prokulus wurden bereits um 800 im Stil der irischen Buchmalerei bemalt. Die Formensprache der Malschulen von Karl d.Gr. war zu dieser Zeit noch nicht bis in den Vintschgau vorgedrungen. Berühmt ist der "Schaukler", der wohl den hl. Prokulus darstellt, der im 4. Jh. in Verona Bischof war und dort vor seiner Gemeinde flüchten mußte. Heilige sowie eine Viehherde mit Hirtenhund und Schäfern komplettieren die Fresken.

Karthaus geht auf eine Klostergründung der Karthäuser aus dem Jahre 1326 zurück. Als das Kloster 1782 aufgelöst wurde, übernahmen die Bergbauern die Gebäude. Damit ergab sich nach und nach ein auf Klostergrundriß lebendes Dorf. Noch heute finden sich in einzelnen Häusern Reste des klösterlichen Baubestandes.

Finailhof ist mit 1953 m der höchste Kornhof Tirols und besitzt zudem eine heilkräftige Quelle. Schon Herzog Friedrich versteckte sich hier 1416 auf seiner Flucht vor dem Kaiser.

Latsch birgt in seiner Spitalkirche einen besonders wertvollen spätgotischen Flügelaltar. Er ist das berühmteste Werk von Jörg Lederer. Fertiggestellt wurde der Altar 1524. Der Altar ist einer der ganz wenigen vollständig erhaltenen, gotischen Flügelaltäre Südtirols.

Stützpunkt
Berggasthof "Schöne Aussicht", 2842 m, von Kurzras = 2 Stunden.
Zu erreichen
Von Bozen = 70 km.
Gehzeiten
Kurzras - Schöne Aussicht = 2 Stunden.
Schöne Aussicht - Am Hintern Eis = 1 1/2 Stunden.
Bergstation Grawand - Schöne Aussicht = 1 Stunde.
Schöne Aussicht - Kurzras = 1 1/2 Stunden.

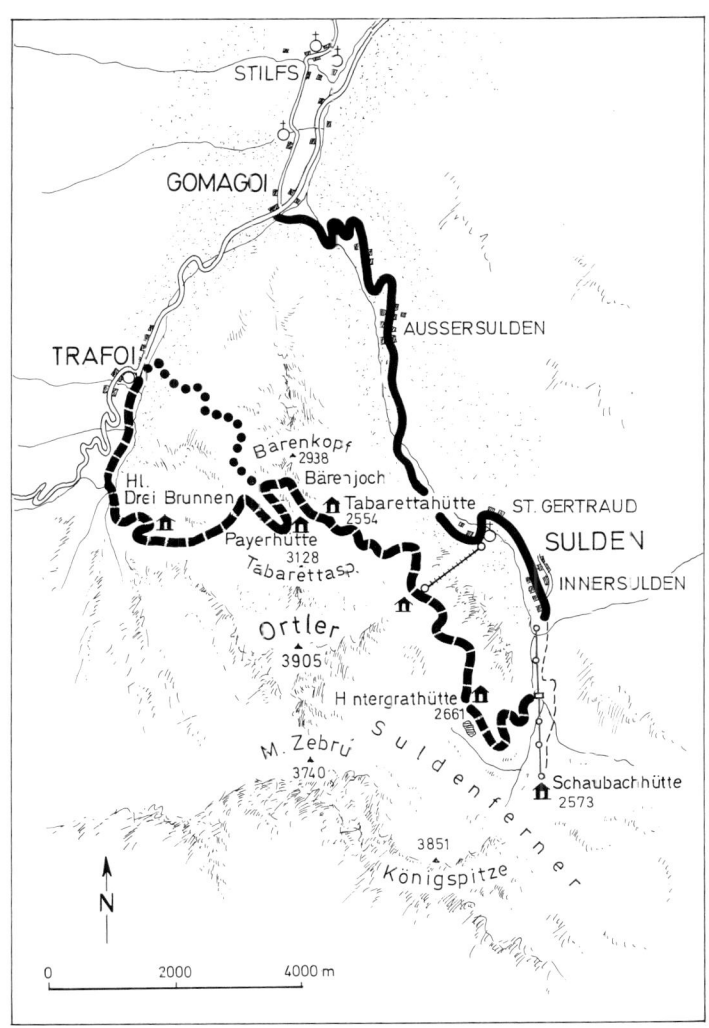

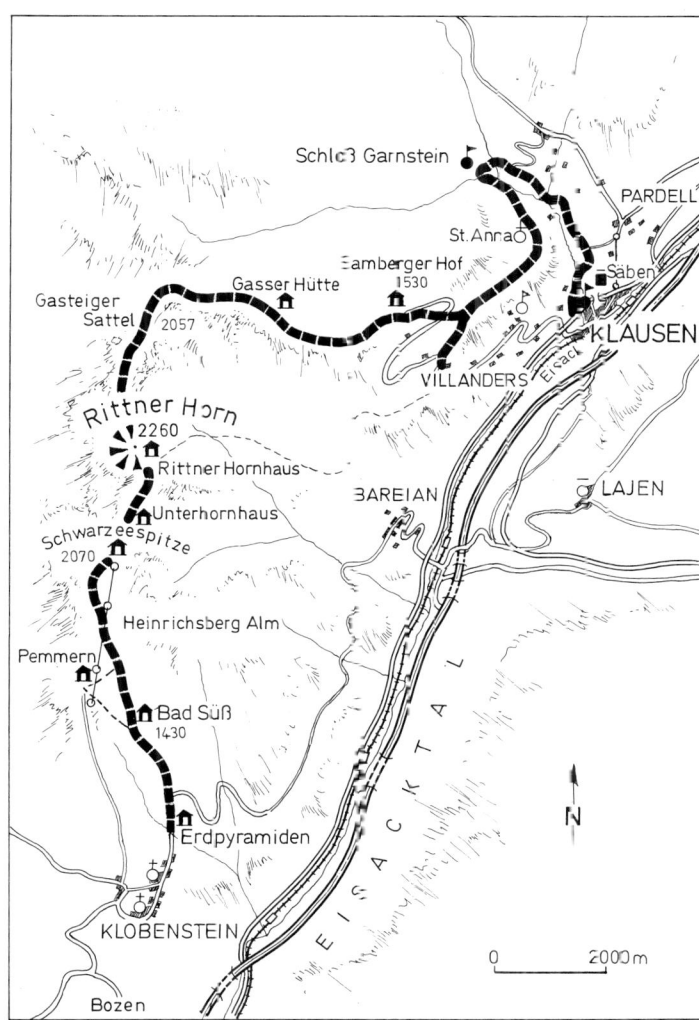

23 Im Halbkreis um den Ortler herum

24 Über das Rittner Horn nach Klausen

Marienberg, westlich von Burgeis gelegenes altes Kloster, das aussieht wie eine riesige alte Wehrburg. In der Krypta der Klosterkirche wurden beim Ausbau einer alten Grabanlage romanische Fresken aus dem 12. Jh. freigelegt. Gemalt wurden sie von einem Klostermaler aus Ottobeuren und gestaltet sind sie im Stil der zeitgenössischen Salzburger Buchmalerei.

Glurns, das 1163 am Eingang zum Münstertal gelegene Dorf erhielt schon 1304 das Stadtrecht. Nur 20 Jahre später gab es bereits eine erste Umfassungsmauer, die ab 1500 zum heutigen Umfang mit drei Tortürmen, Wehrgängen, Rondellen und vorgeschalteten Gräben ausgebaut wurde.

Churburg, war eine Grenzburg der Churer Bischöfe gegen die streitbaren Vögte von Matsch. Aus der 1259 fertiggestellten mittelalterlichen Burg entstand ab 1537 das heutige Schloß, das die Grafen von Trapp samt dem komplet-

ten Inventar unversehrt erhalten konnten. Die Churburg ist deshalb heute die in Bau und Ausstattung bedeutendste Südtiroler Burg.

Stützpunkte

Hintergrathütte, 2661 m, am Fuß des Ortler-Südostgrates, von der Mittelstation der Seilbahn = 1 1/2 Stunden.

Tabarettahütte, 2554 m, am Tabarettakamm, von der Bergstation der Sesselbahn von Sulden = 3/4 Stunden.

Payerhütte, 3020 m, am Nordgrat des Ortlers, von der Bergstation der Sesselbahn von Sulden = 2 1/2 Stunden.

Zu erreichen

Anfahrt von Landeck = 105 km.

Gehzeiten

Mittelstation Schaubachhütte - Hintergrathütte = 1 1/2 Stunden.
Hintergrathütte - Tabarettahütte = 2 1/4 Stunden.
Tabarettahütte - Payerhütte = 1 1/4 Stunden.
Payerhütte - Trafoi = 3 1/2 Stunden.

Oberbozen liegt reizvoll am Südrand des Ritten auf einem weitläufigen Hochplateau westlich des tief eingeschnittenen Eisacktales. Das Plateau war bereits in prähistorischer Zeit besiedelt und bis ins hohe Mittelalter führte der gesamte Verkehr über den Ritten, weil die gut 20 km lange, enge Eisackschlucht nicht begehbar war. Der größte kunsthistorische Schatz am Ritten verbirgt sich im kleinen Kirchlein St. Georg und St. Jakob, auf einem Waldhügel unterhalb der Seilbahnstation von Oberbozen gelegen. In der Apsis der schon 1289 nachgewiesenen Kirche finden sich hervorragend erhaltene, spätromanische Fresken. Ein Kulturdenkmal ganz eigener Art ist der Schießstand. Der 1777 errichtete Achteckpavillon enthält rund 120 Fest- und Erinnerungsscheiben, die der "adeligen Schützengesellschaft" seit 1668 gestiftet worden sind.

Säben, der rund 200 m über dem Talgrund frei aufragende Dio-

ritfelsen, war schon in prähistorischer Zeit besiedelt seit dem 4. Jh. entstand hier der Sitz eines Bischofs, den erst Bischof Albuin 990 nach Brixen verlegte. Noch 1460 belagerte hier Sigmund der Münzreiche den Brixener Kardinal Nikolaus Cusanus. Interessantester Bau auf dem alten Klosterfelsen ist heute die Heiligkreuzkirche mit ihren Malereien mit Scheinarchitektur.

Stützpunkt

Rittner Horn Haus, 2260 m, am Gipfel des Ritten, von Oberbozen = 3 1/2 Stunden.

Zu erreichen

Von Bozen mit Bus oder Seilbahn.

Gehzeiten

Klobenstein - Rittner Horn = 3 1/2 Stunden.
Rittner Horn - Gasteiger Sattel = 3/4 Stunden.
Gasteiger Sattel - Villanders = 2 1/2 Stunden.
Villanders - Kloster Säben = 1 1/2 Stunden.

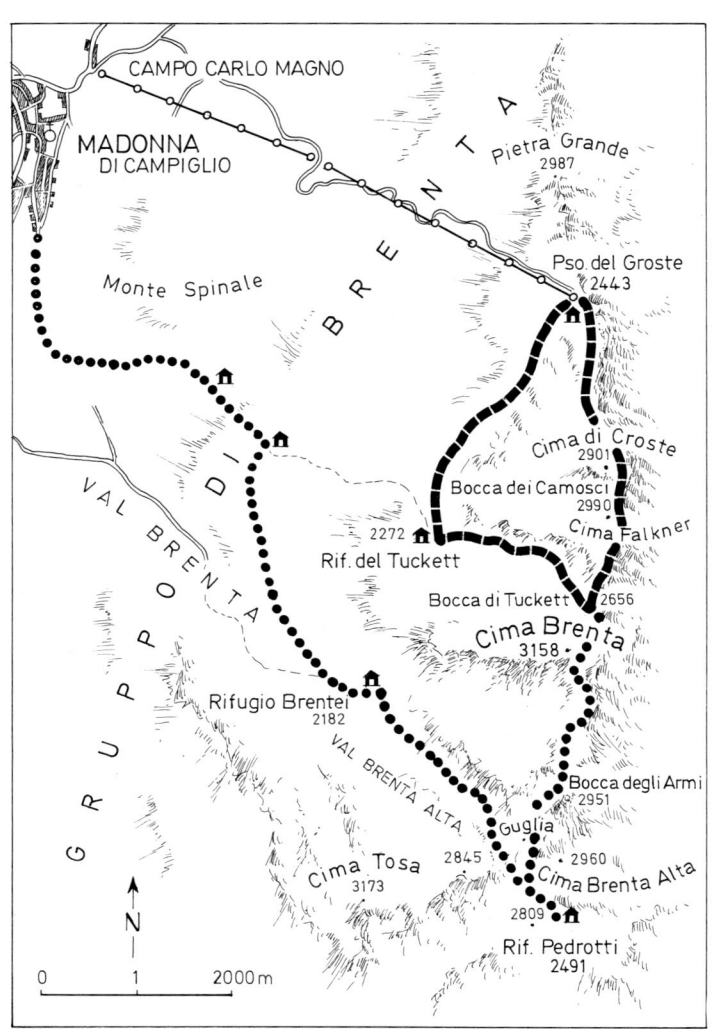

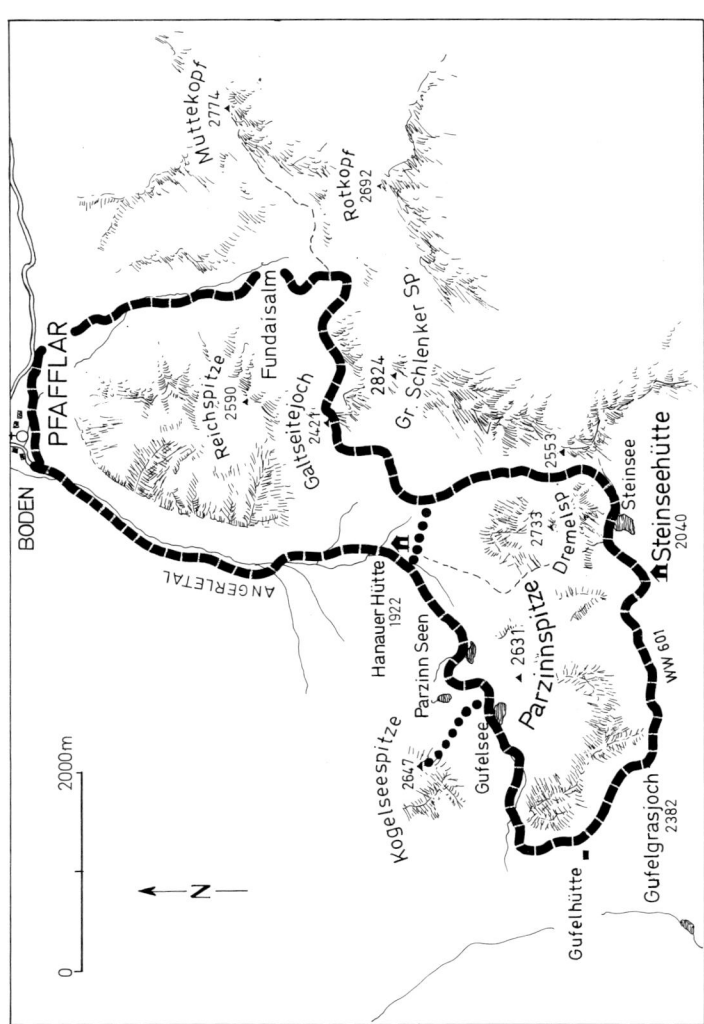

25 Ins Herz der Brenta

Mendel Paß, der 1363 m hohe Paß verbindet Bozen mit dem Tal des Noce. Unmittelbar vom Paß aus ist der 1337 m hohe Penegal erreichbar. Von seinem 25 m hohen Aussichtsturm gibt es die Superpanoramasicht über ganz Südtirol und das Trentino.

St. Felix, an der Südrampe des Gampenjoches. Die Wallfahrtskirche "Unsere Liebe Frau im Walde" geht in ihrer jetzigen Form auf das Jahr 1432 zurück, doch ist an der gleichen Stelle schon 1184 ein Ordenshospiz belegt. Der Kirchturm ist noch romanisch, sehenswert sind die fünf Altäre.

Tres liegt südöstlich des St. Giustin Stausees. Das Schloß Thun ist das größte Haus der Herren von Thun, einem der ältesten Adelsgeschlechter Tirols. Das um einen Innenhof gebaute Schloß ist von einer wehrhaften Ringmauer mit trutzigen Türmen, Wehrgang und Graben geschützt. Im Bischofszimmer ist eine Kassettendecke von 1670 erhalten.

St. Zeno an der Ostseite des St. Giustin Stausees. 3 km oberhalb des Dorfes liegt im Wald die 15 Jahrhunderte alte Einsiedelei St. Romedius. In fünf übereinander gebauten Kirchen finden sich Stilelemente von der Romanik bis zum Rokoko und Fresken aus sechs Jahrhunderten.

Stützpunkte

Rifugio Tuckett, 2272 m, vom Grostépaß = 1 1/2 Stunden.
Rifugio Pedrotti, 2491 m, vom Rifugio Tuckett = 3 3/4 Stunden.

Zu erreichen

Anfahrt von Bozen = 90 km.

Gehzeiten

Grostépaß - Sentiero Alfredo Benini - Rifugio Tuckett = 3 1/2 Stunden.
Grostépaß - Weg 316 - Rifugio Tuckett = 1 1/2 Stunden.
Rifugio Tuckett - Weg 316 - Grostépaß = 2 Stunden.
Rifugio Tuckett - Sentiero delle Bocchette Alte - Rifugio Pedrotti = 6 Stunden.
Rifugio Pedrotti - Rifugio Brentei = 1 Stunde.

26 Rund um die Parzinn Spitze

Imst, erster Talort an der Südseite des Hahntennjoches, der 1894 m hohen Verbindung zwischen dem Lech- und dem Inntal. In dem schon 763 als "oppidum humiste" belegten Städtchen gibt es prächtige Patrizierhäuser zu sehen. Besonders schön sind das Berggerichtshaus in der Floriansgasse 1, das Pfarrhaus und das Alte Rathaus (Heimatmuseum). In der mächtigen Pfarrkirche ist von den ursprünglich vorhandenen Fresken leider nur noch ein großer Christophorus von 1495 erhalten. In der Friedhofskapelle gibt es ein gotisches Fresko (Michael und Daniel) von 1490 zu entdecken.

Stanzach, wenig nördlich von Elmen. Von hier aus bietet sich ein Abstecher in das Namloser Tal an. Es war so abgeschieden, daß der kleine Weiler Namlos in 1263 m Höhe bei einer frühen kartographischen Erfassung Tirols einfach vergessen wurde. Ein kleines Sträßlein führt von Namlos aus weiter nach Berwang und Bichlbach, an die Verbindungsstraße zwischen Reutte und Lermoos.

Elbigenalp ist die älteste Pfarrei des ganzen Lechtales, die heutige Kirche ziert ein großes Deckenfresko von Johann Jakob Zeiller von 1776.

Stützpunkte

Hanauer Hütte, 1922 m, von Boden = 2 Stunden.
Steinseehütte, 2040 m, von der Hanauer Hütte = 2 1/2 Stunden.

Zu erreichen

Anfahrt von Füssen = 45 km.

Gehzeiten

Erster Tag: Boden - Hanauer Hütte = 2 Stunden.
Hanauer Hütte - Gufelseejöchl = 1 Stunde.
Gufelseejöchl - Gufelhütte - Gufelgrasjoch = 2 Stunden.
Gufelgrasjoch - Steinseehütte = 1 Stunde.
2. Tag: Steinseehütte - Dremelscharte = 2 Stunden.
Dremelscharte - Galtseitejoch = 1 Stunde.
Galtseitejoch - Boden = 2 Stunden.

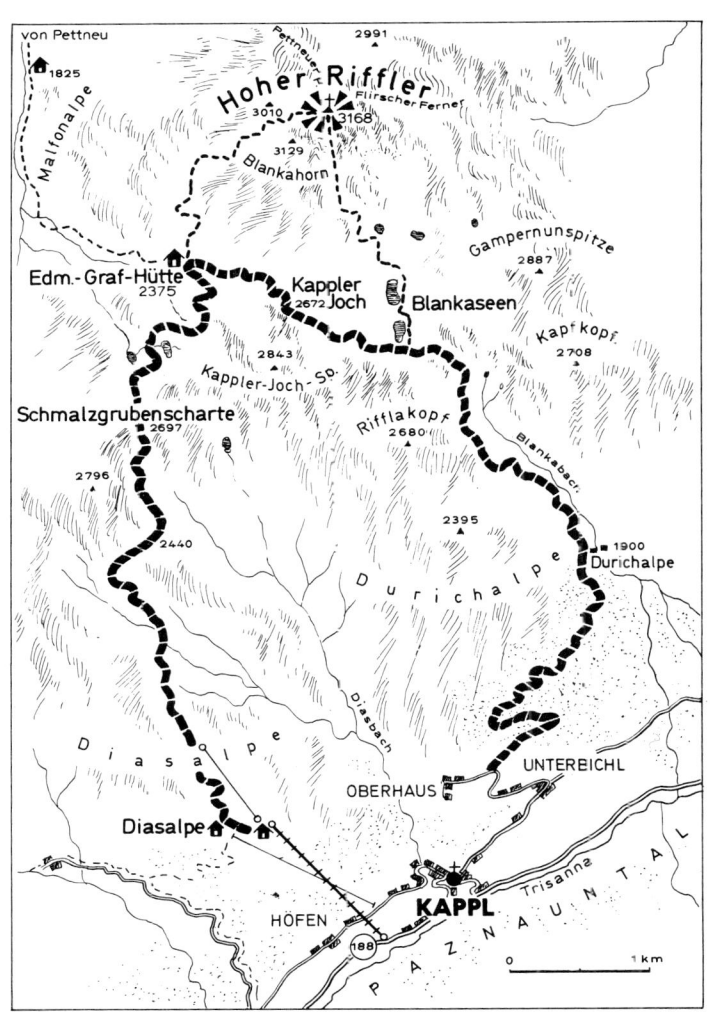

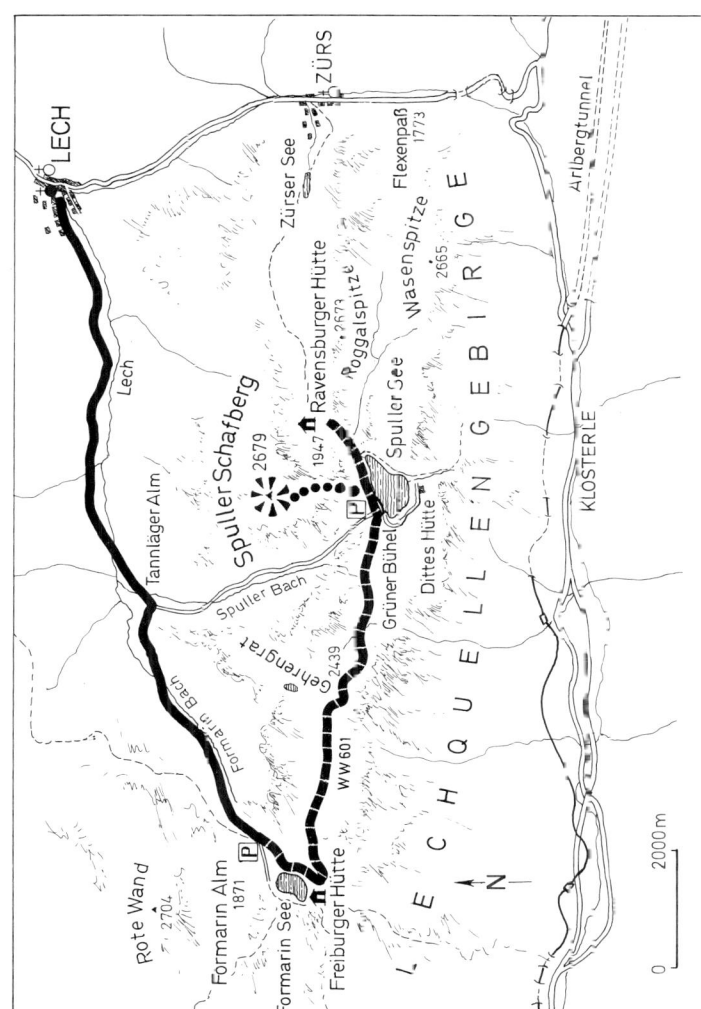

27 Aus dem Paznaun auf den Hohen Riffler

Paznauntal, von der Trisanna durchflossenes V-Tal, das im Norden von der Ferwall- und im Süden von der Samnaungruppe eingerahmt ist. Im unteren Teil, kurz vor der Mündung ins Stanzertal, ist das Tal so eng, daß erst 1887 eine richtige Straße durch die Gefällschlucht entstand. So erklärt es sich auch leicht, daß das Tal ursprünglich nicht von Tirol aus, sondern von Alemannen aus dem oberen Rhônetal besiedelt wurde.

Kappl, das erste richtige Dorf im Paznaun. Es zieht sich relativ weit über die sonnseitigen Hänge hinauf, die durch einen Sessellift zur Diasalpe gut erschlossen sind.

Ischgl, der Hauptort des Tales. Durch die großen Bahnen auf Pardatschgrat und Idjoch bietet es im Sommer gute Zugänge in die Samnaungruppe, im Winter finden die Skifahrer ein ideales Schneeparkett.

Pians, an der Mündung des Paznauntales. Es besitzt eine besondere Kostbarkeit in der klei-

nen, der hl. Margaretha geweihten Kapelle (14. Jh.).

Stützpunkte

Alpengasthof Dias, 1863 m, privat, auf der Diasalm oberhalb von Kappl. Sessellift zum Haus, zu Fuß von Kappl = 2 Stunden.
Edmund Graf Hütte, 2408 m, AV, auf dem Kappler Boden südwestlich des Hohen Rifflers, vom Gasthof Dias = 3½ Stunden, von Pettnau im Stanzertal = 3 Stunden.

Zu erreichen

Anfahrt von Innsbruck – Landeck – Kappl = 95 km.
Anfahrt von Feldkirch – Arlberg – Pians – Kappl = 98 km.

Gehzeiten

Alpengasthof Dias – Schmalzgrubenscharte = 2½ Stunden.
Schmalzgrubenscharte – Edmund Graf Hütte = 1 Stunde.
Edmund Graf Hütte – Hoher Riffler = 2½ Stunden.
Hoher Riffler – Edmund Graf Hütte – Kappler Joch = 3 Stunden.
Kappler Joch – Kappl = 3 Stunden.

28 Zu den Quellen des Lech

Lech, die alte Dorfkirche entstand in ihrer heutigen Form um 1390. Aus dieser Zeit stammen noch die Apostelfresken unter der Emporenstiege. Die Sonnenuhr an der südlichen Chorwand erinnert daran, daß Lech 1453 zum Herzogtum Tirol kam. Die bis zu 2,2 m dicken Mauern des an einen mittelalterlichen Bergfried erinnernden Kirchturmes bergen sechs Glokken, die teilweise noch aus dem 15. Jh. stammen.

Zürs, Hoteldorf in 1717 m Höhe und 1 km nördlich vom Flexenpaß gelegen. Der mondäne Wintersportort ist im Sommer geradezu idealer Ausgangspunkt für Touren in die Lechtaler sowie die Klostertaler Alpen.

Spullersee, im 1510 m hoch gelegenen Zug beginnt die Mautstraße ins Lechquellengebiet. Am Zusammenfluß vom Formarin- und Spullerbach zweigt das einspurige Sträßlein zum 1845 m hoch gelegenen Spullersee ab. Der wie ein natürlicher See wirkende Stausee versorgt mit seinem Kraft-

werk die Arlbergbahn mit Strom.
Formarinalm, im Quellbereich des Formarinbaches. Fährt man am Zusammenfluß der beiden Bäche geradeaus weiter, landet man nach 10 km auf meist einspurigem, schmalem Weg an der 1870 m hohen Formarinalm. Westlich von ihr liegt das blaue Auge des romantischen Formarinsees.

Stützpunkte

Ravensburger Hütte, 1947 m, nördlich des Spullersees, von Wald am Arlberg = 2 1/2 Stunden, mit Pkw bis zum Stausee.
Freiburger Hütte, 1918 m, überm Südufer des Formarinsees von Dalaas = 3 Stunden, mit Pkw bis zur Formarinalm.

Zu erreichen

Anfahrt von Innsbruck = 120 km, von Feldkirch = 60 km

Gehzeiten

Formarinalm - Freiburger Hütte = 1/2 Stunde.
Freiburger Hütte - Gehrengrat - Spullersee = 3 1/2 Stunden.
Spullersee - Schafberg = 2 Stunden.

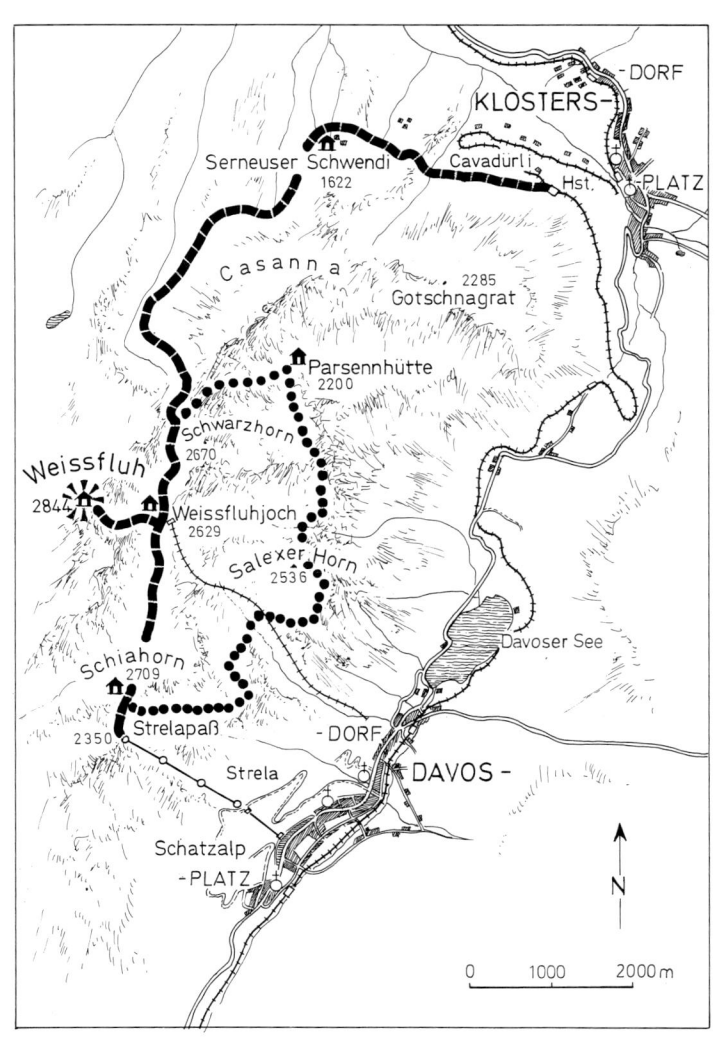

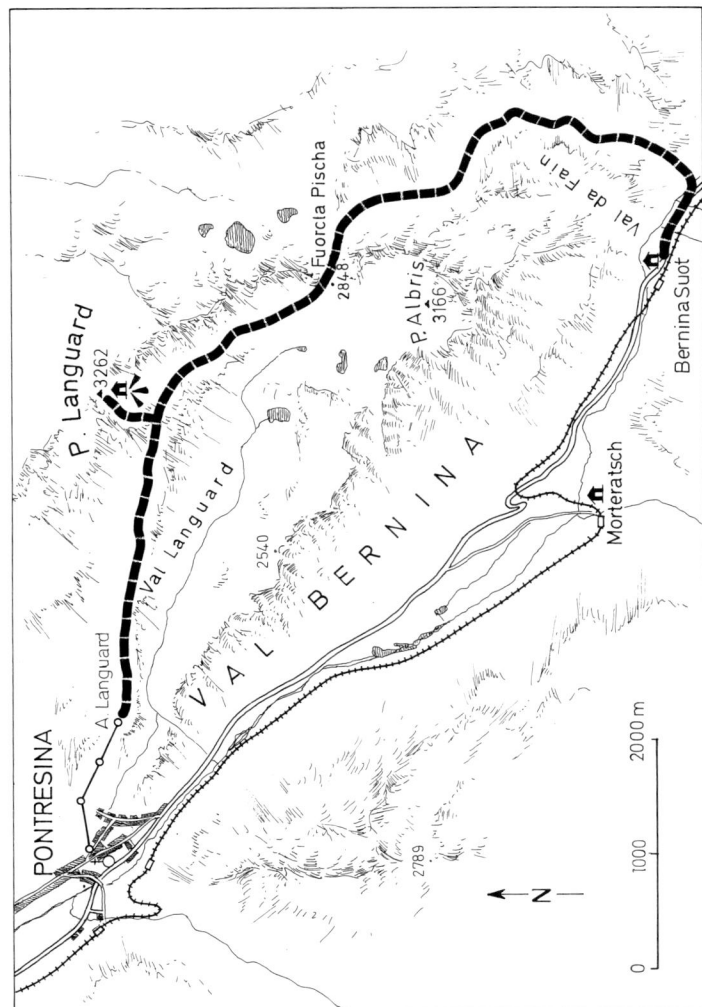

29 Im Reich der Weißen Fluh

Davos ist eine alte Walsersiedlung. Berühmt wurde das Hochtal durch Thomas Mann, dessen 1924 erschienener Roman "Der Zauberberg" hier spielt. Trotz aller modernen Einflüsse regiert nach wie vor das walserische Element. Ältere Häuser sind noch aus Holz gebaut, ihre Balken sind kunstvoll ineinander gefügt (= "gestrickt"). Das interessanteste Haus steht in Davos-Platz, wo Hans Ardüser zwischen 1559 und 1564 das heutige Rathaus erbaute. Dabei wurde vom Vorgängerbau die "Große Stube" übernommen. Prächtigstes Ausstattungsstück ist der "große Ofen" mit seinem zweigeschossigen, achteckigen Aufbau und dem Wappen der dreizehn Alten Orte (1564).

Klosters geht auf eine zwischen 1208 und 1222 gegründete Prämon.stratenserpropstei zurück. Ab dem 14. Jh. halfen auch hier die Walser bei den Rodungs-arbeiten, das Kloster selbst gab dem Ort den Namen. Vom Gründungsbau der ersten Klosterkirche ist noch der Turm aus dem 13. Jh. erhalten. Im Neubau der Kirche aus dem Jahre 1493 sind Fresken aus dem ausgehenden 15. Jh. zu entdecken. Sie sind in ein kunstvolles Sterngewölbe integriert, das Meister Andreas Bühler 1493 errichtete. Die drei Maßwerkfenster des Chores füllte der Bergeller Augusto Giacometti 1928 mit eindrucksvollen Farbglasfenstern. Die katholische Kirche ist ein moderner Bau von 1964, errichtet von W. Schuchter.

Stützpunkte

Verschiede Einkehrmöglichkeiten am Weg.

Zu erreichen

Anfahrt von Chur = 60 km.

Gehzeiten

Strelapaß - Weissfluh = 1 3/4 Stunden.
Weissfluh - Kreuzweg = 1 1/4 Stunden.
Kreuzweg - Cavadürli = 1 3/4 Stunden.
Kreuzweg - Parsennhütte = 3/4 Stunden.
Parsennhütte - Dorftälli (Parsennbahn) = 1 1/4 Stunden.

30 Zu Gast bei den Steinböcken

Pontresina war einst Sitz der Herren von Ponte Sarazeno, die im 12. und 13. Jh. das bischöfliche Kanzleramt im Oberengadin inne hatten. Dieses Lehen ging dann an die Herren von Planta aus Zuoz. Interessant ist der fünfeckige Spaniolenturm in der Nähe des Hotels Walther. Er war einst der Sitz der Herrn von Ponte Sarazeno. Das kleine Kirchlein Sta. Maria stammt in seinem Kern noch aus dem 12. Jh., die Erweiterung erfolgte Ende des 15. Jh. Erhalten sind zwei bemerkenswerte Freskenzyklen aus zwei Epochen. Der romanische Zyklus entstand um 1230, ziert den unteren Teil der Westwand und hat byzantinische Anklänge. Der spätgotische Zyklus wurde 1495 von einem oberitalienischen Maler gemalt. In der Chesa Grass ist ein kleines alpines Museum untergebracht.

Samedan stritt sich lange mit Zuoz um die Funktion des Oberengadiner Hauptortes. Fehlende Verdienstmöglichkeiten sorgten dafür, daß viele Samedaner in alle Winkel Europas vor allem als Zuckerbäcker auswanderten. Mit ihrem in der Fremde erworbenen Wohlstand bauten sie dann ihre Herrenhäuser weiter aus. Noch heute sind zahlreiche alte Häuser mit kunstvollen Portalen, Fenstergittern und Sgrafitti geschmückt. Die Chesa Planta entstand 1595 als Stammhaus der Familie Planta, heute ist hier der Sitz der Faundaziun Planta (rätoromanisches Kulturzentrum).

Stützpunkt

"Restaurant" Piz Languard, 3180 m, private Hütte unterhalb des Languardgipfels.

Zu erreichen

Anfahrt von Chur = 95 km.

Gehzeiten

Bergstation Sessellift Pontresina - Piz Languard = 3 Stunden.
Piz Languard - Fuorcla Pischa = 2 Stunden.
Fuorcla Pischa - Heutal = 1 1/2 Stunden.
Heutal - Bernina Suot = 1/2 Stunde.

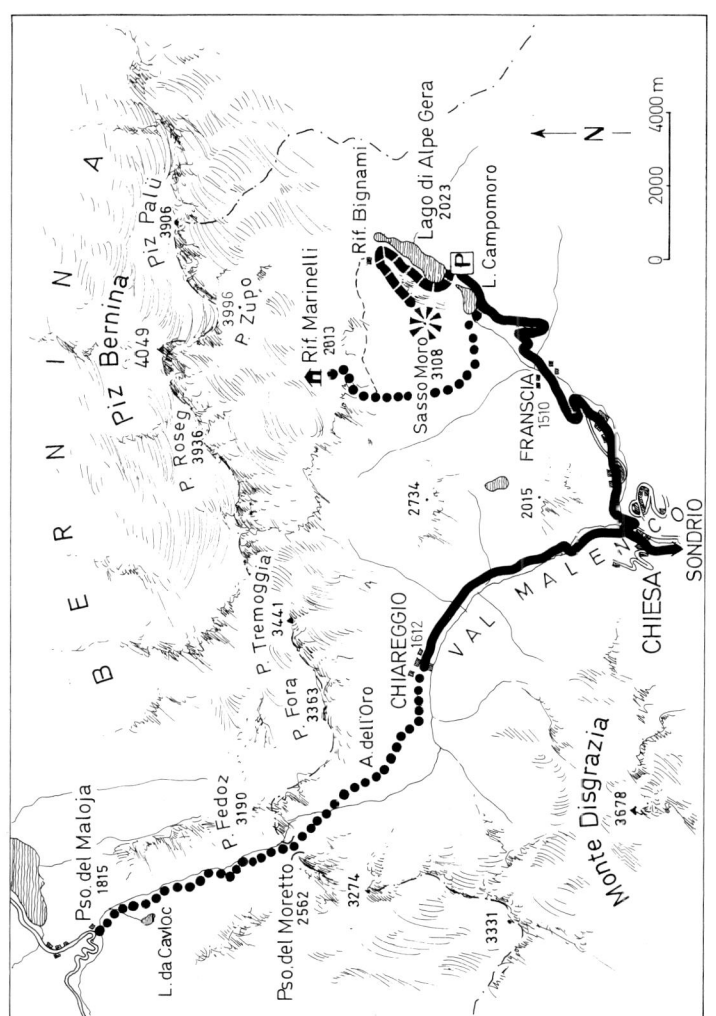

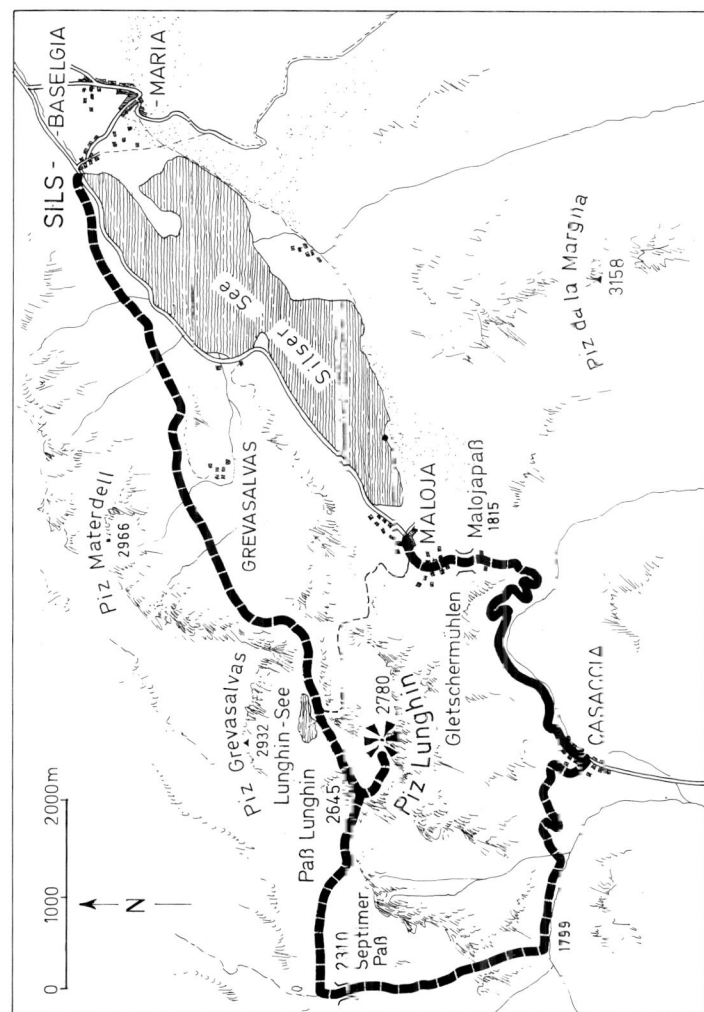

31 In die Südflanke der Bernina

Tirano liegt an der Mündung des Puschlav in das Veltlin und besitzt in der Kirche Madonna di Tirano eine bekannte Wallfahrtskirche. Sie wurde an der Stelle einer Marienerscheinung im Pestjahr 1504 bis 1513 im Stil der ausgehenden Renaissance errichtet. Ihr prächtiges Hauptportal wurde vom Tessiner Alessandro della Scala von Carona geschaffen. Er lieferte auch die interessanten Reliefs im Inneren sowie die anderen bildhauerischen Arbeiten. Die Fresken lieferte Cipriano Valossa, der bedeutendste Maler des Veltlin.

Teglio besitzt mit dem Palazzo Besta den bedeutendsten Renaissancepalast des Veltlin. Er wurde in der ersten Hälfte des 16. Jh. von Azzo Besta anstelle einer alten Burg errichtet. Der Innenhof des Palastes ist mit statuarischen Chiaroscuro-Illustrationen zu Vergils Aeneis verziert. Der Festsaal enthält Wandbilder zu Ariosts Orlando Furioso.

Sondrio ist vom Schloß Masegra beherrscht. Die klassizistische Stiftskirche ist ein Werk von Pietro Taglioretti aus Lugano. Das Rathaus aus dem 16. Jh. war für rund 300 Jahre Sitz der bündnerischen Gubernatoren des Veltlins. Ihre Wappen sind im Erdgeschoß noch teilweise erhalten. Im Palazzo Quadri sind das Veltliner Historische Museum und das Kunstmuseum untergebracht.

Stützpunkt

Rifugio Bignami, 2380 m, oberhalb des Lago di Alpe Gera, von der Staumauer an der Alpe Gera = 1 Stunde.

Zu erreichen

Anfahrt von St. Moritz = 130 km.

Gehzeiten

Lago di Alpe Gera - Rifugio Bignami = 1 Stunde.

Rifugio Bignami - Sasso Moro = 2 Stunden.

Sasso Moro - Lago di Alpe Gera = 2 1/2 Stunden.

Lago di Campo Moro - Rifugio Marinelli = 4 Stunden.

32 Auf Europas Dach

St. Moritz war schon in der Bronzezeit attraktiv, bereits vor 4000 Jahren gab es einen Badebetrieb mit der heute noch genutzten Heilquelle. Die prähistorische Quellfassung ist heute Prunkstück des Engadiner Museums, in dem zudem die wohl schönsten Arvenstuben Graubündens zu besichtigen sind. Im Segantini Museum ist das Hauptwerk von Giovanni Segantini zusammengefaßt. Zu sehen ist dort auch sein Meisterwerk, das Tryptichon "Werden - Sein - Vergehen".

Celerina besitzt noch eine erstaunliche Fülle sehenswerter alter Herrenhäuser aus dem 17., 18. und 19. Jh. Im kleinen Kirchlein S. Gian finden sich die schönsten alten Fresken des oberen Engadins. Sie entstanden im späten 15. Jh. als Werk eines oberitalienischen Meisters. Interessant ist auch die spätgotische Holzdecke mit reicher Schablonenmalerei und Wappen des Gotteshausbundes sowie des Bischofs von Brandis.

Sils und der gleichnamige See sind für viele Bergfreunde der schönste Fleck der Alpen. Friedrich Nietzsche verbrachte hier acht Jahre lang den Sommer (Gedenkstätte). Ihm hatte es vor allem die in den Silser See wie ein Schiffsbug hineinragende Halbinsel Chastè angetan. Dort ging "Zarathustra an ihm vorbei". Im Bergkirchlein von Fex Crasta finden sich Fresken von 1511, Arbeiten einer lombardischen Werkstatt.

Stützpunkt

Gasthöfe nur in Sils und Maloja.

Zu erreichen

Anfahrt von Chur = 75 km.

Gehzeiten

Sils-Baselgia - Lunghinsee = 3 Stunden.

Lunghinsee - Piz Lunghin = 1 Stunde.

Piz Lunghin - Sils-Baselgia = 3 Stunden.

Piz Lunghin - Septimerpaß = 1 Stunde.

Septimerpaß - Casaccia = 2 Stunden.

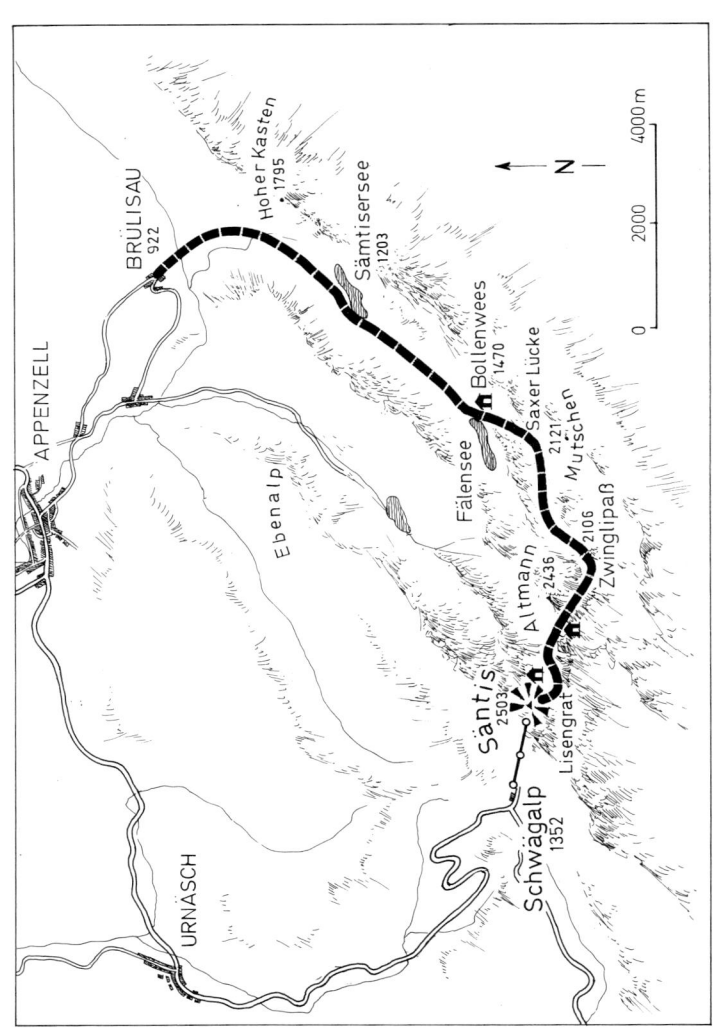

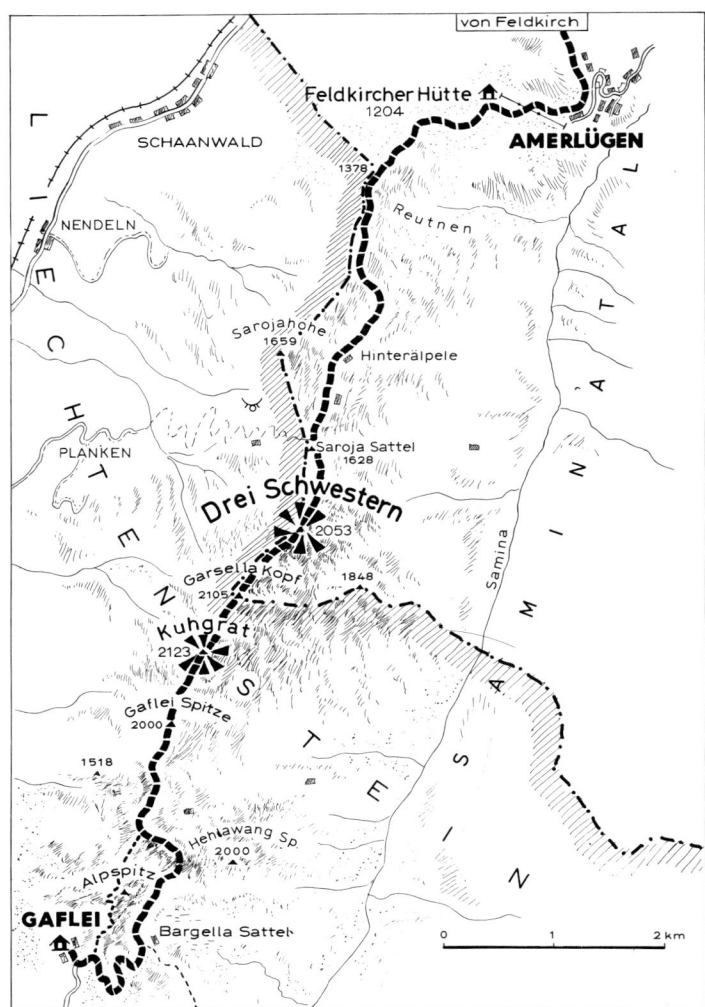

33 Appenzeller Götterthron

Appenzell hatte zwar schon 1068 eine Kirche, doch wurden 1560 alle Bauten durch einen verheerenden Brand vernichtet. Die heutige Stadtanlage geht deshalb auf einen planmäßigen Neuanfang nach 1560 zurück. Den eigentlichen Reiz des ländlichsten der Kantonshauptorte machen deshalb seine eigenwilligen, z.T. bunt bemalten Holzhäuser aus. Die heutige Pfarrkirche präsentiert sich als klassizistisches Langhaus mit Doppelempore und neubarocker Deckenbemalung. Im spätgotischen Chor finden sich noch Maßwerkfenster sowie Wand- und Gewölbemalereien aus dem 16.Jh. Den geschnitzten Hochaltar schuf Bartholomäus Cades 1622. Das Rathaus, ein Neubau von 1563, enthält in seinen beiden Ratssälen Wandgemäldezyklen mit allegorischen und biblischen Darstellungen (1567).

Werdenberg, das Städtchen auf der Südostseite des Säntismassivs ist die besterhaltene und älteste Holzbausiedlung der Schweiz. Sie schmiegt sich unter die Hänge der gleichnamigen Burg, die ein wuchtiger, mittelalterlicher Wehrbau aus dem frühen 13. Jh. ist. Der fast quadratische, riesige Baublock enthält heute die kantonale Waffensammlung, das Rheinmuseum und Herrschaftsräume mit barocker Einrichtung.

Stützpunkte

Säntishütte, 2501 m, am Säntisgipfel, Seilbahn zum Haus, von Schwägalp = 3 1/2 Stunden.
Einkehrmöglichkeit am Rotsteinpaß, knapp unterhalb des Zwinglipasses und auf der Roslenalp.

Zu erreichen

Anfahrt von Feldkirch = 58 km.

Gehzeiten

Säntis - Rotsteinpaß = 1 1/2 Stunden.
Rotsteinpaß - Altmannsattel = 3/4 Stunden.
Altmannsattel - Zwinglipaß = 1 Stunde.
Zwinglipaß - Wildhaus = 2 1/2 Stunden.
Zwinglipaß - Fälensee = 2 1/2 Stunden.

34 Grat zwischen Himmel und Erde

Feldkirch, Vorarlberger Bezirkshauptstadt an der Mündung des Illtales ins Rheintal. Die in ihrem Kern ganz altertümlich anmutende Stadt ist noch zum Teil mit Mauern umgeben. Zwei-Tore und vier Türme sind von den alten Befestigungsanlagen erhalten. Sehenswert sind die Domkirche St. Nikolaus und die Schattenburg.

Fürstentum Liechtenstein, das ganze 157 qkm große und durch seine Briefmarken weltbekannte Fürstentum mit der Hauptstadt Vaduz entstand 1719, als das alte österreichische Geschlecht Liechtenstein die Herrschaften Vaduz und Schellenberg kaufte. Bis 1919 bestanden enge Verbindungen zu Österreich, die durch den wirtschaftlichen Anschluß an die Schweiz ersetzt wurden. Heute Währungs-, Zoll- und Postunion mit der Schweiz.

Saminatal, einsames, hochromantisches Tal auf der Ostseite der Drei Schwestern.

Gaflei, prächtig auf einer bewaldeten Höhenstufe am Südwestfuß der Drei Schwestern gut 1000 Höhenmeter überm Rheintal-Graben gelegen, über den sich eine weite Fernsicht über die Ostschweizer Berge und Täler von den Bündner und Glarner Alpen bis zum Säntisstock bietet.

Stützpunkte

Feldkircher Hütte, 1200 m, Naturfreunde, auf dem Vorderälpele nördlich der Drei Schwestern, von Feldkirch 2 Stunden, von Amerlügen 1 Stunde.
Gaflei, 1483 m, privat (Hotel), am Drei-Schwestern-Kamm östlich von Vaduz

Zu erreichen

Anfahrt nach Feldkirch von Innsbruck – Landeck – Arlberg – Bludenz = 166 km.

Gehzeiten

Feldkirch – Feldkircher Hütte = 2 Stunden.
Feldkircher Hütte – Kuhgrat = 2¹/₂ Stunden.
Kuhgrat – Fürstensteig – Gaflei = 2 Stunden.

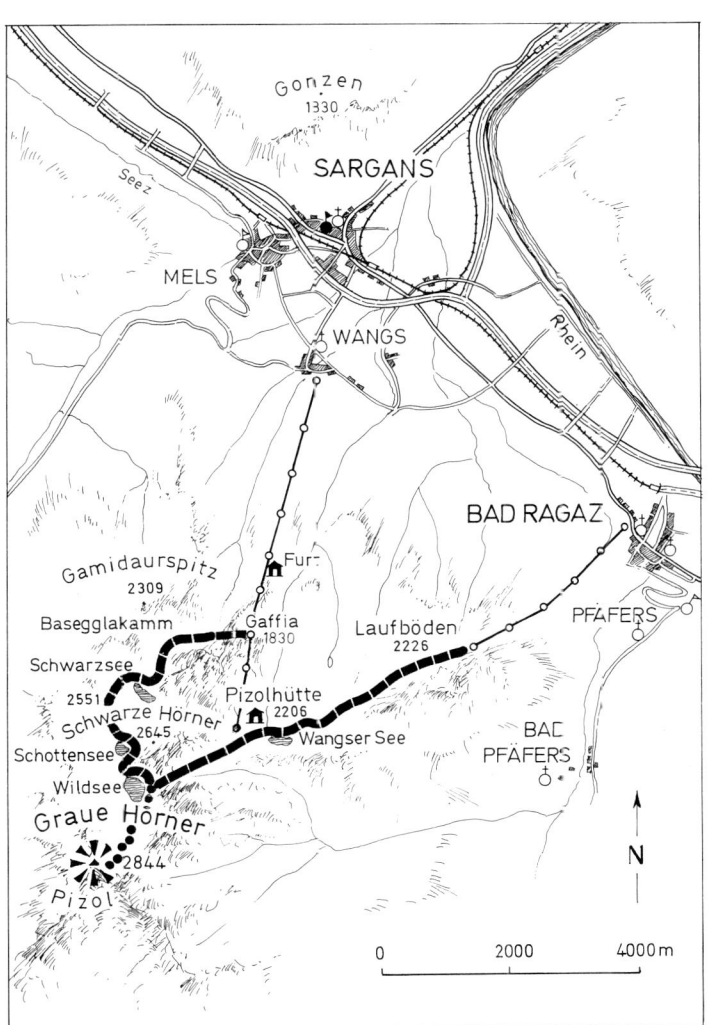

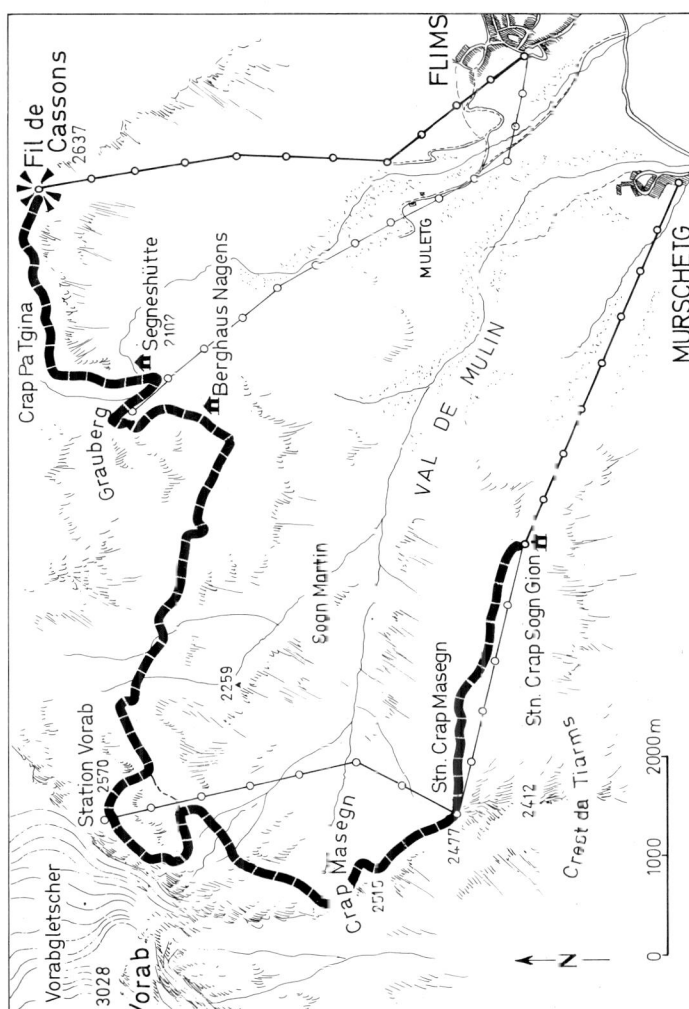

35 Im Reich der Grauen Hörner

Sargans, den Schloßfelsen übernahmen die Werdenberger in der ersten Hälfte des 13. Jh. und bauten den römischen Wachturm zur Wohnburg aus. Heute besteht die Burg aus einem kubisch zugeschnittenen Palas an der Westseite des Burgfelsens, dem hochmittelalterlichen Bergfried am Südrand sowie einem Verbindungstrakt, der sogenannten Grafenstube. Interessant ist der alte Bergfried mit seinem rundbogigen Hocheinstieg, den romanischen Doppelfenstern im Obergeschoß und dem Rundbogenpförtchen zu den ehemaligen Wehrlauben an den drei Angriffsseiten. Die Audienzstube der Landvögte im Palas entspricht noch weitgehend dem Original von 1510.

Pfäfers wurde bereits Mitte des 8. Jh. am Fuß des Pizol-Massivs als Benediktinerkloster gegründet. Das Kloster wurde rasch geistiges Zentrum von ganz Rätien. Seine weltliche Anziehungskraft begann um 1240, als die Mönche die Heilkraft der in ihrem Besitz befindlichen Thermalquelle im Taminatal erkannten. Schon 1542 schrieb Paracelsus die erste Badeschrift über die Heilquelle von Pfäfers. Seit 1840 wird das 34° warme Thermalwasser nach Bad Ragaz hinausgeleitet. Das alte Bad Pfäfers birgt heute ein Klostermuseum. Die ehemalige Klosterkirche wurde in ihrer heutigen Form 1691 fertiggestellt. Ihre gesamte Ausstattung ist barock, die über das Gewölbe verteilten Fresken sind ein Werk von Francesco Giorgioli.

Stützpunkt
Pizolhütte, 2230 m, auf Laufböden, von der Seilbahn = 5 Minuten.

Zu erreichen
Anfahrt von Feldkirch = 40 km.

Gehzeiten
Laufböden - Wildseeluggen = 1 1/2 Stunden.
Wildseeluggen - Pizol = 1 1/2 Stunden.
Pizol - Wildseeluggen = 1 Stunde.
Wildseeluggen - Gaffia = 3 Stunden.

36 Über der Surselva

Rhäzüns besitzt in seinem kleinen Georgskirchlein ein auf karolingische Zeit zurückgehendes Juwel. Das heutige Kirchlein stammt aus dem frühen 14. Jh. und birgt selten schöne, um 1350 geschaffene Fresken von zwei verschiedenen Meistern. Der eine handhabte die Feinheiten des höfischen Stiles wie selbstverständlich und schuf eine detaillierte Darstellung der Georgslegende. Der andere Meister lieferte in volkstümlicher Darstellung Szenen aus dem Alten und Neuen Testament.

Ilanz ist die erste Stadt am Rhein. Schon im 13. Jh. hatte man hier das Stadtrecht, hatte eine eigene Befestigung und war seit 1424 nach dem Zusammenschluß des Grauen Bundes Tagsatzungsort. Heute laden die winkligen Gassen zu einem Bummel vom Obertor zum Roten Tor, zur Casa Gronda, zur alten Pfarrkirche St. Martin mit ihren gut 500 Jahre alten Fresken und zur reformierten Pfarrkirche St. Magarethen, in der 1526 die Disputation und der Übertritt zur Reformation erfolgte.

Waltensburg besitzt in seiner Dorfkirche mit den Fresken des sogenannten Waltensburger Meisters die besten frühgotischen Wandmalereien der gesamten Schweiz. Gearbeitet wurden sie um 1340 von einem höfisch geschulten Maler der oberrheinischen Frühgotik. Er füllte die gesamte Nordwand mit einer eindrucksvollen Passionsgeschichte, den Chorbogen verzierte er mit einzelnen Heiligen. Den Chor verzierte um 1450 ein zweiter Maler mit linearen Malereien des "Weichen" Stils.

Stützpunkte
Segnes Hütte, 2102 m, unterhalb der Bergstation Grauberg.
Berghaus Nagens, 2127 m, von Grauberg = 1/2 Stunde.

Zu erreichen
Anfahrt von Chur = 20 km.

Gehzeiten
Cassons Grat - Grauberg = 2 Stunden.
Grauberg - Vorab = 2 1/2 Stunden.
Vorab - Crap Sogn Gion = 2 1/4 Stunden.

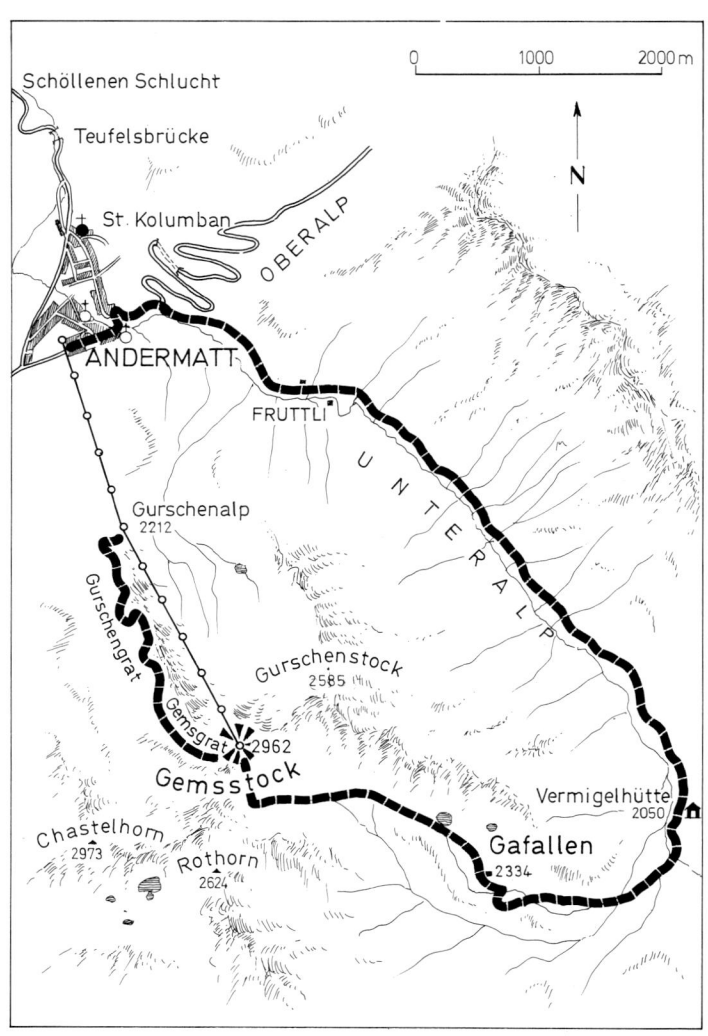

Map labels (left map):
Schöllenen Schlucht
Teufelsbrücke
St. Kolumban
OBERALP
ANDERMATT
FRUTTLI
0   1000   2000 m
N
Gurschenalp 2212
Gurschengrat
UNTERALP
Gurschenstock 2585
Gemsgrat
Gemsstock 2962
Chastelhorn 2973
Rothorn 2624
Vermigelhütte 2050
Gafallen 2334

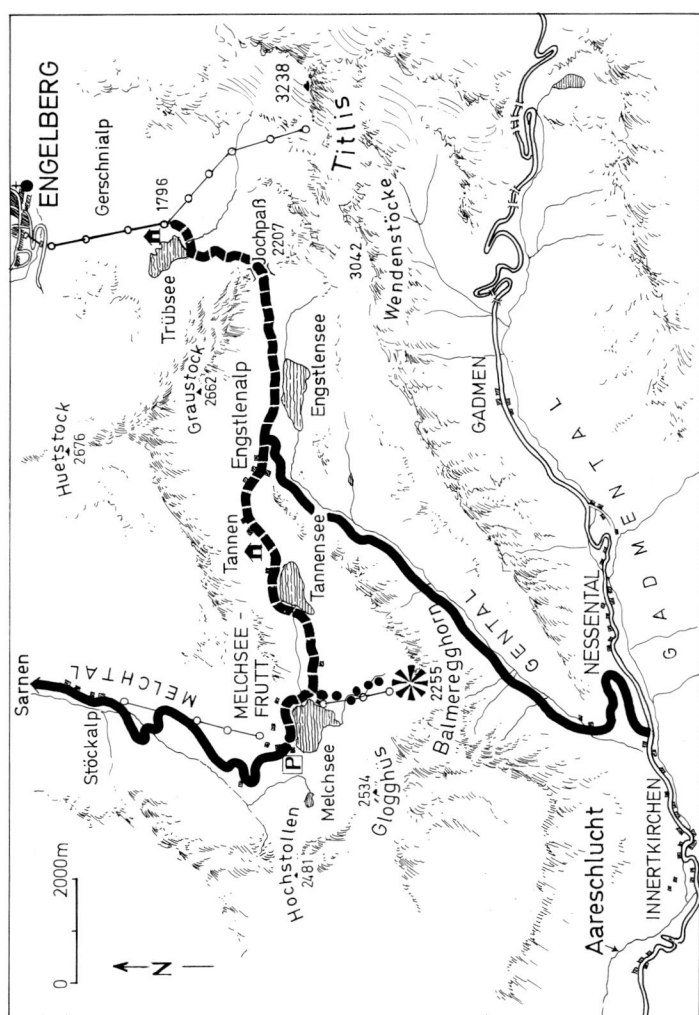

Map labels (right map):
ENGELBERG
Gerschnialp
3238
Titlis
Trübsee 1796
Jochpaß 2207
Graustock 2662
Engstlenalp
Engstlensee
3042
Wendenstöcke
GADMEN
Huetstock 2676
Tannen
Tannensee
Balmeregghorn 2255
GENTAL
NESSENTAL
Sarnen
MELCHTAL
Stöckalp
MELCHSEE-FRUTT
Melchsee
Hochstollen 2481
2534
Glogghüs
Aareschlucht
INNERTKIRCHEN
2000 m
0
Z

37 Aussicht der Superlative

Andermatt ist der zentrale Ort im Urseren Tal, wo alle Verkehrswege zusammentreffen. Am Nordrand von Andermatt steht die kleine, dem hl. Kolumban geweihte Kirche. Der spätromanische Bau aus dem 13. Jh. steht auf dem Platz einer karolingischen Kirche, die romanische Siedler schon lange vor der Erschließung der Schöllenen Schlucht im Jahre 1234 hier errichtet hatten.

Schöllenen, wilde Felsschlucht der Reuss zwischen Göschenen und Andermatt. Erst im Hochmittelalter konnte sie durch kühne Brückenbauten für den Verkehr geöffnet werden. Der Bau der ersten Teufelsbrücke im 12. Jh. machte den Gotthard für den Warentransport von und zur Lombardei passierbar, begründete damit die politische und strategische Bedeutung der Urschweiz und war ein Anlaß zur Gründung der Eidgenossenschaft. Das "Urner Loch", unmittelbar im Anschluß an die Teufelsbrücke, ist der älteste Straßentunnel der Alpen. Pietro Morettini erbaute den 60 m langen Tunnel 1708. Davor wurde die Felsnase mit einem an Ketten hängenden Laufsteg umgangen.

Mairengo, die älteste Pfarrkirche in der Leventina steht wenig östlich vom Südportal des Gotthardtunnels. Die vor 1170 gegründete Kirche beeindruckt mit einem reichen Freskenschatz und einer üppigen Ausstattung. Ihre beiden Chöre wurden 1558 von Gerolamo Gorla aus Mailand ausgemalt. Der nördliche Chor birgt einen vorzüglichen spätgotischen Flügelaltar aus der Zeit um 1510.

Stützpunkt
Vermigelhütte, 2050 m, an der Ostseite des Gemsstockes, von Andermatt = 2 1/2 Stunden.

Zu erreichen
Anfahrt von Chur = 92 km.

Gehzeiten
Gurschenalp - Gemsstock = 3 Stunden.
Gemsstock - Vermigelhütte = 2 Stunden.
Vermigelhütte - Andermatt = 2 Stunden.

38 Seen unterm Titlis

Engelberg entstand um die 1120 gegründete Benediktinerabtei. Heute erwartet den Besucher eine umfangreiche Klosteranlage mit geräumiger Barockkirche, reichem Kirchenschatz und gepflegter Bibliothek. Alles Heutige entstand nach einem Großbrand von 1730 bis 1737 nach Plänen von Caspar Mosbrugger. Den kühn emporstrebenden Hochaltar schuf Joseph Anton Feuchtmayer, das Altarbild stammt von Franz Joseph Spiegler.

Sarnen, am Nordende des Sarner Sees, besitzt nicht nur eine schöne Barockkirche sondern vor allem ein Beinhaus, das in seinem Inneren eine der schönsten spätgotischen Holzdecken der Schweiz birgt. Die 1505 von Peter Tischmacher aus Uri gefertigte Decke besteht aus 72 Feldern, von denen 48 mit bemalten Flachschnitzereien geschmückt sind. Die Kapelle St. Nikolaus oberhalb von Sarnen besitzt gotische Fresken und eine bemalte Barockdecke. Die zwischen 1370 und 1380 entstandenen Fresken bedecken fast die gesamten Wände. Die fünffach gebrochene Holzdecke aus dem Jahre 1703 zeigt auf über 100 Medaillons in bäuerlicher Barockmalerei Szenen aus dem Alten und dem Neuen Testament. Im Chor kommen dazu noch 56 Szenen aus der Legende der Kaiserin Helena und des hl. Nikolaus.

Flüeli-Ranft, hier stehen das Geburtshaus und die Einsiedelei des 1947 als einziger Schweizer heiliggesprochenen Bruder Klaus von der Flüe. Sein Geburtshaus stammt in Teilen aus dem 14. Jh. und ist das älteste Holzhaus der Schweiz.

Stützpunkte
Zahlreiche Einkehrmöglichkeiten an den Seen sowie am Jochpaß.

Zu erreichen
Anfahrt von Luzern = 35 km.

Gehzeiten
Melchsee - Balmeregghorn = 1 1/4 Stunden.
Balmeregghorn - Tannenalp = 1 1/4 Stunden.
Tannenalp - Melchsee = 1 1/4 Stunden.

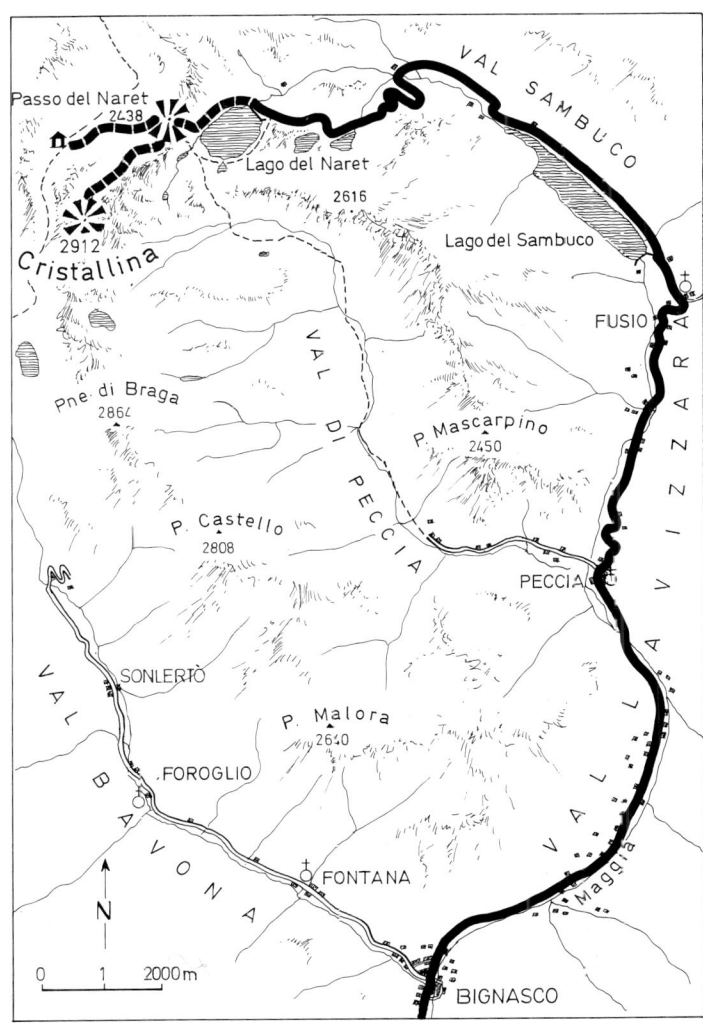

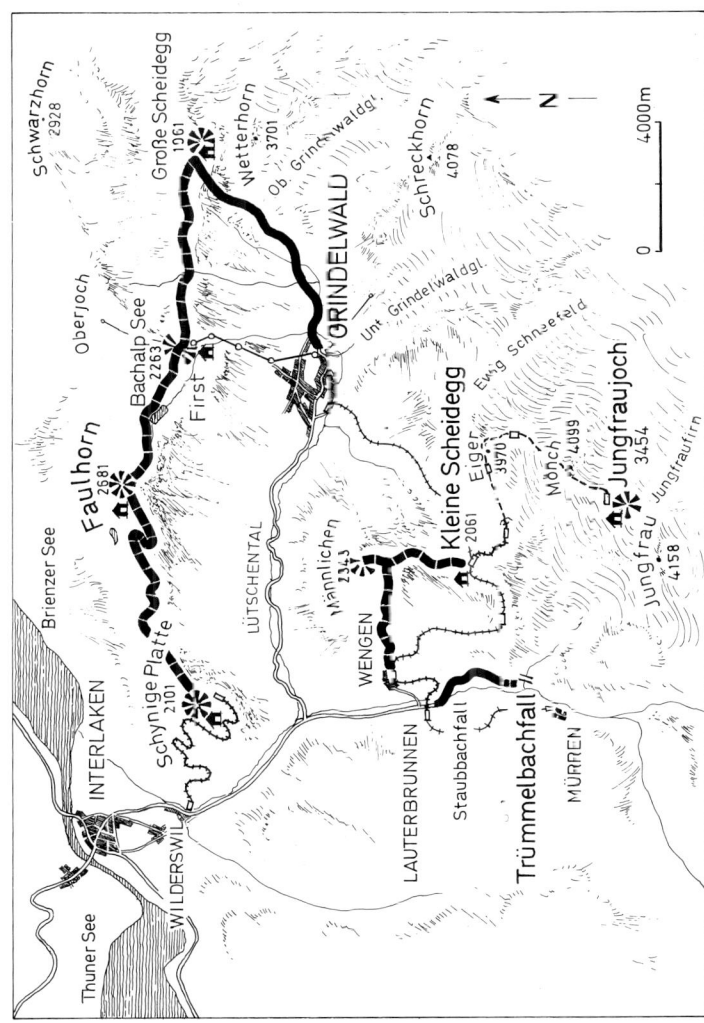

39 Im Quellgebiet der Maggia

Campagna birgt das bedeutendste Kunstdenkmal des gesamten Valle Maggia. Die Kapelle Sta. Maria delle Grazie entstand als romanischer Apsidensaal und erhielt ihre heutige Ausmalung zwischen 1525 und 1528. Dargestellt sind in der Apsis die Krönung Mariens, eine Apostelreihe und die Verkündigung. Die Südwand enthält 17 Szenen aus dem Leben Mariens. **Cevio** besitzt eine Pfarrkirche mit klassizistischer Fassade und frei stehendem Glockenturm von 1565. Das Beinhaus ist mit allegorischen Malereien von 1741 verziert. Die Casa Respini birgt das Museo di Vallemaggia (Talmuseum). Am Dorfausgang steht neben einer Bogenbrücke die Wallfahrtskirche Sta. Maria del Ponte. Sie entstand 1615 im Auftrag der Familie Franzoni, ist überreich mit qualitativ hochwertigem Stuck ausgestattet und enthält Fresken mit Szenen aus dem Marienleben. **Cimalmotto** ist ein fast ganz aus Holzbauten bestehendes Bergdorf und könnte genauso im Wallis stehen. Die Pfarrkirche Sta. Maria Assunta aus dem 17. Jh. besitzt eine bemalte Vorhalle und im Inneren Malereien und Stuck aus dem 17. Jh.

Bosco Gurin ist mit 1506 m das höchstgelegene Dorf im Tessin. Seine Einwohner stammten ursprünglich ganz aus dem Wallis und siedelten hier ab dem 13. Jh. Seither konnten sie ihre Sprache und ihr Brauchtum gut bewahren.

Stützpunkt

Cristallinahütte, 2349 m, auf der Cristallinaalm, von Fontana = 2 1/2 Stunden.

Zu erreichen

Anfahrt von Lorcano = 60 km, von Chur via Gotthardtunnel bis Fontana = 125 km.

Gehzeiten

Lago del Naret - Passo di Naret = 1/2 Stunde.

Passo di Naret - Monte Cristallina = 2 Stunden.

Monte Cristallina - Lago del Naret = 1 3/4 Stunden.

Passo di Naret - Fontana = 2 1/2 Stunden.

40 Im Banne der Berner Eisriesen

Kleine Scheidegg, das 2061 m hohe Joch ist nur mit der Wengernalpbahn zu befahren. Auch Wengen selbst, malerisch auf einer rund 1300 m hoch gelegenen Terrasse verstreut, ist nur über diese Bahn erreichbar. Am Joch beginnt die Bahn zum Jungfraujoch.

Jungfraujoch, das 3475 m hohe Joch zwischen Mönch (4099 m) und Jungfrau (4158 m) ist seit 1912 mit einer bis zu 25% steilen, elektrischen Zahnradbahn erreichbar. In einem 7,1 km langen Tunnel durchfährt sie die Nordwand des Eiger, macht im Berg eine Kehre und kommt erst im höchsten Bahnhof Europas wieder ans Tageslicht. Nur zweimal auf der gesamten Tunnelstrecke, nämlich an den Stationen Eigerwand (2865 m) und Eismeer (3160 m) gibt es Aussichtspunkte. Der mit 3454 m höchste Bahnhof Europas ist eine Attraktion für sich. Die Sicht reicht von hier oben über weite Teile der Alpen. Im Süden sieht man hinunter zum größten Eisstrom der Alpen, dem Aletschgletscher. Im Norden blinkt der Thuner See und nicht selten sind außer der halben Schweiz auch noch Vogesen und Schwarzwald zu sehen.

Trümmelbach. 3 km talein wärts von Lauterbrunnen tost der Trümmelbachfall. Er hat sich schon so tief in die Wände gefressen, daß für den Zugang ein fast 100 m hoher, unterirdischer Schrägaufzug gebaut werden mußte. Die Mischung aus Höhle, Klamm und Wasserfall ist effektvoll beleuchtet.

Stützpunkt

Vielfältige Einkehrmöglichkeiten an allen Routen.

Zu erreichen

Anfahrt von Luzern = 80 km, von Bern ebenfalls 80 km.

Gehzeiten

Kleine Scheidegg - Männlichen = 1 1/2 Stunden.

Männlichen - Wengen = 1 1/2 Stunden.

Große Scheidegg - First = 1 1/2 Stunden.

First - Faulhorn = 1 1/2 Stunden.

Faulhorn - Schynige Platte = 2 Stunden.

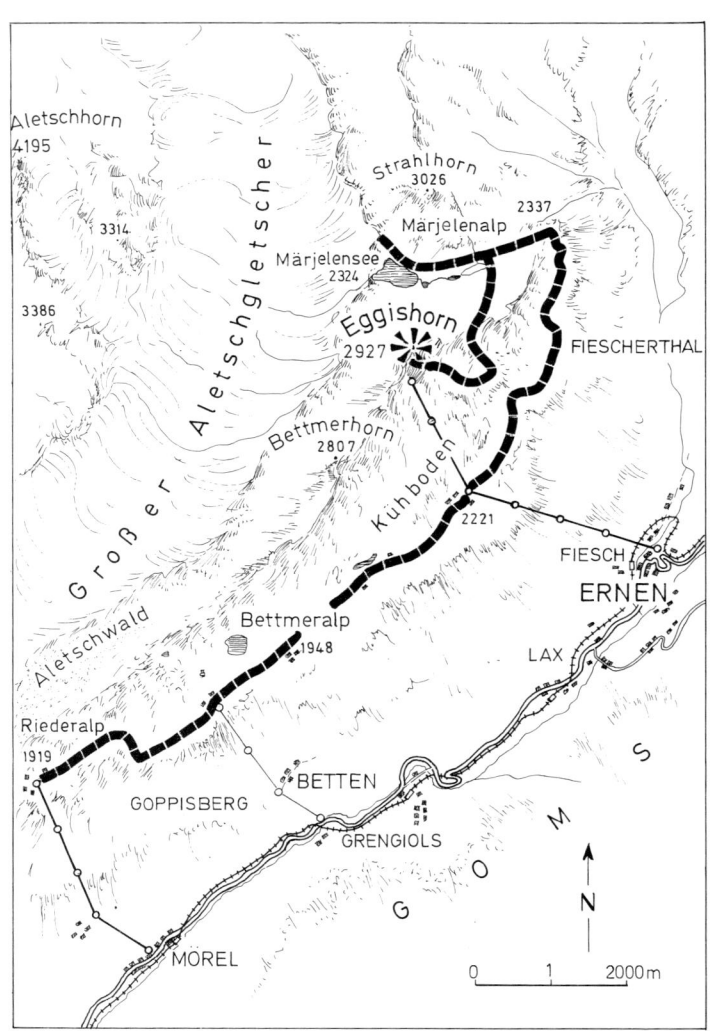

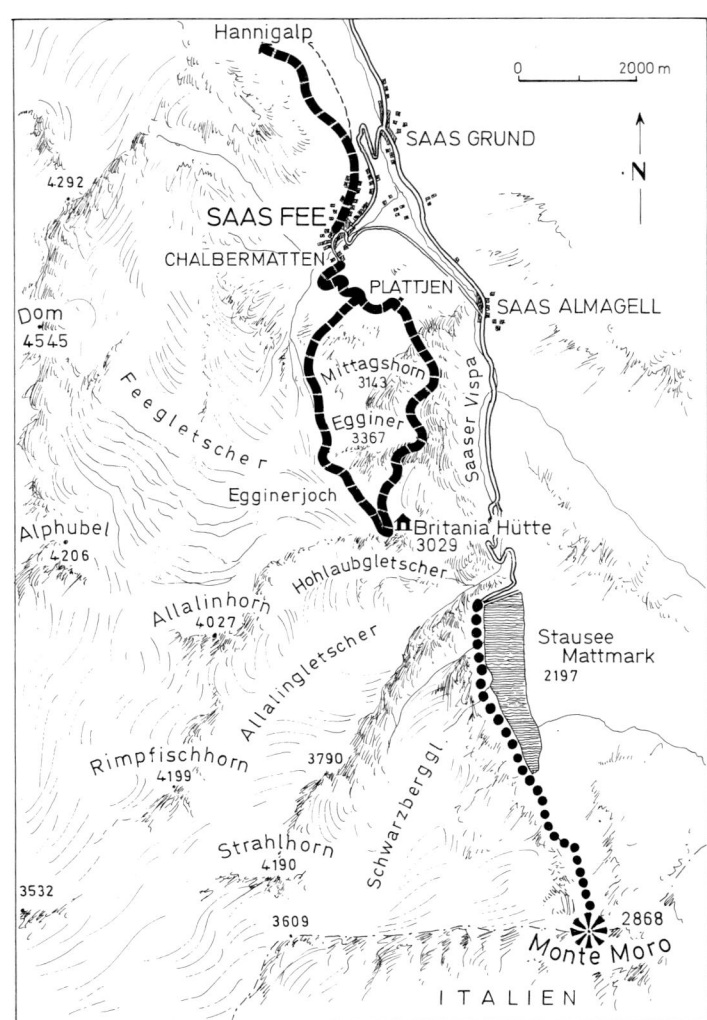

41 Spaziergang über den Großen Aletschgletscher

42 Rebenstöck' und Gletschereis

Ernen war früher der Hauptort des Goms, des Rhônetales oberhalb von Brig. Das Dorf oberhalb von Fiesch gilt nicht zu unrecht als schönster Ort im Wallis und glänzt mit einem besonders stilrein erhaltenen Dorfplatz mit Häusern, die teilweise auf das 15. Jh. zurückgehen. Das Tellenhaus wurde 1576 errichtet und aus dem gleichen Jahr stammt die an der sonnseitigen Außenwand angebrachte älteste in der Schweiz erhaltene Malerei der Apfelschußszene. Das Zendenrathaus wurde 1762 fertiggestellt, und das Wirtshaus Zum hl. Georg gibt es seit 1566. Die Skulpturengruppe mit dem Drachentöter an der Fassade (Original in der Kirche) stammt ebenfalls noch aus dem 16. Jh. Die Pfarrkirche vollendete Ulrich Ruffiner 1518. Der Rokokohochaltar stammt von 1761, das geschnitzte Chorgestühl wurde 1666 fertiggestellt. Das Kruzifix am Triumphbogen stammt von 1518, die Seitenaltäre aus der Barockzeit.

Grengiols hat eine neuromanische Pfarrkirche, die Adolf Gaudy 1913 errichtete. Ihr Rokokohochaltar wurde 1770 fertiggestellt. Ebenfalls aus dem 18. Jh. stammt der Kreuzaltar im n. Seitenschiff.

Mörel hat eine auf das Mittelalter zurückgehende Pfarrkirche. In ihrem spätgotischen Chor sind Fresken aus dem 16. und 17. Jh. erhalten. Die Barockaltäre stammen aus dem 18. Jh. Die Kapelle der Muttergottes von Hohenflüh birgt drei Barockaltäre, die Anton Sigristen 1732 fertigstellte.

Stützpunkte
Zahlreiche Einkehrmöglichkeiten auf der gesamten Wegstrecke.

Zu erreichen
Anfahrt von Chur = 155 km.

Gehzeiten
Eggishorn - Märjelensee = 1 Stunde.
Märjelensee - Kühboden = 1 1/2 Stunden.
Kühboden - Riederalp = 2 1/2 Stunden.

Visp war schon von den Römern bewohnt, im 12. Jh. übernahm der Bischof von Sitten die Regierung. Die den Hll. Drei Königen geweihte Kirche geht auf das 11. Jh. zurück und wurde bis 1730 in die heutige Form gebracht. Noch von der alten Kirche stammt der sechsstöckige, romanische Glockenturm. Auch die dreischiffige Krypta ist noch romanischen Ursprungs.

Visperterminen, das in aussichtsreicher Lage an den Hang geklebte Dorf besitzt die höchstgelegenen Weinberge Europas, die bis in 1100 m Höhe hinaufreichen. Seine Marienkapelle, im Wald oberhalb des Dorfes, ist eine der schönsten Kapellen des Wallis. Sie gehört zu einem Kreuzweg mit zehn Kapellen aus dem 18. Jh. Sie enthalten bemalte Holzstatuen ebenfalls aus dem 18. Jh.

Saas Balen, die Pfarrkirche Maria Himmelfahrt ist einer der eigenwilligsten Barockbauten der Schweiz. Schiff und Chor sind ineinander geschobene Kreise mit je einem Kegeldach. Stuck und Altäre stammen aus dem 18. Jh.

Saas Fee, der Kapellenweg zeigt in 15 kleinen Kapellen über 100 Figuren des Rosenkranzes. Die Figuren entstanden zwischen 1707 und 1710 im Stil der norditalienischen Sacri Monti. Die Kapelle Zur Hohen Stiege, auf immerhin 1757 m Höhe, wurde 1687 von Anton Ruppen errichtet. Ihr Hochaltar mit der Marienstatue entstand um dieselbe Zeit.

Stützpunkt
Britannia Hütte, 3029 m, am Nordostfuß des Allalinhornes, von Saas Fee = 4 Stunden.

Zu erreichen
Anfahrt von Martigny = 105 km.

Gehzeiten
Hannigalp - Saas Fee = 4 Stunden.
Saas Fee - Britannia Hütte = 4 Stunden.
Britannia Hütte - Saas Fee = 3 Stunden.
Stausee Mattmark - Monte Moropaß = 2 1/2 Stunden.
Monte Moropaß - Stausee Mattmark = 2 Stunden.

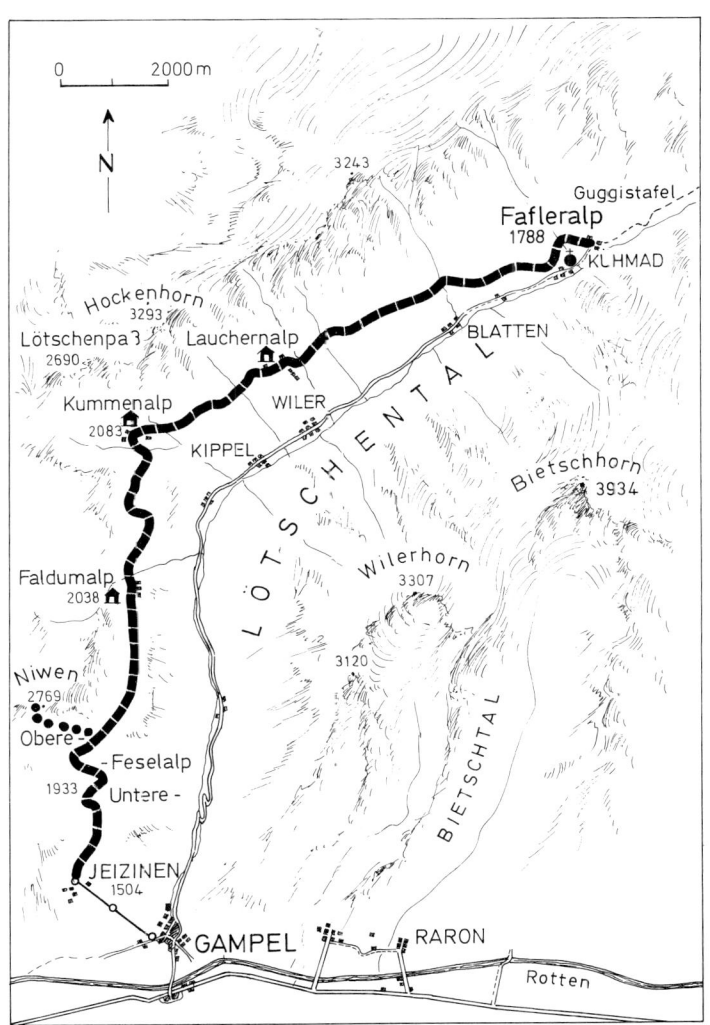

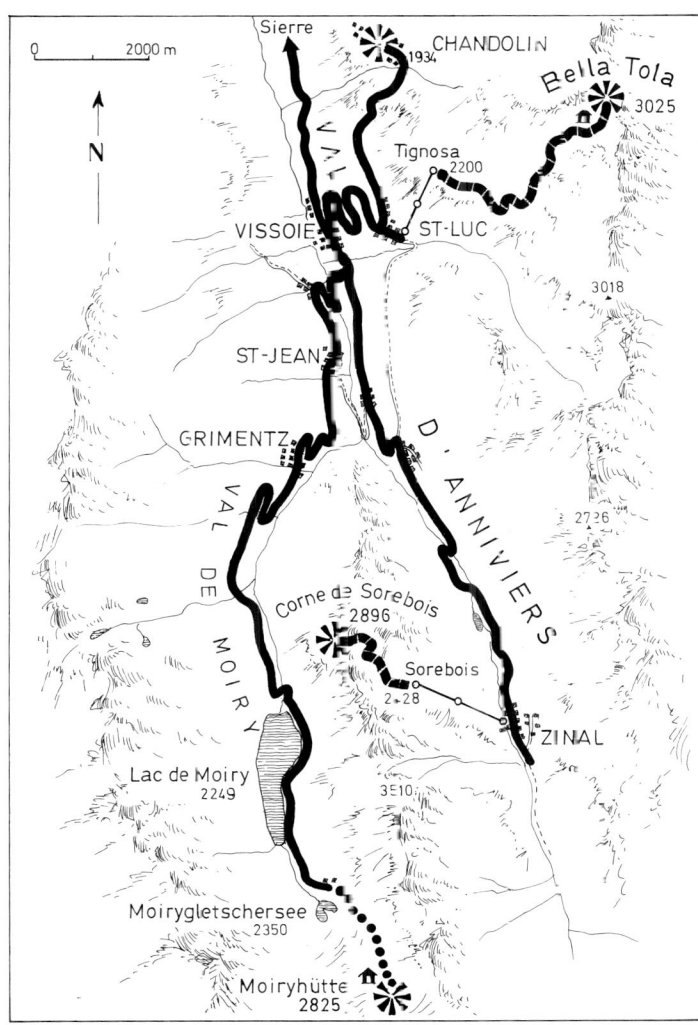

43 Alpen über Leuk und Lötschental

Leuk war zunächst Eigentum der Abtei St. Maurice, ab 1138 gehörte es dem Bischof von Sitten. Bis 1411 übten in ihrem Auftrag die Herren von Raron das Vizedominat aus. Aus dem ehemaligen Turm der Viztume schuf Ulrich Ruffiner bis 1543 den heutigen, fünfeckigen Bau mit seinen Treppengiebeln und Ecktürmchen. Die spätgotische Pfarrkirche entstand ab 1497 und hat noch einen romanischen Glockenturm aus dem 12. Jh. Das Beinhaus unter der Kirche ist mit Fresken aus dem 16. Jh. geschmückt, die einen Totentanz zeigen. Die barocke Ringackerkapelle wurde 1694 fertiggestellt. Außer einem monumentalen Hochaltar besitzt sie besonders reichen Stuckdekor und eine barocke Orgel von 1722.

Raron ist die Heimat der mächtigen Herren von Raron, die lange als weltlicher Arm der Bischöfe von Sitten fungierten. Ihren Stammsitz hatten sie auf einem Felsplateau über dem Dorf bereits im 12. Jh. errichtet. Daneben gab es einen zweiten Bau aus dem 13. Jh. für den Meier von Raron. Seine Mauern benützte Ulrich Ruffiner Anfang des 16. Jh. beim Bau der spätgotischen Pfarrkirche. Sie ist in Schiff und Chor mit plastischen Schlußsteinen und dekorativer Malerei von 1518 ausgestattet. Die nördliche Schiffswand ziert ein großes Wandgemälde des Jüngsten Gerichts von 1512. An der südlichen Kirchenmauer findet sich das Grab des Dichters Rainer Maria Rilke, der lange in Raron gelebt hatte.

Stützpunkte
Unterkunftsmöglichkeiten auf der Lauchernalp, der Kummenalp und der Faldumalp.

Zu erreichen
Anfahrt von Martigny = 55 km.

Gehzeiten
Rinderhütte - Torrenthorn = 2 Stunden.
Jeizinen - Obere Feselalp = 2 Stunden.
Obere Feselalp - Fafleralp = 8 Stunden

44 Bella Tola und Corne de Sorebois

Sierre, auf dem südlichsten Hügel stand einst das römische Castrum Sirri und später die bischöfliche Feudalburg. Ab 515 gehörte Sierre zur Abtei St. Maurice, 1384 wurde die Burg zerstört. Heute sind interessant das ehemalige Schloß de la Cour (jetzt Hotel), das Schloß der Viztume aus dem 15. Jh. als Beispiel eines spätmittelalterlichen Wohnturmes und die Kirche Notre Dame des Marais von 1422. Ulrich Ruffiner hat sie 1524 vergrößert und vier Jahre später im Inneren den Tabernakel errichtet. Die Westfassade ist mit einem dreiteiligen Fresko aus dem 16. Jh. verziert. Die Pfarrkirche ist ein einschiffiger Barockbau von 1649 mit polygonalem Chor. Ihre Stukkaturen entstanden im 18. Jh., das Chorgestühl wurde 1713 fertiggestellt.

Vissoie ist der Hauptort des Val d'Anniviers. Beherrscht ist er von einem mächtigen, fünfgeschossigen Wehrturm aus dem 13. Jh. Er gehörte einst zum Sitz des bischöflichen Kastellans. Die Pfarrkirche bestand zwar schon im 12. Jh., die heutige ist jedoch ein Neubau von 1808. Der Glockenturm entstand 1784. Die Kreuzigungsgruppe am Chorbogen stammt aus dem 17. Jh.

Grimentz ist das wohl malerischste Bergdorf im ganzen Wallis. 1570 m hoch gelegen, präsentiert seine Dorfstraße von Wind und Wetter braunschwarz gegerbte Holzhäuser. Hangwärts sind es die Wohnhäuser, talwärts die Stadel. Zu den ältesten Häusern zählt das Bürgerhaus von 1550. Im Gemeindesaal gibt es eine Sammlung von schönen Zinnkannen.

Stützpunkt
Moiryhütte, 2825 m, von Lac de Moiry = 1 1/2 Stunden.

Zu erreichen
Anfahrt von Martigny = 50 km.

Gehzeiten
Tignosa - Bella Tola = 3 Stunden.
Soreboisplateau - Corne de Sorebois = 2 Stunden.
Lac de Moiry - Moiryhütte = 1 1/2 Stunden.

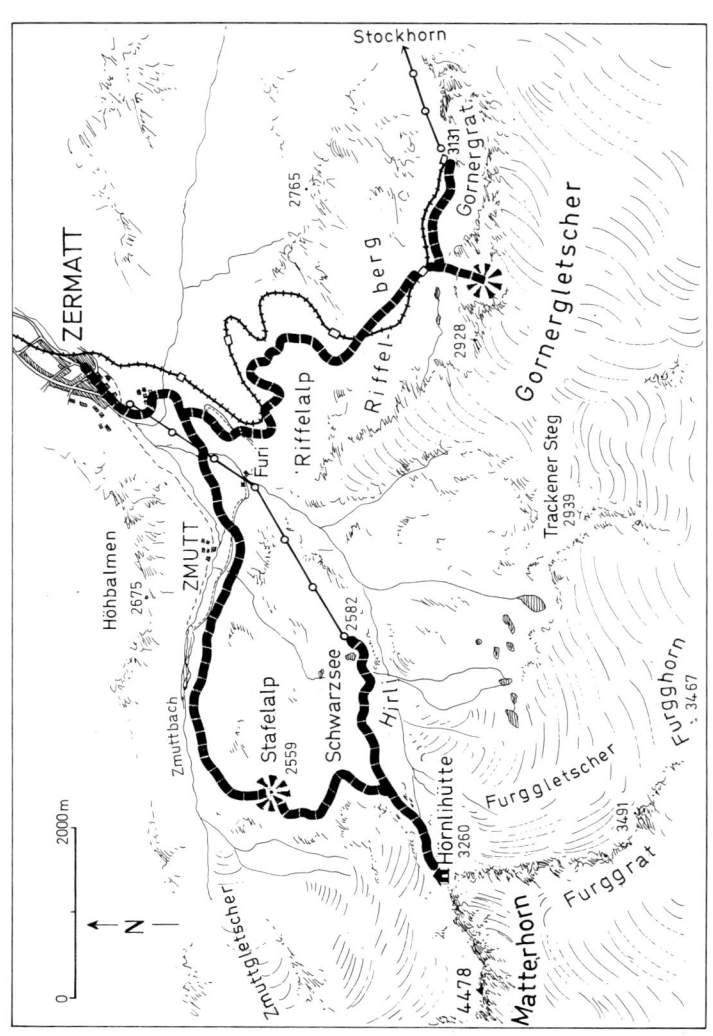

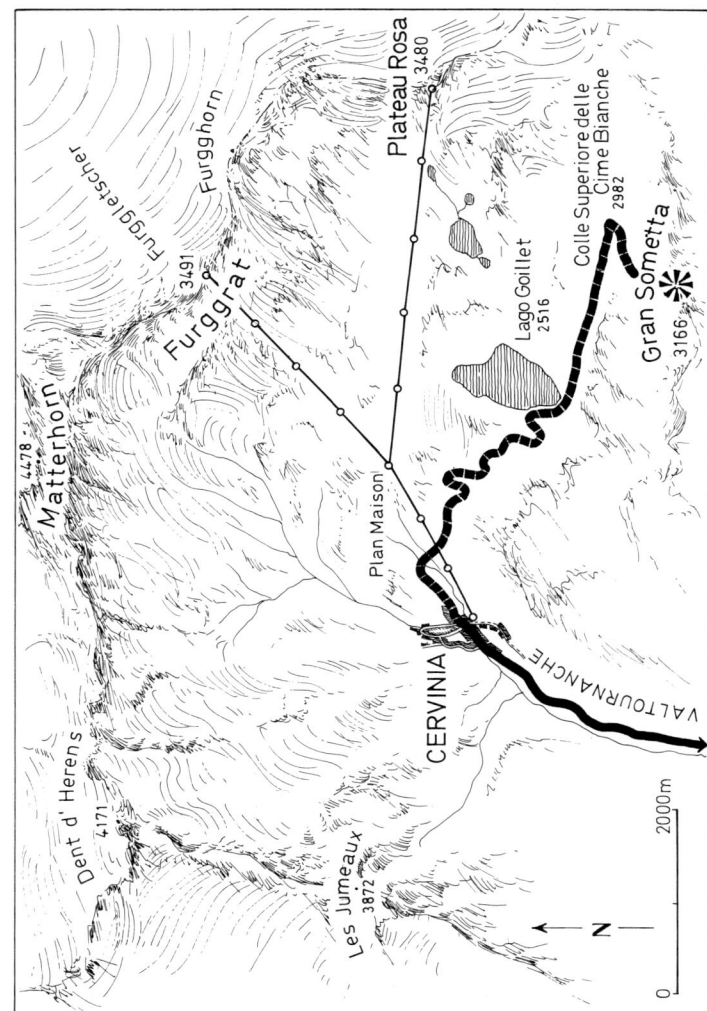

45 Zum Horn der Hörner

46 Matterhorn von Süden

Visp war schon von den Römern bewohnt, im 12. Jh. übernahm der Bischof von Sitten die Regierung. Die den Hll. Drei Königen geweihte Kirche geht auf das 11. Jh. zurück und wurde bis 1730 in die heutige Form gebracht. Noch von der alten Kirche stammt der romanische Glockenturm.

Vispterminen, das in aussichtsreicher Lage an den Hang geklebte Dorf besitzt die höchstgelegenen Weinberge Europas, die bis in 1100 m Höhe hinaufreichen. Seine Marienkapelle, im Wald oberhalb des Dorfes, ist eine der schönsten Kapellen des Wallis. Sie gehört zu einem Kreuzweg mit zehn Kapellen aus dem 18. Jh. Sie enthalten bemalte Holzstatuen ebenfalls aus dem 18. Jh.

Stalden besitzt im Embdaturm den Rest eines viereckigen Wohnturmes aus dem 13. Jh. Er war einst der Sitz der Herren von Stalden. Die katholische Pfarrkirche von 1535 erhielt ihre heutige Gestalt 1777. Der Glockenturm stammt noch aus dem 16. Jh. Die

gesamte Innenausstattung ist barock und entstand im 18. Jh. Das Pfarrhaus, ein schöner Holzbau auf steinernem Sockel, entstand 1676.

Unterbäch besitzt im Weiler Bachtolen eine interessante Pfarrkirche. Sie wurde 1558 fertiggestellt und im 17. Jh. barockisiert. Der einschiffige Bau mit Polygonalchor hat im Chor einen Wandtabernakel von 1558 und einen Hochaltar mit Marienkrönung von 1697. Aus demselben Jahr · stammt die Kreuzigungsgruppe über dem Triumphbogen. Die Seitenaltäre wurden um 1740 gefertigt.

Stützpunkt
Hörnlihütte, 3260 m, vom Schwarzsee = 2 Stunden.

Zu erreichen
Anfahrt von Martigny = 110 km.

Gehzeiten
Stockhorn - Riffelalp - Zermatt = 2 1/2 Stunden.
Schwarzsee - Hörnlihütte = 2 Stunden.
Hörnlihütte - Stafelalp - Zmutt - Zermatt = 2 1/2 Stunden.

Issogne, eindrucksvolle Burganlage aus dem 12. Jh. Bereits vor 1151 stand hier ein Wohnturm der Bischöfe von Aosta. Ab 1399 erfolgte die Erweiterung zur gotischen Talburg, zur heutigen dreiflügeligen Anlage wurde die Burg bis 1506 ausgebaut. Berühmt ist das Schloß wegen seiner freskierten Wandlünetten mit kulturhistorisch bedeutsamen Berufsbildern. In perspektivisch richtig wiedergegebenen Gewerberäumen sind Metzger, Bäcker und Spezereihändler zu sehen. Im Saal der Barone sind die Wände mit illusionistischen Ausblicken in die Landschaft, mit Jagdszenen und dem Motiv "Urteil des Paris" bemalt.

Fenis, die Burg war ursprünglich eine savoyische Lehensburg, die ab 1337 ausgebaut wurde und heute als der besterhaltene Bau höfischer Gotik im Piemont gilt. Von der ursprünglichen Ausstattung sind zahlreiche Fresken in der Art Südtiroler Burgen erhalten. Sie sind alle ein Werk des Turiner Hofmalers Giacomo Jaquerio.

Philosophen und Heilige sind auf schwarz-weißen Rautensockeln gereiht. Den Aufgang zum ersten Obergeschoß ziert ein hl. Georg als Drachentöter. Weitere Fresken finden sich in der ehemaligen Burgkapelle, die heute in den Thronsaal übergeht. Besonders schön ist hier die hl. Katharina, die ohne weiteres auch von Botticelli stammen könnte.

Col de St-Pantaléon, der 1645 m hohe Übergang bietet eine besonders schöne Sicht über die gesamte Valtournanche und ihren Talschluß mit dem majestätisch darüber thronenden Matterhorn.

Stützpunkte
Keine Unterkunftsmöglichkeit am Weg.

Zu erreichen
Anfahrt von Aosta = 50 km.

Gehzeiten
Cervinia - Lago Goillet = 1 1/2 Stunden.
Lago Goillet - Gran Sometta = 2 Stunden.
Gran Sometta - Cervinia = 3 Stunden.

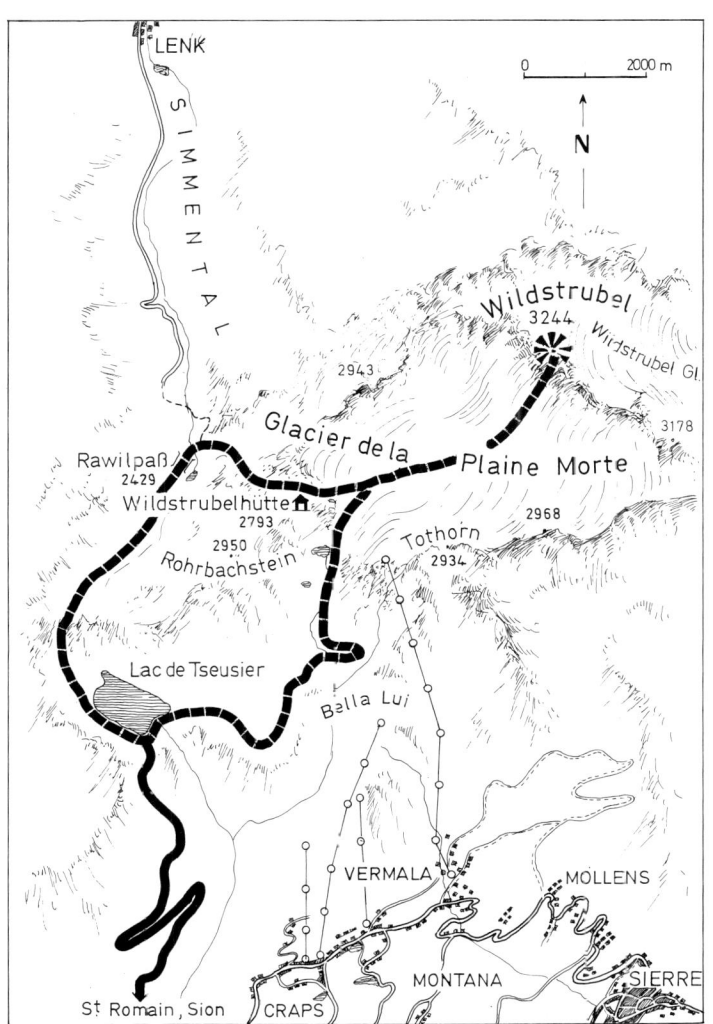

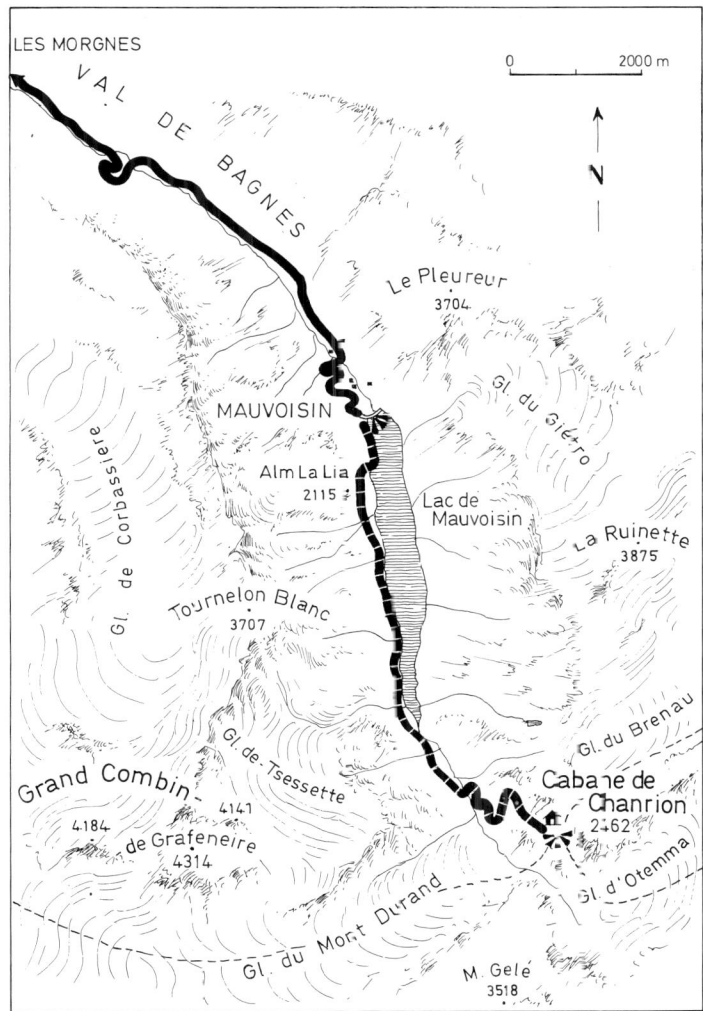

47 Verwunschene Plaine Morte

Sion, seine neuere Geschichte begann, als der Walliser Bischof zwischen 565 und 585 seinen Sitz von Martigny nach Sion verlegte und dort den Ausbau einer Kirchenburg in Angriff nahm. Nach und nach wurde Valeria zur imposantesten mittelalterlichen Kirchenburg der Schweiz. Noch heute stehen dort Wehrmauern aus dem 12. und 13. Jh. Die Stiftskirche Notre Dame ist ein bedeutendes romanisch-gotisches Baudenkmal aus dem 12. und 13. Jh. Kostbarstes Stück der Ausstattung ist die Ende des 14. Jh. entstandene Schwalbennesterorgel. Ihr dreiteiliges Werk mit 19 Pfeifen ist eine der ältesten noch spielbaren Orgeln der Welt. Ihr geschnitztes Gehäuse mit Maßwerkschleiern und krabbenbesetztem Mittelgiebel stammt aus der ersten Hälfte des 15. Jh. Bemalt wurde es 1435 von Peter Maggenberg, von dem auch die übrigen spätgotischen Malereien auf Valeria stammen. Die Schloßgebäude beherbergen heute das Valeria-Museum. Die mittelalterliche Stadt Sion war bereits im 11. Jh. mit einer geschlossenen Ringmauer umgeben. Einziger Überrest davon ist der Hexenturm aus dem 12. Jh. Auch die Kathedrale geht auf das 12. Jh. zurück, der heutige Bau entstand im 15. Jh. Kostbarstes Stück der Ausstattung ist der gotische Flügelaltar im Chor aus dem Jahre 1505. Der Domschatz enthält bedeutende Goldschmiedearbeiten aus dem Mittelalter.

Stützpunkt

Wildstrubelhütte, 2793 m, westlich des Wildstrubels, vom Lac de Tseusier = 4 Stunden.

Zu erreichen

Anfahrt von Martigny = 45 km.

Gehzeiten

Lac de Tseusier - Wildstrubelhütte = 4 Stunden.
Wildstrubelhütte - Wildstrubel = 2 1/2 Stunden.
Wildstrubel - Pointe de la Plaine Morte = 1 1/2 Stunden.
Pointe de la Plaine Morte - Lac de Tseusier = 2 Stunden.

48 Besuch beim Grand Combin

Martigny, aus der Zeit der Römer stammen noch die Reste eines Amphitheaters und die Fundamente eines gallo-römischen Tempels, die heute den Kern eines Römermuseums bilden. Schloß La Bâtiaz ist ein eindrucksvolles Zeugnis aus dem Mittelalter. Der strategisch wichtige Felsen war schon zur Römerzeit gesichert, eine erste richtige Burg wurde im 13. Jh. vom Bischof von Sion errichtet. Der heute noch erhaltene, kreisrunde Bergfried wurde 1268 fertiggestellt. Die Pfarrkirche ist ein dreischiffiger Bau mit Polygonalchor, der 1687 fertiggestellt wurde. Der barocke Hochaltar wurde 1700 eingebaut.

Sembrencher hatte schon im 12. Jh. eine Pfarrkirche. Die heutige wurde 1686 fertiggestellt. Interessant im Inneren ist das prächtige barocke Chorgestühl. Die Burgruine, auf einer Felsspitze südlich des Dorfes, stammt von einer im 12. Jh. gegründeten und 1475 zerstörten Burg.

Bagnes ist eine weite Streusiedlung mit zahlreichen Dörfern und Weilern. Das ganze Tal gehörte ab 1150 zur Abtei St. Maurice. Aus diesem Grund ist auch die Pfarrkirche, am Westende des Dorfes, diesem Heiligen geweiht. Die heutige, spätgotische Stufenhalle wurde bis 1524 errichtet, der polygonale Turm mit seiner hohen Steinpyramide als Dach entstand schon 1488 zur Vorgängerkirche. Das schmiedeeiserne Chorgitter im Inneren wurde bereits 1683 fertiggestellt. Den Hochaltar ziert eine Kopie des Abendmahls von Leonardo da Vinci.

Stützpunkt

Cabane de Chanrion, 2462 m, vom Lac de Mauvoisin = 3 1/2 Stunden.

Zu erreichen

Anfahrt von Martigny = 35 km.

Gehzeiten

Mauvoisin - südliches Ende des Lac de Mauvoisin = 2 Stunden.
Südliches Ende des Lac de Mauvoisin - Cabane de Chanrion = 1 1/2 Stunden.
Cabane de Chanrion - Mauvoisin = 3 Stunden.

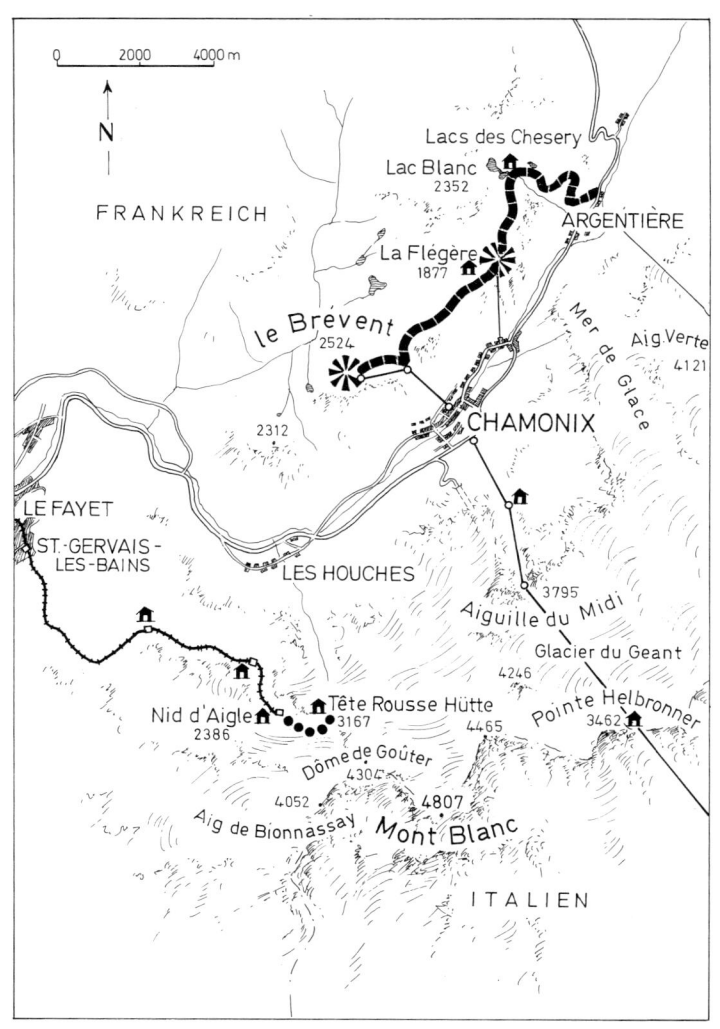

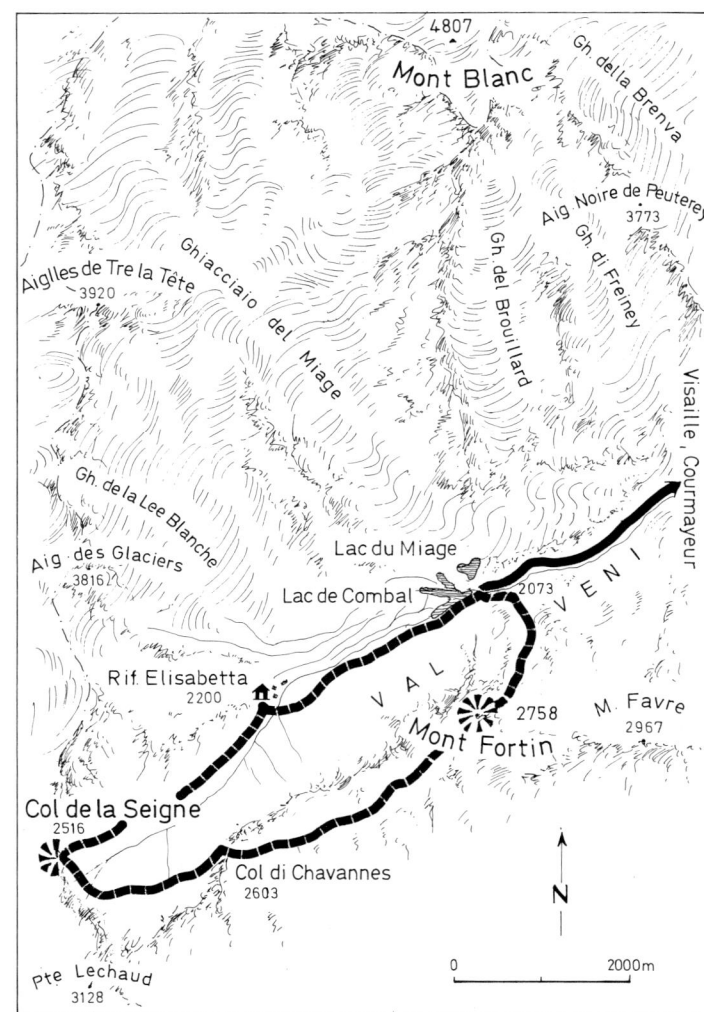

49 Empfang beim "Monarchen" der Alpen

Le Brévent, der 2524 m hohe Aussichtsberg unmittelbar oberhalb von Chamonix ist mit der Seilbahn in zwei Etappen leicht erreichbar. Direkt gegenüber öffnet sich die wilde Nordseite des Mont Blanc mit den Glaciers des Bossons, dem Mont Maudit, dem Mont Blanc du Tacul und der Aiguille du Midi.

Lac Blanc, der 2352 m hoch gelegene See ist teilweise per Seilbahn erreichbar. Im See spiegelt sich der Gipfelaufbau der Aiguille Verte, das gesamte Mont Blanc Massiv präsentiert sich auf silbernem Tablett.

Aiguille du Midi, der 3842 m hohe Eisriese ist der absolute Superlativ unter den Aussichtsbergen. Er ist durch die höchste Seilbahn der Alpen erschlossen, die von Chamonix aus knapp 2800 Höhenmeter in zwei Etappen überwindet. Von der grandiosen Plattform ist die gesamte Nordseite des Mont Blanc-Massivs mit seinen zahlreichen Gletschern zu überblicken. Bis weit hinüber in die Walliser und Berner Alpen reicht der Blick. Mit der Télécabine de la Vallée Blanche kann man das Vallée Blanche und den Glacier du Géant überqueren und am Pointe Helbronner in 3462 m Höhe die Grenze zwischen Frankreich und Italien und damit die freie Sicht nach Süden erreichen.

Nîd d'Aigle, das 2386 m hohe Adlernest ist von Le Fayet aus mit der "Tramway du Mont Blanc" bequem zu erreichen. Die Zahnradbahn führt zum Beginn des Normalaufstieges auf den Mont Blanc.

Stützpunkte

Refuge du Lac Blanc, 2352 m, von La Flégère = 2 Stunden.

Zu erreichen

Anfahrt von Martigny = 45 km.

Gehzeiten

Le Brévent - La Flégère = 2 Stunden.

La Flégère - Lac Blanc = 2 Stunden.

Lac Blanc - Argentière = 1 1/2 Stunden.

50 Unter die Südwände des Monarchen

Courmayeur, die Pfarrkirche San Pantaleone stammt aus dem Jahre 1722. Sie hat einen Campanile aus dem Jahr 1392. Im Museo Alpino sind Zeugnisse von der Eroberung des Mont Blanc-Massivs zusammengetragen.

Entrèves hat ein Castell, das aus dem Jahre 1391 stammt.

La Salle, wenig südlich von Courmayeur, hat im Château de Châtelard eine alte Lehensburg der Bischöfe von Aosta. Errichtet wurde sie 1246 von Rudolph Grossi, zerstört 1793 von französischen Revolutionstruppen. Erhalten ist der zylindrische Bergfried.

Val Ferret ermöglicht die beste Aussicht auf die 4208 m hohen Grandes Jorasses sowie auf den wild zerrissenen Peuterey Grat. Von den Almen von Arnouva kann man zum 2537 m hoch gelegenen Col Ferret hinaufwandern (2 1/2 Stunden) und von dort sowohl das italienische wie das schweizerische Val Ferret überblicken sowie dem Mont Blanc von Osten her auf sein weißes Haupt schauen.

Val Veni birgt mit dem Lac du Miage eine echte Rarität, die sonst allenfalls in Grönland zu finden ist. Der natürliche Gletschersee ist ein Kind des Miagegletschers, dessen letzte Bruchkante rund 20 m über den See aufragt und unmittelbar in ihn abbricht. Entsprechend dem Vorschub des Gletschers brechen immer wieder Scheiben von der Eiswand ab, die dann wie Eisberge in arktischen Gewässern auf dem See treiben.

Stützpunkt

Rifugio Elisabetta, 2090 m, vom Lac de Combal = 3/4 Stunden.

Zu erreichen

Anfahrt von Martigny = 60 km.

Gehzeiten

Lac de Combal - Col de la Seigne = 2 Stunden.

Col de la Seigne - Mont Fortin = 1 1/2 Stunden.

Mont Fortin - Lac de Combal = 1 1/2 Stunden.

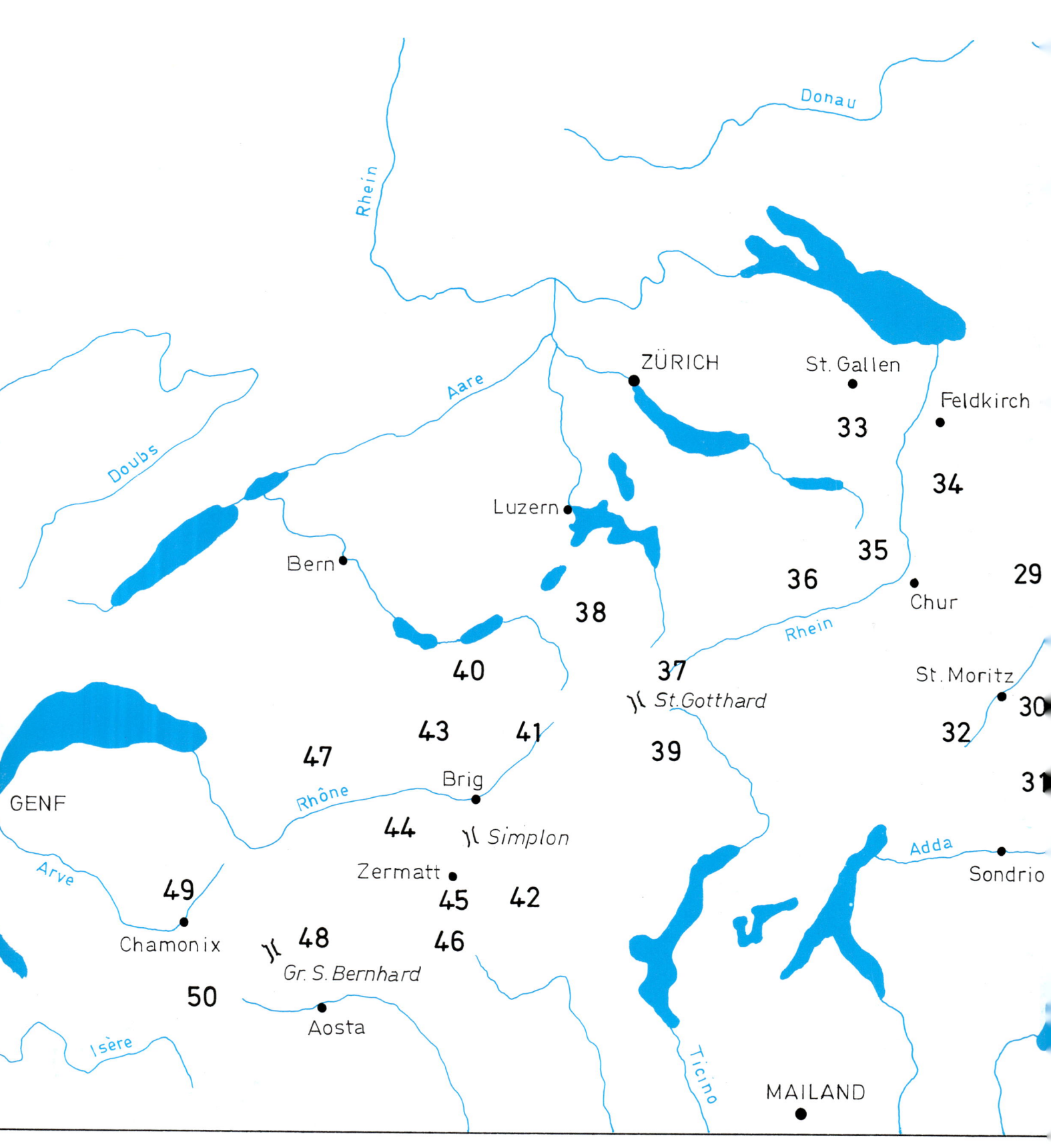